포르투갈은
블루다

Blue Portugal

※ 일러두기

- 외래어의 표기는 국립국어연구원의 외래어표기법 기준에 따랐으나 포르투갈 인명과 지명은
  현지 발음으로 표기하기도 했다. 다만 통용되는 인명과 지명은 그것을 기준으로 삼았다.

- 외래어 표기와 연도는 최초 1회 한글과 병기를 원칙으로 했으나 필요한 경우 다시 표기했다.

포르투갈은 블루다

Blue Portugal

조용준

55°

CONTENTS

블루는
포르투갈의 숙명이다

포르투갈을 한 마디로 정의하라면 무슨 말이 제격일까. 매우 어려운 주문이지만 포르투갈은 '블루Blue'다. 블루. 이 단어야말로 포르투갈을 가장 잘 설명한다. 포르투갈은 블루의 나라이기에 블루다.

포르투갈이 왜 블루의 나라인가?

포르투갈에 발을 들이는 순간부터 떠날 때까지 여행자가 블루의 그물에서 벗어날 길은 없다. 블루는 포르투갈의 모든 곳에 있다. 꼼짝없이 블루의 오랏줄에 묶여 헤어나지 못한다. 그렇게 전 국토를 관통하는 색깔이 블루다. 블루의 결박은 그 땅을 벗어나야만 풀리지만 한동안은 여전히 블루의 잔상에 묶여 있게 된다. 마음속 저 깊은 곳에 블루의 울림이 있기 때문이다.

세투발(Setubal) 시장의
생선가게

오바르(Ovar) 기차역

두 번째 이유는 이 나라의 노래다. 포르투갈을 대표하는 노래는 파두fado다. 파두를 모르고선, 파두를 떠나고선 포르투갈을 설명할 수 없다. 파두가 우리나라 창唱이나 타령처럼 단지 포르투갈의 대표적인 노래라는 사실 때문만이 아니라 파두는 포르투갈 사람들의 심장 한복판에서 절절이 울려나오는 한숨이요, 외침이요, 눈물이다. 그래서 파두의 빛깔은 블루다.

파두는 사우다지saudade를 기본으로 하는 노래다. 우리말로 표현하자면 한恨과 비슷한 정서다. 너무 가난해서 숙명적으로 바다로 나가지 않으면 안 되었던 포르투갈. 그 바다로 나가 돌아오지 않았던 수많은 남자들. 그리고 그 남자들을 사랑하고 미워했던 여자들의 눈물과 탄식…. 파두는 블루가 안 되려야 안

파두가 태어난 파두의 고향,
리스본 알파마(Alfama) 거리

될 수가 없다.

세 번째는 이 나라의 종교다. 포르투갈은 이 지구상에서 가장 독실한 가톨릭 국가다. 그래서 로마 가톨릭 보호의 선봉대 역할을 해왔고, 대항해 시절 로마 가톨릭 전파에 가장 열심이었던 나라도 스페인이 아닌 포르투갈이었다. 인도를 시작으로 중국과 일본 등 동양의 포교에 앞장선 것도 포르투갈에서 시작된 예수회The Society of Jesus였다.

포르투갈 인구 약 1,014만 명 가운데 77%, 15세 이상은 81%가 가톨릭 신자다2022년 KOSIS 참조. 2012년 조사에서는 인구의 88%가 가톨릭 교도였다. 그러면 가톨릭과 블루는 어떤 상관관계가 있을까. 다 알다시피 가톨릭 교리의 중심에는 성모 마리아가 있다. 유럽 여행에서 우리는 수많은 성모 마리아상이나 그림들을 보게 된다. 특히 이베리아 반도에서 하루에 한 번이라도 성모 마리아를 보지 못하고 그냥 지나치기란 불가능한 일이다.

그런데 그림이나 조각에서 나타나는 성모 마리아의 옷은 대부분 파란색이다. 블루가 귀하고 신성한 색이었기 때문이다. 중세에 그려진 이루 헤아릴 수 없는 수태고지受胎告知, Annunciation♦나 아기 예수를 안고 있는 성모 마리아 그림에서 마리아의 옷은 대다수가 블루다. 블루 없는 성모 마리아는 상상할 수도 없다. 안의 옷은 흰색이나 붉은색일지라도, 걸치고 있는 망토는 예외 없이 파란색이다.

마지막으로 포르투갈 역시 우리처럼 기나긴 독재의 탄압에서 신음했던 사실을 빼놓을 수 없다. 포르투갈 최고 명문 코임브라대학교 정치경제학 교수 출신의 안토니우 드 올리베이라 살라자르António de Oliveira Salazar, 1889~1970는 1932년

♦ 대천사 가브리엘이 성모의 집으로 찾아가 그녀가 성령의 아이를 잉태했음을 알린 일. 『누가복음』 1장 26절에서 38장까지가 '수태고지' 이야기다.

코임브라(Coimbra) 산타 크루스
(Santa Cruz) 성당.
포르투갈 국민은 가장 열심히
가톨릭을 믿는 사람들이다.

부터 1968년까지 무려 36년 동안 총리 자리를 차지하며, 악랄한 공포정치를 실시했다.

그는 총리직에 취임하자마자 바로 이듬해인 1933년에 나치 독일의 게슈타포와 비슷한 사복경찰단인 '정치사회옹호경찰단PVDE, Polícia de Vigilância e Defesa do Estado'을 만들었다. 이를 통해 우리가 익히 경험했던 일들, 정치인 사찰과 시민 감시, 언론 탄압과 조작, 정권에 저항하는 인사들에 대한 각종 고문과 암살 등을 자행했다.

『해리포터』 시리즈에서 어둠의 마법사 살라자르 슬리데린의 이름은 바로 안토니우 살라자르에서 따온 것이었다.

1933년 그가 통과시킨 개정 헌법은 박정희 정권의 유신헌법과 매우 흡사하다. 그 내용의 골자는 다음과 같다. 첫째, 국가의 원수는 국민에 의하여 직접 선출되며, 7년의 임기를 가지고, 원수의 직능과 임기는 어떠한 국회의 투표에서도 제한을 받지 않는다. 둘째, 공장의 폐쇄나 파업에 의한 경제활동은 용인되지 않는다. 셋째, 국가의 주요한 기능에 모든 사회 활동을 조정하고, 장려하고 관리하는 기능을 포함시킨다.

살라자르의 목적은 오로지 장기 집권이었으므로, 그는 시대에 역행해 오히려 산업화를 막고 강력한 농경화 정책을 실시했다. 산

1974년 4월 25일 카네이션 혁명을 다룬 책의 표지

리스본 글로리아 언덕길의 그라피티

업화를 막아버리면 각종 사회문제와 더불어 정권에 대한 불만까지 미연에 방지할 수 있다고 판단했다. 또한 국민의 의식화를 사전에 봉쇄하고자 우민화 정책을 시행, 고등학교나 대학교 등의 고등교육기관에 대한 공적 투자를 거의 끊다시피 했다.

　결과적으로 국민들은 농촌으로 내몰려 국가는 농경사회가 되어갔고, 대학은 쇠퇴했다. 이런 독재체제에 염증을 느낀 청년들과 지식인들이 조국을 떠나 해외로 망명이나 이민을 떠났기 때문에 제2차 세계대전 이후 포르투갈의 가장 큰 수출품은 '포르투갈 사람'이라는 조롱마저 나왔다. 포르투갈은 지금도 이러한 상처에서 벗어나지 못했다. 리스본의 구도심 골목길을 걷다 보면 그 시절에 피폐해진 상흔들이 노출돼 매우 아픈 모습으로 다가온다.

　2004년 출간된 베를린자유대학교 철학과 교수이자 작가인 파스칼 메르시

리스본 코메르시우 광장(Praça do Comércio)을 지나는 전철

어Pascal Mercier, 1944~의 소설을 영화로 만든 2014년 「리스본행 야간열차」의 화면에서도 그런 페이소스가 짙게 느껴진다. 페이소스의 색채는 역시 블루다.

이야기 속에 또 다른 이야기가 등장하는 '액자소설'의 형식을 취하고 있는 이 소설에서 주인공 그레고리우스는 그가 우연히 추적하게 되는 이야기의 중심인물인 의사 아마데우 드 프라두가 공부한 코임브라대학교 교정이며 리스본 시내 전망대 등 여러 곳을 들르게 되는데, 그런 그의 시선이 닿는 풍경에도 역시 시대에 의해 버려진 사람들에게서 나오는 짙은 신음소리가 느껴진다. 파두는 포르투갈의 이런 아픔을 더욱 절실하게 반영한다.

소설에 등장하는 한 대목을 보자.

> 내가 원해서 탄 기차가 아니었다. 선택의 여지가 없었고, 아직 목적지조차 모른다. … 여행은 길다. 이 여행이 끝나지 않기를 바랄 때도 있다. 아주 드물게 존재하는, 소중한 날들이다. 다른 날에는 기차가 영원히 멈추어 설 마지막 터널이 있다는 사실에 안도감을 느낀다.

그레고리우스를 리스본으로 이끄는 야간열차는 인생이 곧 여정임을 의미하는 메타포다. 그레고리우스가 찾은 포르투갈은 철학적이며 실존적인 물음에서 출발하고 있지만, 그 질문은 색채를 통해서도 발현된다. 바로 블루다. 포르투갈은 블루가 숙명이다. '포르투갈 블루'가 던지는 색채 여행을 위해 우리도 '리스본행 야간 비행기'를 탑승하자.

Portugal story 1

이야기의 시작, 포르투

Portugal story 1
이야기의 시작, 포르투

포르투갈의 출발,
포르투와 상 벤투 역

포르투갈을 이해하기 위해서는 수도인 리스본보다 제2의 도시로 북쪽에 위치한 포르투Porto를 먼저 이야기해야 한다. 포르투갈이라는 나라 이름도 포르투에서 연유한 것이다.

켈트족Celts이 도루Douro 강어귀에 세웠던 어촌 마을은 4세기 로마의 점령기에 매우 쓸모 있는 상업 항구로 변모했다. 그때의 이름이 '포르투스 칼레Portus Cale'였다.

이 도시는 456년 서고트족Visigots의 테오도리쿠스 2세Theodoric II, 454?~526의 침략을 받았고, 그 지배는 716년 이슬람 무어인들이 점령할 때까지 지속되었다.

스페인 북부에 있던 아스투리아스Asturias 왕국의 13대 왕이었던 알폰소

3세Alfonso III, 848?~910가 무어인들을 내쫓고 포르투스 칼레를 점령한 것이 879년. 알폰소 3세는 아들들이 일으킨 반란에 의해 강제로 왕위에서 물러나고 아들 셋이 영토를 나눠 가졌는데, 맏아들인 가르시아 1세García I, 재위 910~914는 레온Leon, 둘째인 오르도뇨 2세Ordoño II, 재위 910~924는 갈리시아Galicia, 막내 프루엘라 2세Fruela II, 재위 910~925가 아스투리아스를 각기 분할 통치했다. 레온은 가르시아 1세가 914년 사망하자 오르도뇨 2세가 그해부터 924년까지 통치했고, 그 또한 사망하자 프루엘라 2세가 924년부터 925년까지 통치했다.

포르투갈의 시작. 868년 처음 시작된 '포르투갈 자치령'은 나중 코임브라까지 흡수할 정도로 넓어졌다. 1139년 아폰수 1세가 왕국을 세울 때까지 지존속했다.

1096년 레온과 갈리시아, 카스티야Castile 왕국의 왕◆이었던 '용맹왕El Bravo' 알폰소 6세Alfonso IV, 1072~1109에 이르러 포르투갈은 독립적인 국가의 모습을 갖추기 시작했다. 그는 자신의 딸인 테레사Teresa를 부르고뉴의 앙리Henry of Burgundy, 1066~1112◆◆와 결혼시키면서 지참금으로 오늘날 포르투와 브라가Braga를 포함하는 '포르투갈 백작령County of Portugal'을 주었다. 당시 이 지역의 수도가

◆　재위 기간 : 레온 왕국(1065~1109), 갈리시아 왕국(1071~1109), 카스티야 왕국(1072~1109)
◆◆　영어의 헨리(Henry)는 프랑스어로 앙리(Henri)이고, 포르투갈어로 엔히크(Henrique)다.

바로 포르투였다.

부르고뉴의 앙리는 포르투갈 최초의 군주이자 정복왕으로 알려진 아폰수 1세Afonso I, 1111?~1185, 아폰수 1세 엔히크라고도 부름의 아버지다. 그러니 포르투갈 시작의 역사에서 부계는 프랑스 백작 가문이다.

이 같은 역사에서 보듯 오늘날 포르투갈의 출발점은 포르투다. 868년 '포르투갈 자치령'에서 출발해 테레사 공주의 결혼과 함께 '포르투갈 백작령'이 되었고, 이 땅에서 무슬림을 몰아내는 데 전력

포르투 도루 강을 내려다보는 엔히크 박물관 앞의 엔히크 왕자 동상. 지구본이 뒤에 있다.

을 다한 아폰수 1세의 레콩키스타Reconquista, 가톨릭 군주들이 무어인들에 빼앗긴 국토를 회복하고자 벌인 전쟁로 점점 넓어진 것이 바로 오늘날의 포르투갈인 것이다.

포르투는 대항해시대를 연 아비스 왕조의 엔히크 왕자Infante Dom Henrique de Avis, 1394~1460가 태어난 곳이기도 하다. 바다를 통한 세계 교역을 개척한 장본인의 출생지라는 점에서 포르투의 의미는 각별하기만 하다.

포르투에 도착하면 제일 먼저 가야 할 곳이 있다. 상 벤투Sān Bento♦ 역이다. 포르투의 상 벤투 역은 단언컨대 지구상에서 가장 아름다운 역이다. 어떠한 역도 그 우아하고 화려한 아줄레주azulejo, 즉 장식 타일로 장식한 이곳을 따라갈 수

♦　영어로는 성 베네딕트(saint Benedict)다.

포르투갈 역사에서 가장 중요한 대목을 묘사한 상 벤투 역의 아줄레주

없다.

상 벤투 역의 아줄레주는 하나의 벽화를 연상시킨다. 아니, 아줄레주 자체가 타일로 구성한 벽화다. 분명 여러 장의 타일이 조합되어 하나의 그림을 완성한 것이련만, 수만 장을 분할된 것이 아니라 마치 한 장의 그림처럼 보인다. 이는 14cm×14cm 크기의 타일 2만 장으로 만들어낸 위대한 서사시다.

상 벤투 역의 아줄레주 작품은 11년^{1905~1916}에 걸친 작업 끝에 완성되었다. 포르투갈 역사에서 의미가 큰 4개의 사건을 담고 있다. 이를 시대 순으로 보면 △ 엔히크 왕자 아버지 아비스 왕조의 창시자 주앙 1세^{Jaõn I, 1357~1433}가 영국 랭커스터^{Lancaster} 공작 곤트의 존^{John of Gaunt, 1340~1399}의 딸인 필리파^{Philippa}와 포르투에서 올린 결혼식¹³⁸⁷ △ 무슬림 무어인들의 카스티야-레온 왕국 침략을 저지한 발데베즈 전투^{Battle of valdevez, 1140~1141} △ 카스티야-레온 왕국연합에 의한 포르투갈 재침략을 막아낸 아폰수 1세의 스승이자 전설적인 시종기사 에가스 모니스^{Egas Moniz, 1080~1146}와 레온의 왕 알폰소 7세의 톨레도 담판¹¹⁴³ △ 마지막으로 엔히크 왕자의 북아프리카 세우타^{Seuta} 점령¹⁴¹⁵이다.

상 벤투 역을 아줄레주로 치장하는 작업을 맡은 화가는 조르즈 콜라소^{Jorge Colaço, 1868~1942}다. 당대의 가장 유명한 아줄레주 화가로 그의 작품은 포르투갈 전역은 물론 브라질, 영국의 윈저 성, 제네바에도 있다.

여기서 잠시 엔히크 왕자의 할아버지인 잉글랜드 랭커스터 공작 '곤트의 존'에 대해 알아볼 필요가 있다. 잉글랜드 귀족 '곤트의 존'을 살펴보는 것은 포르투갈과 스페인 왕가를 포함해 매우 복잡하게 이리저리 얽힌 중세 유럽 왕실 계보를 이해하는 데 필수 조건이다.

'곤트의 존'은 잉글랜드의 에드워드 3세와 필리파의 넷째 아들로, 나이 어린 조카 리처드 2세를 대신해 그 자신이 충분히 왕의 자리를 찬탈할 수 있었지만 조선

주앙 1세와 필리파의 포르투 결혼식을 묘사한 상 벤투 역 아줄레주

의 세조와 달리 정파 간 조정자 역할만 맡고 집권의 길로 가지는 않았다. 그럼에도 불구하고 집요하게 집권을 노린 아들이 결국에는 잉글랜드 왕 헨리 4세이 되어 랭커스터 왕조를 열었다. 두 딸 중 필리파는 포르투갈에, 캐서린은 카스티야의 왕비로 보내 '유럽 왕가의 할아버지'가 되었다.

또 외손녀인 시슬리 네빌은 요크 공작 리처드와 결혼해 요크 왕조의 어머니가 되니, '곤트의 존'이야말로 잉글랜드 랭커스터 가문과 요크 가문의 원류다.

이베리아 반도의 레콩키스타를 성공으로 이끈 카스티야-레온 왕국의 이사벨 여왕 Isabel de Castilla, 1451~1504은 주앙 1세와 필리파의 후손으로 스페인 왕실의 시발점이 된다. '곤트의 존' 자신도 리처드 2세 재위 시절에는 카스티야의 공주 콘스탄체와 결혼, 카스티야 왕국에 머물면서 왕위 계승을 노리게 되니 이래저

023

상 벤투 역의 아줄레주는
만남과 이별의 아우성이다.

래 이베리아 반도의 왕실들에 확실한 DNA를 남겨놓았다고 할 수 있다.

이처럼 포르투갈의 전성기가 시작된 시절, 중심도시는 리스본Lisboa, 포르투갈어로 리스보아이 아니라 포르투였다. 주앙 1세와 필리파 왕비가 결혼식을 올린 장소도, 아들 엔히크 왕자를 낳은 장소도 모두 포르투다.

상 벤투 역의 아줄레주는 아무리 보아도 질리지 않을 만큼 매혹적이다. 역에서 사람들은 사랑하는 사람들을 마중하기 위해, 혹은 작별하기 위해 얼싸안고 키스하고 미소 지으며 눈물을 흘린다. 역은 원래 그런 곳이다. 사람들의 만남이 늘 아우성을 친다. "잘 있거라, 나는 간다. 대전발 0시 50분"을 들먹이지 않아도, 역에서의 기약 없는 이별이 얼마나 우리 가슴을 먹먹하게 만드는지 우리는 잘 안다. 그런 역에 코발트블루의 아줄레주가 있다. 황홀할 정도로 아름다운 청백의 아줄레주를 배경으로 사람들은 만나고 헤어진다. 떠나고 돌아온다.

코발트블루 타일은 이런 정서를 더욱 극대화시킨다. 헤어짐은 더욱 애틋하게, 재회는 몇 곱의 커다란 환희로 물들여준다. 그래서 이곳 아줄레주는 늘 제자리에 같은 모습으로 있지만 항상, 매일 다르다. 매 순간마다 다른 모습으로 있다. 아줄레주를 배경으로 사람들이 살아가고 있기 때문이다.

세우타,
글로벌 네트워크의 시작

오늘날 우리에게 가장 근원적인 질문은 "당신은 누구와 연결되어 있는가?"

♦ 영국의 존(John)은 포르투갈에서는 주앙(João), 스페인에서는 후안(juan)이 된다.

상 벤투 역의 아줄레주는 역에서의 만남과 헤어짐을 더 극적으로 만들어준다.

상 벤투 역의 아줄레주에 마음을 빼앗긴 한 여행객

라는 물음일 것이다. 결코 "당신은 누군가?"가 아니다. 나는 '나'로서 온전히 설명되지 못한다. 사람들은 나를 알기 위해 나를 평가하기 위해 '나'가 아닌 '나와 연결된 사람들'을 들여다본다. 세상은 나와 내가 연결되어 있는 사람들과의 관계, 즉 네트워크 분석을 통해 나를 알려 한다. 그러한 네트워크 속의 내가 아니면 나 자신은 거의 아무런 의미가 없다. 바로 세계화가 초래한 결과다.

오늘날 지구촌 사람들을 동시화, 동조화시키고 있는 세계화의 물결은 인터넷의 발명과 컴퓨터의 보급이 그 출발점이라고 생각하겠지만, 사실은 1415년 8월 22일에 벌어졌다. 벌써 600여 년 전의 일이다.

1415년 그날, 아프리카 서북부 이슬람 항구도시 세우타가 포르투갈 수중에 떨어졌다. 세우타는 모로코에 있지만 오늘날은 스페인 영토다. 마카오가 포르투갈의 자치도시였던 것처럼 세우타도 스페인 카디스 주에 속한 자치도시다.

스페인에서 배로 모로코에 들어가려면 탕헤르Tangier로 들어가는 것과 세우타로 들어가는 두 가지 방법이 있다. 스페인 알헤시라스Algeciras에서 배로 출발해 불과 40여 분만 지나면 지브롤터 해협을 건너 세우타에 도착한다.

지브롤터 해협을 사이에 두고 스페인 남단을 마주보는 세우타는 고대 카르타고 사람들이 건설한 항구로써 15세기 대항해시대가 열리자 아프리카 진출을 위한 교두보로 전략적인 요충지가 되었다. 유럽 열강들은 세우타를 정복하기 위해 경쟁했지만 포르투갈 아비스 왕조의 넷째 왕자 엔히크가 선수를 쳤다.

싸움은 아침에 시작해 황혼 무렵에 싱겁게 끝났다. 포르투갈이 무려 238척의 배에 4만 5,000여 병력을 실어 지브롤터 해협을 건넜기 때문이다. 그러나 이 사건이 세계사의 흐름을 갈랐다. 바로 이때부터 유럽이 주도하는 대항해시대와 지리상의 발견, 식민지 건설 경쟁이 봇물처럼 터졌다.

엔히크 왕자의 세우타 침공. 상 벤투 역 아줄레주의 일부

포르투갈이 세우타를 탐낸 이유는 종교와 돈 때문이었다. 이슬람 영토에 가톨릭 전파의 교두보를 확보하고 후추 같은 향신료나 금을 확보하자는 계산이었다. 세우타는 10세기부터 순도 높은 금화를 주조한 금의 산지였다. 이런 세우타를 점령하자마자 포르투갈은 세우타 금화를 그대로 본떠 포르투갈 금화를 찍어냈다.

아프리카의 금이 포르투갈에 쏟아지게 되자 엔히크 왕자는 하루아침에 유럽 사교계의 중심인물이 되었다. 유럽 각국으로부터 군대를 맡아달라는 청을 받았고 혼담이 물밀듯 들어왔다.

그러나 엔히크 왕자의 선택은 여자가 아닌 바다였다. 각종 청혼을 마다하고

포르투갈이 모로코 아래 북아프리카 연안에 건설한 요새(파란색 점)와 점령 도시들(붉은색 점)

결혼도 하지 않으면서 그는 해양 진출에 매달렸다. 바다 개척과 해양 인프라 건설이 그의 가장 큰 관심사였다. 그는 조선소와 해양연구소를 건설하고 대양 항해에 적합한 카라벨선을 개발했다. 왕위에 오른 적은 없지만 '항해왕이자 탐험왕'으로 추앙받는 것도 이런 연유다. 포르투갈 여행을 하려면 엔히크 왕자에 대해 먼저 공부하는 것이 필수다. 대항해시대를 열었던 만큼 곳곳에 그의 흔적이 남아 있기 때문이다.

포르투갈은 세우타를 기반으로 점점 남쪽으로 내려갔다. 바닷물이 펄펄 끓는 죽음의 장소라고 생각했던 적도를 지나 1488년에는 바르톨로메우 디아스Bartolomeu Dias, 1450?~1500가 아프리카 남단의 희망봉을 찾아냈다. 인도로 가는 뱃길이 열리고 스페인과 네덜란드, 영국의 경쟁 속에 포르투갈은 세계의 중심으로 떠올랐다. 그래서 세우타 점령이 세계화의 첫발이라고 해도 과언이 아니다.

세우타 정복은 포르투갈 역사에 있어 가장 영광스럽고 자랑스러운 대목의 하나다. 비록 점령 165년 만인 1580년 스페인에 빼앗기기는 했지만, 포르투갈 전성시대를 연 역사적 사건이기 때문이다. 우리나라에 비유하자면 장보고가 중국 땅에 청해진을 건설한 것이라고나 할까.

엔히크 왕자의 출생지는 지금도 남아 있다. 카사 두 인판테Casa do Infante, 바로 '왕자의 집'이라 불리는 엔히크 박물관이다. 무려 1325년에 지어진 이 건물에는 포르투 최초의 세관과 금화 주조소가 들어서기도 했다. 포르투 와인의 집산지인 도루 강이 한눈에 내려다보이는 히베이라Ribeira 지역 언덕의 경사에 자리한 덕분이다.

그러나 이 박물관은 옛 성채의 뼈대만 간직하고 있을 뿐 특별한 내용물은 없다. 다만 당시의 화려함을 짐작할 수 있는 바닥 모자이크가 잘 보존돼 있어 아쉬움을 달래주는 정도다. 오히려 엔히크 왕자의 자취를 더욱 확연히 빛내주는

엔히크 왕자의 아줄레주로 전면을 장식한 마사레로스 성당

것은 흰 벽면에 그려진 붉은 십자가와 그 밑의 푸른색 아줄레주가 아주 강렬한 대비를 이루어 시선을 끄는 마사레로스 성당Igreja do Corpo Santo de Massarelos이다. 엔히크 박물관에서 밑의 도루 강변으로 나가서 바다로 연결되는 하구 쪽으로 이어진 산책로를 따라 내려가다 보면 보인다.

십자군 정벌에 나선 기사의 가슴에 그려진 십자가를 연상시키는 성당 벽면의 이미지 밑에 '1394'라는 숫자가 있는 것은 엔히크 왕자가 태어난 1394년, '마사레로스 신성한 몸의 영혼 결사대Confraria das Almas do Corpo Santo de Massarelos'가 세웠던 예배당 터에 이 성당이 새롭게 만들어졌기 때문이다. 엔히크 왕자 역시 이 결사대의 일원이었다. 이 성당의 새 설립연도는 1776년이다.

아줄레주에 묘사된 그림은 엔히크 왕자가 바다를 앞에 두고 지도를 펼쳐들고 있고, 그 앞에서 그리스도가 항해의 안전을 이끌어주는 모습이다. 엔히크 왕자 뒤에 선 시종의 한 명은 지구본을 들고 있다. 이처럼 엔히크 왕자의 아줄레주나 흉상에는 대항해 원정을 상징하는 지구본이 늘 등장한다.

아비스 왕조의 시작,
주앙 1세와 후안 1세의 전쟁

포르투갈 왕국을 연 아폰수 왕조는 부르고뉴 9대 왕 페르난두 1세Fernando I, 재위 1367~1383가 1383년에 사망하면서 244년 만에 끝난다. 이후 2년간 왕이 없는 공위空位, Interregnum 기간을 거친 후 1385년에 아비스 왕조가 새로 출범했다.

1383~1385년의 공위기를 거치면서 포르투갈은 새롭게 탄생한다. 공위기는 전쟁을 유발했지만 또한 포르투갈이 스페인과 다른 나라라는 독립적 주권 의식을 강화하는 계기가 되었다. 아비스 왕조를 연 주앙 1세는 페르난두 1세의 배다른 동생으로서 서자 출신이었지만, 카스티야와의 합병을 염려한 부르주아와 귀족들의 추대에 의해 국왕에 올랐다. 일종의 혁명이었다.

주앙 1세가 왕이 될 수 있었던 제일 큰 이유는 역시 형 페르난두 1세와 왕비 레오노르 텔레스Leonor Teles, 1350~1405 사이에 아들이 없고 딸 베아트리스Beatriz만 있었기 때문이다.

왕위를 이을 아들이 없는 페르난두 1세는 1377년 일찌감치 4살에 불과한 어린 공주에게 왕위 계승권을 선포했다. 레오노르는 남편 페르난두를 설득해 일단 베아트리스 이외에는 계승권을 박탈하도록 명문화했다. 남편이 일찍 죽으면 삼촌들이 어린 딸을 누르고 왕위를 차지할 가능성을 염려하지 않을 수 없었다. 부왕 페드루 1세는 페르난두의 배다른 동생 주앙과 디니스Diniz를 낳은 이네스Inês de Castro를 사후에 정실 왕비로 인정했기 때문에 더욱 안심할 수 없었다.

그런데 주앙은 레오노르 텔레스의 여동생 마리아María Teles와 눈이 맞아 연애를 하고 있었다. 레오노르는 시동생인 주앙이 왕이 되고, 자신의 여동생인 마리아가 왕비가 될 수 있다는 가능성이 싫었다. 그래서 레오노르는 주앙에게 자신의 딸인 베아트리스와 결혼시켜주겠다는 제안을 내놓았고, 마리아가 다른 사람과 연애하고 있다는 거짓 정보를 흘렸다. 이를 믿은 주앙은 마리아를 죽이고 도망쳤다.

주앙은 나중에야 자신이 왕비의 거짓 정보에 휘둘렸다는 사실을 깨달았고, 형 페르난두에게 용서를 빌었다. 페르난두는 죄를 사면해주는 대신 근신할 것을 명했는데 주앙은 레아노르가 언제 또 자신을 노려서 목숨이 위태로울지 몰라 카스티야로 도망쳤다.

1383년 페르난두 1세의 건강이 악화됐고, 베아트리스 공주는 고작 10살이었다. 페르난두는 자신이 살아 있을 때 공주를 시집보내기로 하고 사윗감을 찾았다. 유럽의 많은 왕실에서 혼담을 넣었지만, 최종 낙점은 카스티야의 국왕 후안 1세Juan I로 낙착되었다. 카스티야의 후안 1세는 한 해 전에 아라곤Aragon 왕국 공주 출신의 왕비 엘레노르Eleanor와 사별했고, 그 사이에 두 아들이 있었다.

페르난두 1세는 재위 시절 카스티야와 세 번이나 전쟁을 치렀지만, 혼인을 통해 양국 간의 전쟁을 끝내고 싶었다. 카스티야의 후안 1세도 같은 마음이었다. 그해 5월 베아트리스와 후안 1세의 결혼이 서둘러 진행되었다. 이어 10월에 페르난두는 38살의 나이에 사망했다.

베아트리스와 후안 1세의 결혼 계약에는 둘 사이에 아이가 태어나면 포르투갈의 왕위를 계승하고, 그 아이가 14살이 될 때까지 왕비 레오노르가 섭정을 한다고 되어 있었다. 10살인 베아트리스 공주가 아기를 가지려면 시간이 필요한데 14살이 될 때까지 기다리는 동안 레오노르가 포르투갈을 지배할 수 있었다.

그러나 귀족과 상인들이 동요했다. 포르투갈은 레콩키스타를 끝내고 100년 이상 오랜 안정기를 보내면서 주요 항구에 상인을 중심으로 부르주아 계층이 형성되어 있었다. 이들은 내륙국인 카스티야의 지배를 받기 싫어했다. 자유로운 해상 상업 활

◆

동으로 얻은 이익을 카스티야에게 세금으로 바치길 꺼려했다. 귀족들 역시 왕가에 남성 승계자들이 있는데 공주가 카스티야 왕국의 왕과 결혼하는 것을 받아들일 수 없었다.

그런 가운데 왕비 레오노르는 남편이 죽자 곧바로 갈레고의 안데이루Andeiro 백작과 사랑을 나누면서 정권을 잡았다. 이를 본 국민의 마음에 서서히 분노가 일었다. 귀족과 상인 계급은 일단 레오노르의 정부 안데이루 백작을 살해한 뒤 레오노르 권력을 박탈했다. 그리고 주앙을 포르투갈의 섭정과 수호자로 옹립했다. 그는 아비스 기사단의 수장Master으로, 국민의 사랑을 얻고 있었다. 이들은 국왕이란 표현을 사용하지 않고 '섭정과 영토의 수호자rector and defender of the realm'란 꼬리표를 달았지만, 사실상 선출된 통치자였다.

카스티야의 후안이 순순히 받아들일 리 만무했다. 그의 입장에선 명백한 반역이었다. 전왕 페르난두 1세에 의해 합법적으로 왕권을 계승한 베아트리스와 자신이 있는데, 이를 무시하고 새로운 통치자가 나타났으니 결국 전쟁을 통해 해결할 수밖에 없었다.

이듬해인 1384년 4월, 카스티야가 포르투갈을 침공했다. 이렇게 포르투갈의 주앙과 카스티야의 후안과의 전쟁이 시작되었다.

카스티야는 함대로 리스본 테주Tejo 강의 관문을 봉쇄하고, 5월에 리스본을 공격했다. 포위된 리스본은 식량 부족 상태가 되었다. 포르투갈은 영국에 지원을 요청했지만 전쟁이 장기화하면서 리스본 시민들은 굶주림의 공포를 느끼기 시작했다. 그러던 차에 불행인지 다행인지 유럽 전역에 흑사병이 돌면서 카스티야 군사들이 쓰러지기 시작했다. 후안 1세는 1384년 9월 3일 가까스로 포위망을 풀고 본국으로 돌아갔다.

1385년 4월 6일 포르투갈 귀족회의Cortes는 주앙을 정식으로 국왕에 옹립했다. 섭정이란 꼬리를 뗀 것이다. 이렇게 아비스 왕조가 시작된다. 주앙 1세는 이전 아폰수 왕조의 핏줄을 이었지만 귀족과 상인에 의해 추대됐다는 점에서 새로운 왕조로 본다. 주앙이 국왕이라고 선포하자, 6월에 카스티야가 다시 쳐들어왔다. 후안 1세는 병력

리스본 에두아르두 7세 공원(Parque Eduardo VII)에 있는 '알주바로타 전투' 아줄레주.
역시 조르주 콜라소의 1922년 작품이다.

◆

3만 2,000명을 이끌었고, 이에 주앙 1세의 병력 6,500명이 맞섰다. 8월 14일, 알주바로타Aljubarrota 평원에서 양측 군대가 대치했다.

카스티야 군에는 프랑스와 이탈리아 원병이 참여했고, 포르투갈에는 영국 장궁부대 200명이 참여했다. 소수였지만 영국 장궁수들은 앞서 백년전쟁의 크레시 전투Battle of Crécy, 1346와 푸아티에 전투Battle of Poitiers, 1356에서 프랑스군을 공포에 몰아넣었던 부대였다. 5대 1의 압도적인 열세에도 불구하고 포르투갈-영국 연합군은 뜨거운 애국심으로 적군을 방어했다. 승리는 그들에게 돌아갔다. 카스티야는 1411년에 가서야 주앙 1세를 승인했다.

주앙 1세는 영국의 지원에 고마움을 표시하기 위해 영국 랭커스터 공작의 딸 필리파를 왕비로 맞았다. 이어 1383년 5월에 포르투갈과 영국은 윈저 궁에서 상호동맹 조약을 체결한다.

이 윈저 조약Treaty of Windsor은 600여 년이 지난 오늘날에도 이어지고 있다. 포르투갈이 1640년 스페인 합스부르크 왕가로부터 독립할 때 영국군이 지원했고, 나폴레옹 전쟁1803~1815, 제2차 세계대전에서도 영국군은 포르투갈을 지원했다. 1982년 영국과 아르헨티나 사이에 벌어진 포클랜드 전쟁Falklands War 때 포르투갈은 영국을 지원했다.

포르투 와인의
시작

포르투에서 빠질 수 없는 것, 오늘날 포르투 정체성의 가장 커다란 부분은 역시 와인이다. 포르투는 도루 강이 와인 생산에 적합한 북서 연안지대의 계곡을 적시며 마침내 다다른 항구도시인 것이다.

백년전쟁의 결과로 보르도 지방을 프랑스에 빼앗긴 영국에게 가장 큰 아픔은 보르도 와인을 마시기 힘들어졌다는 사실이었다. 그러나 100여 년 이상 양질의 와인에 익숙해진 영국 소비자들은 보르도 와인을 포기할 수 없었다. 그리

포르투 와인 대표 브랜드 가운데 하나인 페레이라(Ferreira) 와인 저장고

하여 수입을 통해 수요를 충당했지만 1678년 이 방식에도 문제가 생겼다. 프랑스와 다시 전쟁을 시작하면서 와인 수입이 전면 중단된 것이다. 그리하여 영국 와인 판매상들이 보르도에서 새롭게 눈을 돌린 곳이 바로 포르투였다.

더구나 포르투갈은 영국이 프랑스와 백년전쟁을 한창 치르던 1373년 '영구적인 동맹관계' 협정을 맺은 우방국이었다. 포르투갈이라면 전쟁으로 인해 와인 교역에 지장이 생길 가능성이 없으므로 대안이 될 수밖에 없었다.

그러나 불행하게도 포르투갈 와인은 보르도 와인에 길들여진 영국 상류층의 혀를 만족시키기에 질이 떨어졌다. 그래서 영국 와인업자들이 포르투 지역의 와인 생산과 제조에 직접 개입하기 시작했다.

1688년 명예혁명과 함께 찾아온 새로운 주세 제도도 영국 와인 판매업자들의 포르투갈 진출을 부추겼다. 명예혁명으로 왕위를 거저 얻은 것이나 진배없는 윌리엄 3세William III, 1650~1702는 네덜란드에서 성장했기 때문에 영국 실정에 어두웠고, 네덜란드를 편애하는 정책을 펼쳤다.

명예혁명 당시 그는 1만 5,000명의 네덜란드 병사들과 함께 영국으로 건너왔는데 그들 배낭 속에는 네덜란드 진gin이 들어 있었다. 아주 값싸지만 취하는 데는 매우 효율적이었던 진이 영국 빈민층을 중심으로 퍼지기 시작한 것은 순식간의 일이었다. 더구나 윌리엄 3세는 진에 대해 세금을 저렴하게 매기는 한편, 다시 수입을 재개한 프랑스 와인에는 높은 세금을 부과했다.

예나 지금이나 장사치들이나 자본가가 가장 무서워하는 것은 세금이다. 영국 와인 판매상들은 이래저래 포르투의 와인에 대한 투자를 늘릴 수밖에 없었다. 오늘날 포트 와인을 대표하는 브랜드 가운데 테일러스Taylor's, 그라함Graham's, 콕번Cockburn 등은 모두 영국 회사들이다.

포트 와인은 주정酒酊, 즉 에탄올을 강화한 주정강화 와인Fortified Wine으로

포르투에서 도루 강 상류로 올라가면 양쪽에 어마어마한 넓이의 포도밭을 만날 수 있다.

유명해졌다. 주정강화 와인이란 12% 전후의 알코올 도수를 가진 일반 와인에 알코올이나 오드비Eae de vie, 브랜디 원액를 첨가하여 도수를 18% 이상으로 높인 와인이다. 포트 와인 이외에 스페인의 셰리Sherry, 이탈리아 시칠리아의 마르살라Marsala 등이 모두 이에 속한다.

그러면 이런 주정강화 와인은 왜 개발되었을까? 크게 두 가지 이유다. 앞서 말했듯 영국 와인업자들이 새로운 대안으로 포르투갈과 스페인에 주목했지만, 보르도 지역에 비해 품질이 떨어지고 거리가 멀어 장거리 운송에 따른 문제가 발생했다. 그래서 포르투 와인의 떫고 신맛을 개선하고, 항해나 고온의 보관 환경으로부터 와인이 변질되는 것을 막고자 와인에 도수 높은 브랜디를 가미했다.

또 하나는 대항해시대의 부산물이다. 항로 개척에 뛰어든 포르투갈과 스페인 선원들에게는 한 번 출항하면 몇 년씩 걸리는 장기간 항해에도 버틸 수 있는 와인이 필요했다. 물론 독한 브랜디를 마시면 되지만, 다양한 미각을 추구하는 인간의 기호란 그렇게 쉽사리 포기되지 않는다.

포트 와인은 포도 발효가 진행되는 도중에 브랜디를 섞어 효모를 죽임으로써 더 이상의 발효를 중단시키는 방법으로 제조된다. 가을에 수확한 포도를 바로 으깨서 알코올 도수가 7%가 될 때까지 발효시켰다가 1대 5의 비율로 브랜디를 섞는다.

이렇게 알코올 도수는 올라갔지만 발효를 도중에 막았기 때문에 포도즙 본래의 과일향이 나는 단맛이 느껴진다. 주로 적포도주가 많고 단맛 때문에 디저트 와인으로 애용된다. 반면 스페인 셰리 와인은 발효를 끝내고 브랜디를 첨가하기 때문에 굉장히 드라이하다. 주로 화이트 와인이고 아페테리프식전주로 애용한다.

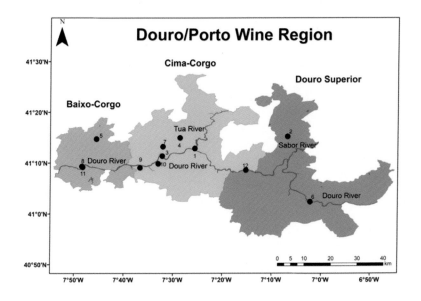

도루 강 포도밭의 3개 지역 구분. 지도의 아라비아 숫자는 유명 포르투 와이너리의 위치

대부분 포도농장들은 약 50km 강 상류의 가파른 계곡에 있다. 이곳이 바로 전 세계적으로 가장 오랜 와인 역사를 지닌 곳의 하나로 유네스코 세계문화유산이며 세계 3대 와인 생산지인 도루 포도밭이다.

도루의 본격적인 포도농장 개간 역사는 1678년 영국 리버풀Liverpool의 한 와인 상인이 와인 생산지를 발견하기 위해 그의 아들을 포르투갈로 보내면서부터 시작되었다. 그들은 도루 계곡 라메구Lamego에 있는 한 수도원에 도착했는데 우연히 수도원장이 발효 중에 있는 와인에 브랜디를 넣는 것을 목격하게 되었다. 바로 이게 오늘날 포트 와인의 시발이다.

이후 도루 계곡 포도농장들에서는 매년 120만 상자의 와인들을 배에 실어 포르투로 보냈고, 이 일은 지금도 계속되고 있다. 이곳 포도밭은 1756년 왕의 칙령에 의해 공식적으로 3개 지역으로 나뉘어 관리된다. 즉 하류 지역인 바이슈 코르구Baixo Corgo, 상류 지역인 시마 코르구Cima Corgo, 가장 높은 지역인 도루 슈페리어Douro Superior가 바로 그것이다.

그런데 이 3개 지역의 전체 넓이가 무려 25만ha에 달하고 그중 4만 5,215ha가 포도를 재배 중이다. 이중에서도 포르투 와인을 생산하는 포도밭은 3만 3,397ha약 1억 102만 6,000평이다.

이 지역이 얼마나 광대한 곳인지는 기차를 타면 실감할 수 있다. 이곳에 가는 기차는 상 벤투 역에서 출발한다. 포르투 시내를 벗어나 약 30여 분이 지나면 계곡 양쪽의 포도밭이 보이기 시작하는데, 가장 상류에 있는 포시노Pocinho까지 3시간 정도가 걸린다. 그러니 무려 2시간 반 내내 포도밭이 이어지는 것이다. 실로 엄청난 넓이라 할 수 있다.

2021년 1월부터 8월까지 포르투 와인의 판매량은 무려 467만 4,064병이다. 프랑스가 가장 많은 27.5%를 차지하고, 다음은 포르투갈 국내 소비가 14.4%, 네덜란드가 12.3%, 벨기에가 11.3%, 영국이 7.7%, 미국이 7%의 순서다. 아시아에서는 역시 중국0.3%과 일본0.1%이 주요 수출국이다.

이곳의 포도농장들은 모두 계단식으로 포도밭을 개간한 험준한 산비탈에 있다. 포도밭들은 도루 강이 크게 꺾이는 유난히 아름다운 굽이에 있지만 이 밭을 개간하기까지 얼마나 많은 이들의 땀과 눈물이 흘렀을 것인지 생각하면 숙연한 마음도 든다.

이는 현대화된 지금도 마찬가지다. 포도 수확만큼은 기계가 대신할 수 없다. 그러므로 사람이 산비탈을 오르내리며 땀을 흘려야 한다. 포르투 와인을 만드는 데 사용하는 포도 역시 역경 속에서 자라난 것이다. 건조한 바위투성이 언

1900년대 도루 포도밭 수확 풍경(위). 큰 바구니는 무게가 50kg까지 나간다.

도루 박물관의 한 벽면을 가득 메우고 있는 도루 밸리 생산 와인들

헤구아 다리를 묘사한 아줄레주

덕에서 성장하고 과실을 맺기 위해 그 뿌리는 영양분을 흡수할 수 있는 땅속 30m 아래까지 깊게 뻗어 나가야 한다. 포도넝쿨은 여름의 무더위와 겨울의 한파를 모두 견뎌야 한다.

특히 도루 계곡의 포도밭은 대부분 평원에 있는 다른 곳과 달리 강에서 올라오는 습기로 인한 물안개도 버텨내야 한다. 이른 아침이면 짙은 물안개가 포도농장을 짙게 감추고 있다. 이러한 여건으로 인해 강한 브랜디를 넣어도 크게 흔들리지 않는 강한 풍미의 포도즙이 나올 수 있는 것이다.

포르투에는 도루 계곡 포도농장까지 오가는 다양한 크루즈 투어가 관광상품으로 개발돼 있다. 이 크루즈는 배로 강 상류 지역에 갔다가 기차나 버스로 돌아오고 아니면 그 반대, 간식과 점심식사, 와이너리 무료 시음 등을 제공한다. 강변의 중심도시 호텔에 며칠씩 머무르며 오로지 포르투 와인에만 몰두하는 상품도 있다.

투어의 중심도시는 페소 다 헤구아Peso da Régua와 피냥Pinhão이다. 페소 다 헤구아는 보통 헤구아로 부른다. 헤구아는 로마시대에 개발된 요새마을로부터 출발했다. 로마시대에는 '빌라 헤구라Vila Reggula'로 불렸는데, 이는 도루 강을 따라다니는 배의 명칭인 '헤쿠아récua' 혹은 왕실의 영토를 뜻하는 '헤겡구reguengo'에서 유래한 것으로 보고 있다.

헤구아 앞에 붙은 '페소peso'는 상품의 무게를 재는 장소 또는 세금이 부과된 장소에서 유래했다는 설과 동물이 먹이를 먹는 장소인 '펜사도pensado'에서 나왔을 것이란 두 가지 설이 있다.

포르투갈은 1756년에 도루 와인의 품질을 개량하고 감독하는 기관인 '도루포도회사Companhia Geral das Vinhas do Alto Douro'를 헤구아에 만들었다. 와인 관리를 목적으로 하는 세계 최초의 기관이다. 그만큼 도루 와인은 포르투갈 재정에 막

와인 수송(위)과 포도 수확(아래)을 묘사한 헤구아 아줄레주

제초 작업(위)과 개간 작업(아래)을 묘사한 헤구아 아줄레주

대한 공헌을 하는 주요 상품이었다. 따라서 헤구아 역시 도루 와인을 총괄 관리하고 감독하는 도시로 성장해왔다. 헤구아에 도루 박물관과 도루 와인협회 IVDP가 있는 까닭도 그런 역사적 배경에 기인한다. 2008년에 문을 연 도루 박물관은 이 지역의 각종 토양과 포도 품종, 포도를 재배하고 수확하는 데 사용한 옛날의 각종 도구, 옛 사진 기록 등을 전시하고 있다.

거대한 벽면에 지역 생산 와인병을 모두 전시하고 있어 시선을 모은다. 2층으로 구성된 전시실 관람을 모두 마치고 나오면 야외에 있는 바에서 포르투 와인 한 잔을 무료로 마실 수 있다. 도루 강과 건너편 포도밭, 강을 오가는 유람선이나 와인 운반선을 바라보며 와인 한 잔을 마시는 기쁨이란 참으로 말로 형용하기 어렵다.

와이너리를 본격적으로 만날 수 있는 곳은 헤구아보다 더 상류에 있는 피냥이다. 기차를 타고 가다 보면 이곳에서 관광객이 제일 많이 내린다. 헤구아에서 상류로 22km 떨어진 이곳은 도루 강과 피냥 강이 합류하는 멋진 지역에 위치해 있으며, 포도주 생산의 중심이다. 토양과 기후 조건이 포도를 재배하기에 완벽한 곳으로 평가받고 있고, 매우 쾌적한 강변 위치는 특히 점점 더 인기를 얻고 있는 포르투 와인을 좋아하는 사람들에게 휴식과 관광을 하기에 좋은 환경을 형성한다.

도루 관광의 중심지답게 피냥 역은 그 자체로 매우 훌륭한 볼거리를 선사한다. 포르투갈은 거의 모든 역들이 아름다운 아줄레주로 장식하고 있지만 포르투의 상 벤투 역을 제외하면 아마도 피냥 역이 포르투갈 전체에서 가장 아름다운 역으로 꼽히지 않을까 싶다.

역의 사면 벽마다 정말 매혹적인 24개의 아줄레주 패널이 장식되어 있는데, 이들은 와인 생산과 관련된 주변 지역의 역사적인 풍경을 묘사하고 있다. 단체

피냥 역의 아줄레주

관광객이 우르르 열차에서 내리면 이들을 인솔하는 관광 가이드는 역의 아줄
레주 패널부터 설명한다. 따라서 역은 그 자체가 지역 특성이 모두 담겨 있는 가
이드북과 같다.

역 바로 옆에는 18세기 와인 농장에 지어진 빈티지 하우스 호텔이 있다. 언뜻
보기엔 꼭 와이너리 같은 이 호텔은 정기적인 와인 테이스트와 주요 포도 종류,
와인 제조 방법, 어떤 빈티지를 사야 하는지와 보관 방법 등 다양한 측면을 다
루는 코스를 운영하고 있다.

피냥 역 아줄레주 패널에 묘사된 주변 계곡의 풍경

피냥 역에 내리면 바로 이렇게 도루 강과 급한 경사면의 포도밭을 만난다.

포트 와인의 대명사
시밍턴 그룹

피냥에는 포트 와인의 명가 시밍턴Symington 가문에서 운영하는 와이너리의 하나인 '퀸타 두 봉핌Quinta do Bomfim'이 있다. 19세기 말부터 와인업에 뛰어든 시밍턴 가문은 5대를 이어가며 4개의 포르투 와인회사 '그라함', '도우즈Dow's', '와레즈Warre's'와 '콕번Cockburn's'을 운영한다. 규모가 가장 큰 포르투 와인회사로 이를 위한 와이너리는 모두 26개에 달하고, '퀸타 두 봉핌' 이외에도 '퀸타 두 베주비우Quinta do Vesúvio', '퀸타 두 아타이데Quinta do Ataíde' 등이 있다.

이 가문의 재배지 총면적은 2,255ha에 달하는데, 이중 1,024ha가 포도밭이고 나머지는 올리브와 감귤나무 숲이다. 가장 큰 포도밭은 133ha에 달하는 맨 위 상류의 '퀸타 두 베주비우'이고, 가장 작은 농장은 히우 토르투Rio Torto 계곡에 있는 7ha 퀸타 다 마달레나Quinta da Madalena이다. 시밍턴은 포르투갈에서 가장 넓은 면적112ha의 유기농 포도밭을 운영한다. 포르투갈 북부에서 인증된 유기농 포도밭 중 가장 큰 면적이다. 모든 포도밭은 엄격한 최소 개입 정책하에 관리된다.

시밍턴은 포도 재배와 포도주 양조 분야에서 전담 연구개발팀을 운영하고 있는 선도적인 혁신가다. 그들은 피냥 계곡의 '퀸타 다 카바디냐Quinta da Cavadinha', 빌라리사Vilariça 계곡의 '퀸타 두 아타이데', '퀸타 두 봉핌'에서 실험 포도원을 운영한다. 53개 포도 품종을 보유한 아타이데의 포도 품종 박물관과 31개 품종을 보유한 봉핌 박물관은 포르투갈에서 가장 큰 토착 품종 컬렉션이다. 이러한 프로젝트를 통해 그들은 포르투갈 문화유산을 보존함과 동시에 포도 넝쿨들이 기후 변화에 적응하는 능력에 대한 중요한 분석을 하고 있다.

도루 강변에 위치한 '퀸타 두 봉핌'의 방문자 센터

'퀸타 두 봉핌' 와인 판매소

도루는 지구상에서 가장 넓은 비탈 지역의 포도밭이라서 커다란 도전을 가져온다. 비탈의 침식은 영구적인 도전 요인이고, 이로 인해 발생하는 비용도 커다란 위기 요인이다. 도루 포도농장을 유지하는 비용은 평평한 곳에 있는 포도원의 두 배 이상이다.

또한 도루는 생산량이 매우 낮아 평균 헥타르당 3,600kg의 포도를 생산하는 데 그친다. 이는 칠레의 1만 2,000kg/ha나 호주의 1만 6,500kg/ha와 비교하면 그 열악한 생산량이 금방 확인된다. 생산량이 적은 이 포도나무들은 비록 놀라운 와인을 생산하지만 다른 대부분 와인 지역의 대규모 생산품들과 결코 경쟁할 수 없다. 따라서 이들은 도루의 미래가 다른 지역들과 저가 경쟁을 하기보다는 질 좋은 포르투 와인 생산만이 정답이라고 믿는다.

시밍턴은 그라함 로지Graham's Lodge, 포르투 강 건너편 빌라 노바 데 가이아Vila Nova de Gaia에 있는 콕번의 포트 셀라Cockburn's Port Cellars 그리고 '퀸타 두 봉핌'에 전문적이고 열정적이며 박식한 가이드들로 구성된 세 개의 방문자 센터를 운영한다. 그라함 로지에는 고급 와인과 포르투갈 전통의 음식을 결합, 미식가들을 위한 전문 식당 '비눔Vinum'이 있다.

또한 시밍턴은 가족 소유 고급 와인의 판매 및 마케팅을 전담하는 세 개의 유통 회사, 포르투갈의 포르트폴리오Portfolio, 영국의 펠스Fells, 미국의 프리미엄 포트 와인Premium Port Wines을 소유하고 운영한다. 이를 통해 전 세계 100여 개국의 유통업체와 협력한다.

와인의 명가답게 시밍턴 가문의 와인들은 와인 평가에서 높은 평점을 받고 있다. 「와인 스펙테이터Wine Spectator」는 2014년 세계 100대 와인 순위에서 '도우즈 2011' 빈티지를 올해의 와인 1위에 선정했다. 또한 프라츠Prats 가문과 공동으로 만든 '크리세이아 도루Chryseia Douro 2011'은 3위에 올랐다.

시밍턴 가문의 주요 와인에 대한 평점			
Dow's 2007 Vintage	100 points	Cockburn's 2016	96 points
Dow's 2011	99 points	Warre's 2007	95 points
Dow's 2016	98 points	Warre's 2011	96 points
Graham's 2000	96 points	Warre's 2016	98 points
Graham's 2007	98 points	Quinta do Vesuvio 2009	98 points
Graham's 2011	96 points	Quinta do Vesuvio 2010	98 points
Graham's 2016	98 points	Quinta do Vesuvio 2011	98 points
Graham's The Stone Terraces 2011	97 points	Quinta do Vesuvio 2016	97 points
Graham's The Stone Terraces 2015	96 points	Quinta do Vesuvio Capela 2007	98 points
Graham's The Stone Terraces 2016	98 points	Quinta do Vesuvio Capela 2016	98 points
Cockburn's 2011	98 points	Chryseia 2011	97 points

1980년대와 1990년대에 피터 시밍턴Peter Symington은 IWC국제 와인 챌린지에 의해 '올해의 강화와인Fortified Wine 메이커' 타이틀을 6번이나 수상했다. 피터의 아들인 찰스Charles도 2003년에 같은 상을 받았다. 그는 그 이후로 '헤비스타 데 비뉴Revista de Vinhos'에 의해 두 번 더 '올해의 강화와인 메이커'로 선정되었다.

이밖에도 2013년 '올해의 포르투갈 와인 생산자', 2012년 와인 잡지인 「디캔터Decanter」가 수여하는 '올해의 디캔터 와인맨', 2007년 '올해의 유럽 와이너리'를 수상했다. 또한 「드링크스 인터내셔널Drinks International」은 2016년과 2017년에 그라함을 '세계에서 가장 존경받는 포트 와인 브랜드'로 지명했다. 또한 '퀸타 두 봉핌'의 방문자 센터는 2017 '글로벌 위너 와인 관광 서비스상'을 받았다.

한편 1971년 모리스Maurice 시밍턴이 포르투갈 대통령으로부터 공로훈장

시밍턴 가문에서 생산하는 명품 와인들

앤드류 제임스 시밍턴(1882년)

Commendador을 받았는데, 2015년에는 손자인 폴Paul이 이를 또 수여했다. 또 조니Johnny 시밍턴은 2013년 2월 1일 영국 여왕으로부터 영국-포르투갈 관계 증진과 포르투갈 북부의 영국 사회 발전에 대한 공로로 'MBEMember of the Most Excellent Order of The British Empire 상'을 받았다버킹엄 궁전에서 찰스 왕세자가 시상.

영국 여왕으로부터 상을 받은 것에서도 알 수 있듯, 시밍턴 가문은 영국인 앤드류 제임스 시밍턴Andrew James Symington, 1863~1939으로부터 시작한다. 앤드류는 1882년 19세의 나이로 포르투갈에 도착했다. 이름이 같은 그의 아버지는 글래스고Glasgow 상인이었다.

앤드류는 그라함에서 잠시 근무한 후, 자신의 이름으로 작은 와인 운송 사업을 시작했다. 1891년에 그는 포르투 태생의 베아트리체 레이탕 데 카르발호사 앳킨슨Beatrice Leitão de Carvalhosa Atkinson과 결혼했는데, 그녀의 할아버지는 1814년부터 와인 생산자이자 화주였고, 어머니는 17세기의 선구적인 항구 상인의 후손이었다. 오늘날 시밍턴 가문의 5세대는 그들의 고조할머니모계를 통해 유구한 포르투 와인 역사의 초기인 1652년까지 14세대를 거슬러 올라갈 수 있다.

1905년 앤드류는 포르투갈에 설립된 최초의 영국 포르투 와인회사인 와레즈의 파트너가 되었다. 흥미롭게도, 이 시기에 와레 가문은 도우즈 소유주였는데, 자신들의 이름을 지닌 회사에 대해 별다른 흥미를 가지지 않았다. 그리하여 1912년 도우즈의 최대 지분을 가지고 있던 조지 A. 와레George A. Warre는 영국으로 돌아가기로 결심하고, 앤드류에게 도우즈의 포도밭과 포르투 가이아에 있는 와인 저장소lodge와 주식을 관리하게 했다.

같은 해 주식 교환이 이루어졌는데, 앤드류는 도우즈 지분을, 조지 와레는 다시 한 번 와레즈의 주식을 인수했다. 이후 시밍턴 가문은 도루와 가이와에서의 와인 생산을, 와레즈는 런던에서 와인 판매를 담당하는 성공적인 제휴가 1961년까지 반세기 동안 지속되었다. 1961년 시밍턴 가문은 도우즈와 와레즈의 단독 소유주가 되었다.

앤드류 부부와 그들의 세 아들 모리스1895년생, 쌍둥이 존과 로날드1900년생는

시밍턴 가문의 1~2세대 아이들.
시밍턴 가문은 철저한 패밀리 비즈니스로 운영되며, 현재 6대까지 이어졌다.

기회가 있을 때마다 포르투에 있는 그들의 집을 떠나 도루에 있는 '퀸타 두 봉 핌', '퀸타 다 세뇨라 다 히베이라', '퀸타 두 짐브로'로 여행을 떠나곤 했다. 아이들은 야생적이고 길들여지지 않은 외딴 산악지대를 사랑하게 되었다. 당연히 이 세 아들은 아버지와 함께 도루의 와이너리 경영을 돕고, 포도나무를 가꾸고 포도주 양조업을 감독했다.

방문자들을 위한 안내서는 그들의 빈번한 방문을 기록해 다음 세대를 위한 길을 닦으면서 그들이 수십 년 동안 맡았던 일을 되살린다. 1920년대와 1930년대에 그들이 심은 포도 넝쿨 중 일부는 오늘날까지 살아남았다. 도루 지역과 포르투갈 시골에 대한 이러한 사랑은 6대째 이어지는 시밍턴 가문의 모든 세대와 함께 더욱 깊어졌다.

도루의 기차

도루 강을 따라 달리며 강과 계곡의 경치를 보여주는 기차 '도루 라인'의 공사가 시작된 것은 1875년 7월이었다. 이 철도가 피냥까지 연결된 것은 1880년 6월이었고, 1887년 1월이 되면 포시뉴Pocinho까지 이어진다. 그해 12월에는 선로가 스페인 국경까지 동쪽으로 28km를 더 이동했다. 따라서 그때부터는 기차가 스페인의 살라망카Salamanca로 가거나 살라망카에서 포르투갈로 들어올 수 있었다.

그러나 1984년 스페인 철도 운영사인 렌페RENFE는 포르투갈 국경까지의 연결 노선을 폐쇄한다고 발표했다. 손님이 별로 없어 손실이 많아졌기 때문이다. 이에 따라 포르투갈 철도CP 역시 1988년 스페인으로 가는 노선을 폐쇄, 포시뉴

도루의 철길을 따라가면 만나게 되는 풍경

역시 도루 라인의 종착역이 됐다.

피냥과 포시뉴 사이 40km 노선에서는 크로프트Croft의 '퀸타 다 호에다Quinta da Roeda', 그라함의 '퀸타 두스 말베두스Quinta dos Malvedos', 콕번의 '투아Tua' 등 세계에서 가장 유명한 와이너리 전경을 기차 창문을 통해 쉽게 볼 수 있다.

강을 따라 더 올라가면 포르투갈에서 가장 웅장한 포도밭 중 두 곳을 만나게 된다. 테일러스의 '퀸타 드 바르젤라스Quinta de Vargellas'와 시밍턴의 '퀸타 두 베주비오'로 두 곳 모두 자체적인 사설 철도역이 있다.

피냥에서 가까운 곳에 사브로자Sabrosa라는 작은 마을이 있는데, 사브로자는 바로 항해가로 널리 알려진 페르디난드 마젤란Fernão de Magalhães, 1480~1521이 1480년에 태어난 곳이다. 1519년과 1522년 사이에 그의 5척의 함대 중 한 척이 지구를 최초로 일주하게 된다. 마젤란 자신은 안타깝게도 1521년 필리핀으로 가는 도중에 살해되었다.

또 다른 주요 지역 명소는 세계적으로 유명한 로제 와인의 본고장인 빌라 마테우스Vila Mateus다. 마테우스 브랜드는 1945년에 만들어졌고, 제2차 세계대전 말에 생산이 시작되었다.

이라크 사담 후세인 궁전의 지하실에 비축되어 있던 술들 중 하나였고, 엘리자베스 2세 여왕이 선호하는 와인이다. 이 와인은 또 엘튼 존의 노래 〈사회적 질병Social Disease, 1973〉 가사에도 등장한다.

I get juiced on Mateus and just hang loose.
나는 마테우스에 취해서 느슨해져 있네.

냉전 기간 동안, 마테우스 와인은 미군들이 가장 많이 마시는 와인이 되었

도루의 또 하나의 명물,
마테우스 로제 와인

다. 군인들은 베트남 전쟁 기간 극동 시장에서 마테우스의 주요 전도사가 되
었다.

1950년대와 1960년대에 생산량이 급격히 증가하였고, 1980년대 후반에는
포르투갈 전체 테이블 와인 수출의 40%를 차지했다. 당시 전 세계 판매량은 연
간 325만 케이스였다.

빌라 노바 드 가이아의
로지

와인 저장소가 모여 있는 빌라 노바 드 가이아 Villa Nova de Gaia는 행정구역상 별

개 도시다. 도루 강을 사이에 두고 행정구역이 나뉘었다. 그러나 걸어서 몇 분이면 양쪽을 오갈 수 있는 동 루이스 1세 다리Ponte de Dom Luis I로 연결돼 있고, 생활 역시 떼어놓을 수 없으므로 포르투의 일부라고 보는 것이 자연스럽다. 도루 강은 모두 6개의 다리동 루이스 1세, 마리아 피아, 인판테, 상주앙, 프레이소, 아라비다로 연결돼 있다. 이중 가장 중심지를 연결하면서 왕래가 많은 곳은 역시 동 루이스 1세 다리다.

파리 에펠탑을 만든 건축가 알렉상드르 구스타브 에펠Alexandre Gustave Eiffel, 1832~1923의 제자로 독일 태생 벨기에 건축가 테오필 세이릭Teophile Seyrig, 1843~1923이 설계했다. 1881년부터 짓기 시작해 1886년 10월 30일에 상판을 완성하여 그 다음 날 준공식을 치렀고, 하판 공사는 1888년 끝났다. 건립 당시만 해도 세계에서 가장 긴상층 길이는 385.25m, 하층은 172m 아치형 철교였다.

동 루이스 1세 철제 다리는 포르투 역사의 중심지 히베이라에서 가이아 지역까지 다리 위와 아래로 모두 오갈 수 있다. 전철이 오가는 다리 위에도 보행자 통로가 있다. 전철이 지나다니는 85m 높이의 다리 위에서 도루 강변을 내려다보는 재미는 정말 아찔하면서도 스릴 만점이다. 상부로 건너가면 밑의 부두로 가는 곤돌라를 타고 멋진 풍경을 조망하면서 내려갈 수 있다.

가이아 부두에는 매혹적인 강 산책로가 있다. 옛날 와인들을 실어 날랐던 작은 수송선barcos rabelos이 정박돼 있는 산책로에서는 건너편 히베이라 중심지가 한눈에 들어온다. 18세기 중반 이래로 포르투 와인 제조업자와 수출업자는 가이아에 자신들의 와인 저장소를 보기 좋게 꾸며놓고 유지해왔다. 약 60여 곳의 와인 저장소들이 경사진 강둑 위 높은 곳에 위치하고 있다. 바로 이 로지들이 도루 강 상류 계곡의 와이너리들로부터 실어 나른 와인들이 모여 저장되고 숙성되는 곳이다. 밤에는 로지들마다 네온사인으로 밝혀놓아 와인 애호가는 물

도루 강과
와인 저장소가 즐비한
가이아 지역

동 루이스 1세 다리. 건너편이 빌라 노바 드 가이아 지역이다.

도루 강에서는 와인 회사들이 매년 요트 경주를 한다.

론 관광객들의 시선을 사로잡는다. 특히 히베이라 역사지구의 강변 레스토랑에서 저녁 식사를 하면서 바라보는 로지들은 매우 독특한 감흥을 선사해준다.

대부분의 로지는 와인 저장고와 생산 시설을 둘러보고 와인을 시음하는 유료 투어를 실시한다. 이곳 로지들은 대략 오전 10시부터 오후 5시까지^{정오부터 오후 2시까지 점심시간은 제외} 매일 개방하고 있으므로 언제든지 포르투 와인의 정수를 음미할 수 있다. 대표적인 로지들을 보면 칼렘^{Calem}, 라모스 핀토^{Ramos Pinto}, 콕번, 페레이라^{Ferreira}, 부르메스테르^{Burmester}, 오플리^{Offley}, 레알 콤파니아 벨라^{Real Compania Velha}, 로제스^{Rozés}, 산데만^{Sandeman}, 그라함 크론^{Krohn}, 다 실바^{Da Silva}, 코프케^{Kopke}, 퀸타 두 노발^{Quinta Do Noval}, 에스파소 포르투 크루즈^{Espaço Porto Cruz} 등의 15곳이다.

포르투는 포르투갈 제일의
아줄레주 야외 전시장

포르투는 포르투갈에서 제일가는 아줄레주 야외 전시장이다. 리스본의 명품 아줄레주가 잘 드러나지 않은 실내에 숨어 있는 반면, 포르투의 걸작들은 야외에 위풍당당한 풍채를 드러내놓고 있다. 이런 대비, 포르투의 특수성은 대체 어떤 이유로 생긴 것일까?

포르투 와인 판매와 수출로 인해 이 도시가 벌어들인 엄청난 재화들이 갈 곳이 어디였을까 생각하면 해답이 금방 나온다. 열성 가톨릭 국가의 부자도시에서는 성당도 부유할 수밖에 없다. 성당마다 주체하지 못할 정도로 엄청난 헌금이 쏟아져 들어왔을 것이고, 이의 사용처가 고민이었을 것이다. 이를 가장 손

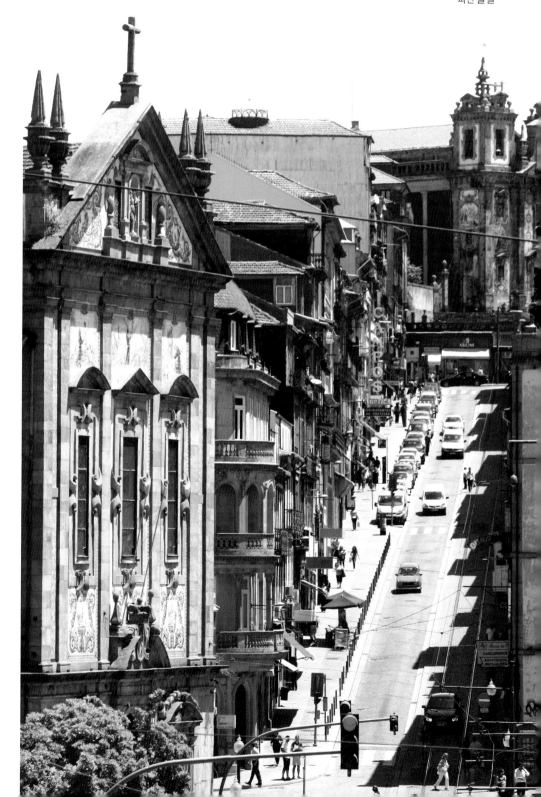

쉽게 쓰는 방법은? 물론 빈민구제와 교육사업이 우선이 되겠지만 그래도 남는
다면? 아마도 새로 성당을 짓거나 성당을 꾸미는 일이 가장 손쉽지 않을까. 포
르투갈은 매우 열렬한 가톨릭 국가다. 성당을 꾸미는 것이 신앙심의 깊이와 정
비례한다는 논리에 어느 누가 반론을 제기할 수 있었을까.

아줄레주로 성당 겉면을 장식한 성당들은 모두 포르투 중심지 가장 번화
한 곳에 몰려 있다. 아줄레주 관광의 시발지는 알리아두스Aliados 대로가 좋다.
1920년에 건설을 시작해 1955년이 돼서야 완공한 위풍당당하고 화려한 시청
건물이 있는 이 거리는 사실 포르투 모든 관광의 중심이고 포르투 공항으로 가
는 트린다드Trindade 지하철역과 가깝다.

알리아두스 대로에는 서울 광화문처럼 길고 넓은 폭의 직사각형 리베르다
지Liberdade 광장이 이어진다. 페드루 4세Pedro Ⅳ, 1798~1834♦가 헌법을 들고 있는
청동 기마상이 인상적인 광장에는 각종 조형물과 분수, 포르투의 모든 것을
알려주는 관광안내소, 도루 와이너리 관광상품 판매소도 자리하고 있다. 늦
은 밤까지 문을 여는 포르투 유일의 맥도널드 햄버거 가게도 역시 이곳에 위치
해 있다.

시청 앞에서 온갖 금박 장식 등으로 화려하게 지어진 건물들을 따라 죽 내
려가다 광장이 끝나는 지점에서 왼쪽을 바라보면 아줄레주 장식으로 건물 전
면을 장식한 콘그레가두스Congregados 성당과 상 벤투 역이 보인다.

건물을 뒤덮은 아줄레주 장식을 처음 보는 사람은 콘그레가두스 성당의 모
습에도 감탄하겠지만, 이 성당은 예고편에 불과하다. 그러나 이 성당은 이 지역

♦　주앙 6세의 아들로, 브라질의 초대 황제가 된 페드루 1세는 자신의 딸 마리아에게 포르투갈
　　왕위를 넘겨주기 위해 1826년 약 2개월간 포르투갈 왕으로 재임하면서 페드루 4세라는 이름
　　을 사용했다.

포르투 관광의 중심인 리베르다지 광장과 알리아두스 대로

리베르다지 광장 근처의 유명한 리바히아 렐루(Livaria Lello) 서점. 서점에 들어가려면 입장 티켓을 사야 한다.

성당들이 얼마나 짧은 시간에 영향력을 키워 왔는지 잘 보여주는 곳이다.

이 성당은 처음에 아주 조그만 예배당으로 출발했다. 그러나 신도들이 너무 몰리면서 비좁아지자 건물을 헐고 1694년에 새로 지었다. 이도 잠시, 채 10년도 지나지 않은 1703년 대대적인 보수와 확장 작업을 거쳐 지금처럼 아름다운 바로크 양식의 성당으로 자리잡게 되었다. 이렇게 빠르게 몸집을 키우고 예쁜 단장까지 했던 그 시기는 분명 포르투갈의 황금기이자 와인 수출의 호황기였다.

이 성당 맞은편에 바로 상 벤투 역이 있고, 역의 오른쪽 언덕길을 조금 올라가면 바탈랴Batalha 광장 언덕 꼭대기에 멋있는 성당이 우뚝 서 있다. 산투 일데폰수Santo Ildefonso 성당이다. 이 이름은 657년부터 667년 사망할 때까지 스페인 톨레도에서 주교를 지낸 일데폰수스Ildephonsus를 기린 데서 유래했다.

콘그레가두스 성당

1739년에 최종 완공했으니, 콩그레가두스 성당보다 약간 늦게 생겼다고 생각할 수 있지만 이 역시 옛 건물을 허물고 새롭게 지은 것이다. 이 성당을 언급한 문헌은 1296년까지 거슬러 올라간다. 어쩌면 콩그레가두스 성당보다 더 일찍부터 있었는지 모른다.

어쨌든 1709년 옛 성당을 허물고 바로 착공을 해서 무려 30년 동안 공사를 했다. 1730년에 본체를 1차 완공하고, 아름다운 아줄레주 장식을 한 건물 전면과 역시 매우 격조 있는 두 개의 종탑을 완성한 것이 1739년이다.

제단을 비롯한 성당 내부 디자인은 이탈리아 건축가 니콜라우 나소니Nicolau Nasoni가, 실제 작업은 포르투갈의 미구엘 프란시스쿠 다 실바Miguel Francisco da

일데폰수 성당 내부 천장과 벽면의 스테인드글라스

산타 카타리나 쇼핑 거리

Silva라는 건축가가 1745년에 완성했다. 그러나 성당 전면의 아줄레주 장식은 20세기에 들어와 1932년에 붙인 것이다. 상 벤투 역의 아줄레주 벽화를 만든 조르주 콜라소가 일데폰수스의 일생을 묘사한 아줄레주는 1만 1,000개의 타일로 이루어졌다.

이 성당은 아줄레주와 종탑 말고도 내부의 스테인드글라스가 특히 아름답다. 성당 겉면은 후줄근하게 보이기도 하지만, 안에 들어서면 천장과 벽면의 스테인드글라스가 내부를 환하게 비추어 매우 화려하다. 이 역시 옛날 것은 아니고 건물이 허물어질 위험에 처해서 뼈대를 보강하는 과정에서 이솔리누 바스 Isolino Vaz라는 화가가 1967년에 완성한 것이다.

산투 일데폰수 성당을 나와 오른쪽으로 내려가면 포르투에서 제일 번화한 산타 카타리나 쇼핑거리가 이어진다. 도로는 차량의 통행이 금지된 쾌적한 쇼핑가다. 이 거리를 조금 내려가면 상 벤투 역처럼 다채로운 표정을 만들어내는 알마스Almas 예배당을 만날 수 있다. 인근에 재래시장인 볼량Bolhão 시장도 있고 쇼핑 중심가라서 늘 사람들의 왕래가 잦을 수밖에 없는 네거리의 한 귀퉁이에 파란 벽의 예배당이 버티고 있다.

이곳 사람들에게는 매일 늘 봐오던 건물일 것이다. 하등 이상할 것도, 신기할 것도 없다. 그래서 무심히, 정말 무심하게 그 곁을 지나간다. 그런데 그런 점이 곁이 절실한 이방인의 마음을 잡아끈다.

예배당 벽에 묘사된 아줄레주 그림이 무엇을 뜻하는지 알아보는 일은 사실 부차적인 행위인지 모른다. 타일들이 의미하고자 했던 역사적 사건이나 종교적 신비함보다는 그 거리의 파란 벽의 배경으로 만들어지는 일상의 풍경, 비슷한 듯하지만 사실 매번 다른 그 변주곡을 지켜보는 것이 훨씬 설레는 일이다. 그럼에도 이곳까지 와서 이 예배당이 어떤 역사적 궤적을 그려왔고, 과연 무엇을 말

외벽 전체를 아줄레주로 장식한 알마스 예배당

알마스 예배당의 저 노신사는 무엇을 기도할까?

하고자 했는지조차 모르고 그냥 지나친다면 이 또한 여행자로서의 본분이 아니리라.

예배당이 있는 거리의 이름을 따서 흔히 '산타 카타리나 예배당'으로도 불리는 알마스 예배당은 18세기 초반 건물이지만, 외벽과 내부 아줄레주는 1929년 에두아르두 레이치Eduardo Leite의 1929년 작품이다.

타일은 '비우바 라메구Viúva Lamego'라고 하는 세라믹 공방에서 구운 것으로, 50여 년의 세월이 지나면서 일부 훼손이 되자 예배당은 이를 1982년에 다시 복원했다. 아줄레주로 덮여 있는 예배당의 외벽 면적은 무려 360㎡에 달한다. 이 타일 그림이 나타내고자 하는 것은 탁발승으로 유명한 프란시스코 수도회를 만든 성 프란시스코Sao Francis, 포르투갈 발음으로 프란시스쿠의 이탈리아 아시시Asisi에서의 죽음, 성 캐서린Sao Catherine의 순교, 교황 호노리오 3세Honorious III의 현존을 포함해 다양한 성인들의 삶이다.

앞서 산투 일데폰수 성당이 그랬던 것처럼 이 예배당 역시 계속 보수를 하면서 내부 장식을 개선해왔다. 아줄레주만큼이나 흥미로운 조아킴 라파엘Joaquim Rafael이 그린 제단화는 19세기, 아만디오 실바Amândio Silva가 제작한 스테인드글라스는 20세기의 것이다.

알마스 예배당 벽 길을
걷는 소녀들

알마스 예배당 외벽

알마스 예배당은 포르투의 인근 성당들과 달리 실내에도 아름다운 아줄레주가 있다. 성당의 외벽이든 내벽이든 벽면 전체를 뒤덮은 아줄레주는 아름답지만 너무 화려해서 오히려 마음을 들뜨게 만든다. 권력과 금력의 분 넘치는 과시인 듯도 해서 무엇인가 회개하거나 평안한 마음이 되기는 힘들다.

그런데 알마스 예배당 안은 아줄레주가 적당한 양으로 적절히 균형을 이루고 있어 마음을 차분하게 가라앉혀준다.

알마스의 알마alma는 영혼soul이라는 뜻이다. 그러므로 이 예배당은 말 그대로 영혼의 치유를 위한 장소다. 우리 식으로 말하자면 넋의 씻김굿터라고나 할까. 이곳이라면 80페이지의 사진 속 노신사처럼 내 마음의 욕망과 허울을 벗겨달라고 기도할 수 있을 것 같다.

일상의 삶이 아줄레주와 조우하는 랩소디를 흥미롭게 지켜볼 수 있는 또 하나의 장소는 카르무Carmo 성당이다. 카르무 성당은 상 벤투 역 인근 산투 일데폰수 성당과 대척점에 서 있다. 둘 모두 언덕 위에 웅장하게 자리하고 있으므로, 이곳이 처음인 관광객도 이곳을 못 찾을까봐 조급해할 필요가 없다. 히베이라 지역의 대성당만 빼놓고 기실 중요한 아줄레주 전시장은 카르무 성당과 산투 일데폰수 성당 사이에 모두 위치해 있다.

카르무 성당은 언뜻 보기에 전체가 하나의 건물 같지만 사실은 두 개로 나뉘어 있다. 아줄레주로 가득한 벽면의 건물이 카르무 성당이고, 그 옆 돔이 있는 건물이 카르멜Carmel 수녀원이다. 둘 사이에 폭 1m도 안 되는 틈이 있다. 이처럼 인위적으로 두 건물을 나눈 것은 두 성당이 동일한 벽을 사용하면 안 된다는 법 때문이기도 하고, 수도사와 수녀들의 접촉을 막아 이들의 '순정'을 보호하기 위한 것이기도 하다.

카르무 성당은 1756년 완성된 18세기 건물이고, 카르멜 수녀원은 1628년에

이야기의 시작, 포르투

카르무 성당(오른쪽)과 카르멜 수녀원(왼쪽). 서로 붙어 있는 건물처럼 보이나 중간에 좁은 틈으로 나뉘어 있다.

완공된 17세기 건물이다. 1912년에 장식된 카르무 성당의 아줄레주는 카르멜 수도회 기사단을 묘사하고 있다.

카르멜 수도회의 정식 명칭은 '카르멜 산의 성모 형제 수도회The Order of the Brothers of Our Lady of Mount Carmel or Carmelites'다. 12세기 카르멜 산에서 설립된 로마 가톨릭 수도회로 매우 엄격한 규율로 유명한 프란시스코 수도회나 도미니크 수도회와 마찬가지로 4대 탁발 수도회의 하나다.

이 수도회는 이스라엘 북부 카르멜 산 인근의 해안도시 하이파Haifa에 총본부를 두고 있는데, 세상과 철저히 분리돼 수도에 정진하는 '관상觀想수도회'의 성격을 지닌다. 수도회 명칭은 이들의 소명이 성모 신심적이며, 고대로부터 내려온 영성적 전통과 성격을 따르고 있음을 여실히 보여준다.

카르멜 수도회 기사단을 묘사한 카르무 성당 벽의 아줄레주

관상수도회는 공동생활을 하면서 기도와 절식節食, 침묵을 통하여 사랑의 정신에 철저할 것을 목적으로 함으로써 수도사 가운데는 많은 신비사상가가 배출되었고, 가톨릭 신비사상에 하나의 큰 흐름을 형성하고 있다. 그중에서도 16세기 스페인 아빌라의 성聖 테레사St. Teresa of Avila, 1515~1582가 가장 유명하다. 전 세계 126개 나라에 850개 수도원을 가지고 있다.

그러나 카르멜 수도회의 기원이 언제이며 창설자가 누구인지는 확실치 않다. 성지로 여겨진 카르멜 산에는 6세기 이후부터 다양한 형태의 수도 시설이 마련 돼 있었다. 1154년 베르톨더스라는 성직자가 카르멜 산에 세운 수도회를 카르 멜 수도회의 기원으로 보기도 하지만 초창기 수도회의 기록이 거의 남아 있지

카르무 성당도 주민들과 일상을 같이 한다.

않기 때문에 확실치 않다. 12세기 십자군 전쟁에 나선 전사들 가운데 일부가 카르멜 산에 남아 수도 생활을 시작한 것을 기원으로 보기도 한다.

1205년부터 1210년까지 예루살렘의 초대 주교를 지낸 성 알베르토St. Albertus에 의해 카르멜 수도회의 첫 규칙서가 주어졌고, 이는 1247년 교황 인노첸시오 4세Innocenz Ⅳ, 1243~1254에 의해 탁발수도회로 인준되었다.

이스라엘 해안도시 하이파에서 동남쪽으로 3km 거리에 위치한 카르멜 산의 지명은 히브리어로 '포도밭'을 의미하는 '케렘'에서 유래한 것으로 '하느님의 포도원'을 의미한다. 카르멜 산은 고대부터 신성한 산으로 여겨졌으며, 이집트 고대 문헌에도 '거룩한 산'으로 기록되어 있다고 한다. 『구약성서』에 의하면 이 산은 이교도들 우상숭배의 중심지로, 예언자 엘리야가 바알 신의 거짓 예언자들과 대결한 장소로 기록되어 있다『열왕기상 12:20~24』.

이제 히베이라 지역의 대성당으로 가보자. 정식 명칭은 성 클라라 성당Igreja de Santa Clara이지만, 포르투에서 가장 큰 성당이라서 그냥 대성당Se do Porto으로 불린다. 1387년 주앙 1세가 영국의 공주 랭커스터의 필리파와 결혼하고, 그들의 아들인 항해왕 엔히크 왕자가 세례를 받은 곳으로, 역사적으로 매우 중요한 장소다.

히베이라 광장에서 뻗어 나간 중세시대 골목길과 계단들은 언덕 정상 대성당까지 이어진다. 언덕에 올라 가쁜 숨을 진정시키면서 성당을 바라보면 마치 파리 센 강변에서 노트르담 성당을 바라보고 있는 듯한 느낌이 든다. 양 측면의 첨탑과 건물 중앙 로마네스크 양식의 장미 모양 창문이 거의 비슷하기 때문이다. 물론 전면 장식의 섬세함이나 규모의 웅장함에 있어서는 노트르담보다 좀 떨어진다. 그래서 성당이라기보다는 전쟁을 위한 방어 목적으로 튼튼하게 잘 지어진 요새 같다는 느낌을 준다.

카르무 성당 앞 광장의 '사자의 분수(Fonte dos Leões)'. 이 광장 옆에
포르투대학과 화려한 목제 계단으로 유명한 렐루 서점이 있다.

아줄레주가 열병식을 하고 있는 대성당의 고딕 양식 회랑.
벽면의 아줄레주는 성모 마리아의 일생을 묘사했다.

포르투 교구의 위고 주교의 추진으로 1110년부터 짓기 시작한 이 성당은 13세기에 재건되었고, 1737년에 최종적인 모습이 완성되었기 때문에 시대에 따라 바로크, 로마네스크, 고딕 양식이 뒤섞여 있다.

대성당은 겉모습만 보면 그 진가를 제대로 알기 힘들다. 석조 벽돌이 좀 밋밋하기 때문이다. 그러나 리스본에 있는 상 호케 성당Igreja de São Roque, 포르투갈 발음으로 호크처럼 일단 안으로 들어서면 성당이 가진 영향력과 부富의 크기를 제대로 알 수 있다. 그 호화스러움과 소장품 역시 상 호케 성당과 비슷하다.

상 호케 성당처럼 이곳 성구실聖具室 역시 금실로 짠 주교들의 의상, 각종 보석으로 치장한 모자, 금과 은촛대 등으로 가득차 있다. 예술성이 매우 뛰어난 목각 인형들은 상 호케 성당의 것보다 훨씬 크고 미학적으로 앞서 있어서 이 성

성당이라기보다 요새처럼 느껴지는
포르투 대성당

낚시 주제(위)와 술의 신 바쿠스(아래)를 묘사한 대성당 옥상 테라스 아줄레주

당이 가진 영향력과 재력을 알려준다.

예배당 전면의 17세기 은세공품 새크라멘토sacramento, 성체화된 그리스도 제단은 그 웅장함과 화려함으로 보는 이들의 시선을 압도한다. 포르투갈은 은세공으로 제단 전체를 장식한 성당이 매우 드물어서, 이것부터 포르투의 경제력을 대변한다.

대성당의 권력을 가장 잘 알려주는 것은 역시 아줄레주다. 성당 전체가 갖가지 건축양식의 종합판이듯 아줄레주도 마치 종합선물처럼 고딕 양식의 회랑은 물론 사람의 발길이 별로 닿지 않는 옥상 테라스에 이르기까지 곳곳을 장식하고 있다.

따라서 각 장소의 아줄레주 역시 제작 연도와 작가가 각기 다르다. 고딕 양식의 회랑에 장식돼 있는 바로크풍 아줄레주는 발렌팀 드 알메이다Valentim de Almeida가 1729년부터 1731년까지 작업한 것으로, 성모 마리아의 일생을 묘사하고 있다.

옥상 테라스 것은 안토니우 비달António Vidal의 작품으로, 귀족들의 낚시와 사냥과 산책 등 일상생활을 그리고 있다. 특히 낚시를 묘사한 아줄레주는 다른 곳에서는 거의 찾아보기 힘든 귀한 종류다.

대성당을 나와 앞뜰에 서면 포르투 전체가 다 내려보인다. 시내는 물론 도루 강 양옆의 히베이라 역사지구와 강 건너 가이아 지역까지 모두 조망할 수 있다. 그 뜰 한복판에 하늘을 향해 높이 깃발을 곧추세운 기마상이 서 있다. 항해왕 엔히크 왕자다.

대성당과 그 앞의 엔히크 동상은 포르투의 과거를 응축해서 알려주는 대표 기념물이다. 그 동상 앞에서 포르투 시내를 바라보고 있노라면 저절로 한 나라의 역사는 물론 국가 경영과 미래를 생각하게 된다.

뛰어난 예술성으로 대천사를 묘사한 대성당의 목제 조각상

대성당에는 빼어난 장인 솜씨의 나무 조각상이 많다.

세계 역사의 패러다임을 바꾼 대성당의 엔히크 왕자 기마상

포르투는 로마인들이 항구Portus, 포르투스라는 뜻으로 붙인 명칭에서 유래했다. 즉, 포르투는 항구다. 이것만큼 이 도시의 성격을 잘 설명해주는 것은 없다. 그 이름대로 도시가 발전했다. 이 도시에서 항해왕 엔히크 왕자가 태어나 이 나라의 운명은 물론 세계의 역사를 바꾸었다. 요즘 말로 설명하자면 '글로벌 경영'이 처음 시작되었고, 세계 경제 지배의 패러다임이 바뀌게 되었다.

포르투 사람들은 1756년 프랑스 보르도보다 100년 앞서서 와인 생산지를 설정해 표기함으로써 세계에서 처음으로 '와인 전용 생산지' 개념을 도입했다. 그 일이 지금까지도 포르투라는 도시의 경제를 지배하고 있다. 250년 이상 이 도시를 먹여 살리는 '진짜 금맥'을 식민지가 아닌 자기네 땅에서 발견한 것이다.

설탕과 포르투

포르투갈의 기나긴 여정을 시작하는 시점에서 설탕 이야기를 빼놓을 수 없다. 포르투갈과 스페인이 아메리카 대륙에 식민지를 건설한 이후 유럽 식단은 가히 혁명적으로 변했다. 감자와 옥수수, 토마토, 담배는 이들 식민지에서 유럽으로 전해진 것들이다.

유럽 음식문화사에서 감자가 차지하는 위치는 이루 말할 나위 없이 크다. 유럽의 일반 대중이 식사할 때 '배불리 먹었다'는 포만감을 가지기 시작한 것은 감자 때문에 비로소 가능해졌다고 해도 과언이 아니다. 온전히 고기로 배를 채우는 것은 당시 대다수 사람들에겐 불가능한 일이었기에, 감자야말로 허기를 보충하기에 최고의 작물이었다. 오늘날 레스토랑의 스테이크 요리나 패스트푸드 햄버거에 공통적으로 포테이토 칩이 곁들여지는 이유와 똑같다.

이렇게 유럽인들의 식생활이 바뀌는 과정에서 거꾸로 유럽인들이 유럽의 것을 아메리카에 적극적으로 이식한 작물이 있다. 바로 사탕수수다.

사탕수수 재배는 이슬람교도들에 의해 지중해의 키프로스, 로도스, 크레타, 말타, 시칠리아 등지로 퍼져 나갔고, 15세기 말이 되면 포르투갈 사람들에 의해 북아프리카 대서양의 여러 섬들, 즉 마데이라 제도, 카나리아 제도, 기니아 만 앞바다의 상투메São Tomé 섬 등으로 그 중심이 이동한다.

그러나 이때만 해도 설탕은 후추와 같은 향신료와 마찬가지로 매우 값비싼 물품이었고, 귀족만이 즐기던 '약재'나 사치품이었다. 따라서 유럽인들은 벌꿀과 달리 신비롭고 순백의 결정체인 설탕이 주는 단맛을 얻기 위해 사탕수수 재배지를 아메리카나 아시아, 아프리카로 옮길 수 없을까 혈안이 되었다. 콜럼버스가 두 번째 항해에서 사탕수수 모종을 가지고 떠난 것도 이 때문이있다.

아메리카 인디언을 묘사한
아줄레주로 문 양옆을 장식한
포르투의 향신료 가게

결과적으로 설탕 대중화의 역사에서도 포르투갈은 매우 중요한 역할을 담당한다. 16세기 설탕 생산의 세계 중심이 브라질이었기 때문이다. 브라질이 설탕 생산의 세계 공장이 된 것도 다 이유가 있다.

"사탕수수가 있는 곳에 노예가 있다."

이 말은 트리나다드 토바고의 독립운동 지도자이자 죽을 때까지 수상을 지낸 흑인 역사가 에릭 윌리엄스Eric Eustace Williams, 1911~1981의 말이다.

이 말이 나온 것은 사탕수수 재배가 기본적으로 막대한 노동력을 갖추어야만 하는 노동집약적 플랜테이션 산업이기 때문이다. 당시 대규모 설탕 생산은 강제 노동을 이용하는 노예제도 없이는 불가능한 것이었다.

또한 사탕수수 재배는 급속히 지력地力을 빼앗는 단점이 있다. 땅의 영양분을 급속히 고갈시키기 때문에 끊임없이 넓은 땅을 찾아 재배지를 옮겨가야만 했다. 이 두 가지를 다 충족시키는 땅이 바로 브라질이었다.

더구나 당시 노예무역의 중심국가 역시 포르투갈이었다. 1494년 스페인과 토르데시야스 조약Treaty of Tordesillas◆을 맺어 자기들 마음대로 지구를 절반으로 나눠 가진 포르투갈 영역에는 아시아 전역과 서아프리카, 브라질이 들어 있었다. 이로 인해 포르투갈은 악명 높은 노예무역의 중심으로 부상했고, 스페인은 아프리카에 거점이 없었기에 포르투갈이나 영국, 프랑스 등으로부터 설탕을 사들일 수밖에 없었다.

포르투갈은 대단위 노예 공급과 브라질이라는 광활한 땅, 두 가지 조건을 모두 갖고 있었기에 설탕산업의 강자가 된 것이다. 그러나 17세기가 되면 이 역시 네덜란드에게 주도권을 넘겨주고 만다. 이때는 바베이도스 섬 같은 카리브 해의 섬들이 새로운 설탕 생산의 중심이 되었다.

포르투 거리를 거닐다 보면 이 같은 16세기 포르투갈의 영화를 느낄 수 있는 상점들을 종종 만나게 된다. 볼량 시장 근처의 '볼량의 진주Pérola do Bolhão' 상점이 대표적이다. 포르투 시민들은 설탕과 사탕은 물론 각종 향신료와 차 등을

◆ 스페인의 지원을 받은 콜럼버스가 서인도제도를 발견한 뒤 로마 교황 알렉산드르 6세에게 새 발견지를 스페인 영토로 인정해달라고 요청한 데서 비롯된 조약이다. 1480년 칙서에 의하면 콜럼버스가 발견한 서인도제도는 보자도르곶의 남쪽으로 포르투갈의 땅이 되는 것이고 이를 기반으로 살펴보면 스페인이 포르투갈의 영토를 침범한 것과 같았다. 1493년 교황은 카보베르데(Cabo Verde) 제도에서 서쪽으로 약 480km 떨어진 지점에 경계선을 긋고 서쪽 지역은 스페인령으로, 동쪽 지역은 포르투갈령으로 구분했다. 하지만 포르투갈의 주앙 2세가 강한 불만을 표시하자 1년여간의 협의를 거쳐 스페인의 토르데시야스에서 약 1,500km 옮기는 조약을 체결하고, 1506년 교황은 이를 허락했다. 이 조약으로 기준선의 동쪽에 있던 브라질은 포르투갈의 식민지가 되었다.

포르투갈이 향신료나 설탕 생산을 주도하던 16세기 향수를 느낄 수 있는 포르투 볼량 시장 근처의 유명한 상점

파는 이 상점을 보면서 아마도 각종 향신료나 설탕 무역의 중심에 있던 16세기의 향수를 상상으로나마 추억할지 모른다.

이런 식당에서 밥 먹고 싶다, '카사 다 뮤지카' 옥상 레스토랑

렘 콜하스Rem Koolhaas, 1944~가 이 시대 가장 뛰어나면서도 영향력 있는 건축가라는 점은 의심할 여지가 없다. 하버드대학교 디자인대학원 교수에다가 2008년 「타임」지가 선정한 '세계에서 가장 영향력 있는 100인' 같은 경력이 아니더라도, 그의 명성은 세계 곳곳에 세워진 그의 건축물이 증명하고 있다. 베이징에 세워진 CCTV 본사 건물 가운데가 뻥 뚫린 A자 모양의 독특한 외관은 새로운 랜드마크로 베이징 현대화의 상징이 됐다.

원래 네덜란드 「헤이그 포스트」의 기자였던 그는 건축가로 변신, 입체적이고 파격적인 건축물로 유명세를 얻었고, 지금은 스타 건축가의 표본이자 건축계에서 인정하는 최고 건축 거장 중 한 명이 됐다.

21세기에 새롭게 떠오르는 수많은 젊은 건축가들이 그가 1975년 네덜란드 로테르담에 설립한 설계사무소 OMAOffice for Metropolitan Architecture를 거쳤다. 콜하스의 작품 세계는 현대 건축계의 지평을 새롭게 열었다.

우리나라에도 그의 작품이 있다. 서울대학교 미술관과 서울 이태원 리움미술관, 갤러리아백화점 광교점이 바로 그의 머리에서 나왔다. 갤러리아백화점 광교점 건물을 보면 마치 직사각형 거대한 바위에 속창자를 끄집어내놓은 듯, 유리로 이루어진 융기를 전면에 돌출시켜놓았다. 언뜻 보면 바위를 기어가는 애

포르투 콘서트홀 '카사 다 뮤지카'는 현대 건축의 거장 렘 콜하스의 특징을 여지없이 보여준다.

'카사 다 뮤지카' 옥상 레스토랑 입구 아크릴 소재로 만든 '빛의 커튼'과 아줄레주 장식

벌레처럼 보이기도 한다.

포르투 관광지에서 거리가 좀 떨어져 있는 주거지역 복판 보아비스타 광장에 세워진 콘서트홀 '카사 다 뮤지카Casa da musica'는 한눈에 콜하스의 작품임을 알 수 있다. 보는 방향에 따라 천양지차로 달라지는 기학학적 변이의 외관은 바로 콜하스 건물의 특징이다. '카사 다 뮤지카'는 2001년 포르투가 '유럽 문화 수도'로 선정되었을 때 세워졌다. 국제적인 건축회사 다수가 공모에 뛰어들었는데, 심사위원들은 결국 콜하스의 OMA를 선택했다.

그의 제안의 핵심은 오래된 주거지역의 '나른하고도 단조로운 일상'의 감각을 확 깨울 수 있는 활기를 불어넣는 것이었다. 그런 의도만큼 외양부터 파격적일 수밖에 없었다. 그는 포르투의 새로운 명소가 될 건물에 예상치 못한 각도, 그로토grotto♦ 그리고 모서리를 집어넣었다.

르 코르뷔지에Le Corbusier가 일찌감치 선보였던, 공간을 무작위로 주름잡고 조작하는 아이디어, 나중에 '접기folding'라는 이름으로 건축 이론에서 전성기를 보낸 형식적인 실험은 르 코르뷔지에의 나선형 공간에 대한 집착에서 비롯되었는데, 콜하스가 건물을 쳐서서 뜻밖의 선형적 공간을 만들어내는 뒤틀기는 '접기'의 훨씬 더 광범위하고 대대적인 적용이라고 할 수 있다.

'카사 다 뮤지카'는 영국 왕립건축가협회가 선정하는 스털링상을 받았는데, 심사평의 하나는 이러하다. '포르투의 도시 형태에 생소하고 수수께끼 같을 뿐 아니라 강력한 흥미의 대상으로써 또 다른 현대적 역할을 수행한다.'

확실히 이 건물은 수수께끼를 푸는 듯한 궁금증으로 접근하게 만든다. 독특한 외관만큼 내부 구조도 독특하다. 커다란 직육면체의 신발 상자 같은 구조

♦　그로테스크의 어원으로 인공 암굴을 말한다. 고대 로마 별장(빌라)의 정원에서 시도되어 근세의 르네상스, 마니에리슴, 바로크 정원에서도 즐겨 사용했다.

가 주 콘서트홀이자 이 건물의 중심이다. 쿨하스는 좀더 창의적이고 혁신적인 공간을 만들고 싶었으나 콘서트홀의 가장 중요한 음향적 기능성을 고려할 때 신발 상자 형태가 최적이기에 어쩔 수 없이 그렇게 적용했다고 한다. 신발 상자가 들어가고 남은 공간에 레스토랑, 리허설룸, 녹음실, 휴게실 등이 배치됐다.

쿨하스는 건물의 옥상에도 바로 비밀정원처럼 은밀한 다이아몬드 형태의 그로토를 파놓았다. 바로 레스토랑으로 사용되는 공간이다. 레스토랑으로 들어가는 통로에는 이 건물의 특징처럼 기하학적인 무늬로 만들어진 짙은 녹색의 타일 그리고 포르투 전체의 상징이라 할 수 있는 아줄레주로 장식돼 있다. 외부로 돌출된 공간은 짙은 회색의 타일로 마감돼서, 다이아몬드 모양의 암굴임을 강조한다.

옥상에 이 공간을 만든 것은 다분히 바로 앞에 우뚝 서 있는 높이 45m의 '호툰다 다 보아비스타Rotunda da Boavista' 기념탑을 보게 하려는 목적도 있다. 이 공간에 들어서면 바로 눈앞에 보이기 때문이다.

이 기념탑Monumento aos Heróis da Guerra Peninsular은 반도전쟁1807~1814 동안 포르투갈을 침략한 프랑스군에 대항한 포르투갈과 영국의 승리를 기념하는 기둥이다. 1909년에 시작해 1951년에야 완성한 이 탑은 포르투의 유명한 건축가 주제 마르케스 다 시우바José Marques da Silva와 조각가 알베스 드 소자Alves de Sousa의 프로젝트로 시작됐다.

그러나 탑의 완성은 두 번의 세계대전으로 연기되었고, 주제 마르케스 다 시우바의 딸과 사위인 마리아 주제 마르케스 다 시우바Maria José Marques da Silva와 다비드 모레이라 다 시우바David Moreira da Silva의 헌신적인 작업 덕분에 이를 처음 시작한 두 사람이 사망한 지 몇 년 후인 1952년에 마침내 완성됐다. 탑 위에는 포르투갈과 영국의 공동 승리의 상징인 사자가 있는데, 이 사자는 프랑스 제국

레스토랑 아줄레주 장식 옆 창으로
기념탑이 보인다.

다이아몬드 모습의 암굴 형태로 만들어진 옥상의 레스토랑. 바로 앞에 기념탑이 보인다.

아라비다(Arrábida) 다리 아래 석양의 도루 강에서 낚시하는 포르투 시민들

의 독수리를 쓰러뜨리고 있다. 이 기념탑 역시 600여 년 전 포르투갈-영국 동맹의 굳건한 상징이다.

　　1809년 3월 29일 나폴레옹의 군대를 피해 20여 척의 배를 연결해 도루 강을 건너려던 4,000명 이상의 시민과 병사들은 배가 파괴되면서 도루 강에 익사했다. 도루 강은 포르투에 부를 가져다준 은혜의 강이기도 하지만 커다란 통곡의 강이기도 하다.

Portugal story 2

천상의 마을 코로레가사와 발레가

Portugal story 2
천상의 마을 코르테가사와 발레가

거대한 꽃상여
성당의 발레가

코르테가사Cortegaça와 발레가Válega는 둘 다 오바르라고 하는 지자체에 속한 작은 마을들이다. 인구 1만 5,000명 정도의 오바르는 포르투 상 벤투 역에서 기차를 타고 약 40분 정도 가면 도착한다. 완행열차는 인구 4,000여 명에 불과한 코르테가사에도 선다. 포르투에서 채 30분도 걸리지 않는다.

코르테가사와 발레가는 포르투갈 여행 가이드북에도 나오지 않지만, 가히 천상의 마을이라고 부르고 싶다. 두 마을 모두 천국에나 어울릴 것 같은 성당을 갖고 있기 때문이다.

아름다운 두 개의 백사장 해변을 소유한 코르테가사 역에 내리면 제일 먼저 코르테가사 성모 마리아 성당Igreja de Santa Marinha de Cortegaça의 거대한 네오고딕

코르테가사 성당의 존재는 12세기 중반까지 올라간다.

코르테가사 성모 마리아 성당

인적 없는 코르테가사 성당 앞에서 한 소녀가 책을 읽고 있다.

양식 첨탑이 눈에 들어온다. 이 성당이 특히 아름다운 것은 파사드의 아줄레주 장식 이외에도 앞 뜨락에 성당처럼 높다란 야자수들이 두 줄로 마치 근위병처럼 열병식을 하고 있기 때문이다. 이처럼 기다란 야자수 행렬은 포르투갈의 다른 그 어느 곳에서도 보기 힘든 독특한 장면이다.

코르테가사를 가야 할 거의 유일한 목적이라고 할 수 있는 성모 마리아 성당은 1910년에서 1918년 사이에 세워졌다. 그러나 성당의 자취는 훨씬 이전으로 거슬러 올라간다. 우선 성당 근처에서는 3,000년 이상 된 점토 조각들과 뼈들이 발견되어, 아주 오래전부터 이곳에 문명의 손길이 닿았음을 알려준다.

문헌에 성당의 존재가 나타나는 것은 1174년 무렵부터. 1174년에서 1185년 사이의 포르투 조사에 코르테가사 성모 마리아 성당이 현금과 곡물로 세금을

발레가 성당 앞의 커다란 공동묘지

납부했다는 기록이 등장한다. 따라서 12세기 중반에도 이곳에 성당이 존재했음을 알 수 있다.

13세기 초 산슈 1세Sancho I가 자신의 재산 일부를 연인이었던 도나 마리아 파이스 드 히베이루D. Maria Pais Ribeiro, 1170~1258에게 증여한 이후, 그 유산은 코르테가스 성당에 상속되었다.

14세기가 되면 코르테가스 성당 수도원에 대한 언급이 빈번해지고, 16세기에는 성당에서 기부자들에 대한 프로모션이 이루어졌다. 17세기 말에서 18세기 초에 서로 마주보는 두 개의 탑이 추가되면서 성당이 확장됐고, 1758년과 1858년의 교구 기록에는 성당에 대한 자세한 언급이 남아 있다.

그러나 성당은 1897년 화재 때 소실되었다. 그러자 프란시스코 페레이라 바르 보사 신부가 교회의 재건립을 위해 102달러를 내놓았고, '왕의 합창단' 콘서트를 통해 4만 2,000명이 기부에 참여했다.

현재의 성당은 마누엘 소아레스 드 알메이다Manuel Soares de Almeida의 설계에 의해 1910년 4월 마누엘 페레이라Manuel Pereira 신부의 주도로 지어지기 시작했다. 그 직후인 10월 왕정이 무너져 포르투갈 제1공화국이 탄생하고 마누엘 신부도 공사 도중인 1916년에 사망했지만 공사는 계속 진행돼 마침내 1918년에 완공됐다.

오바르 역 또한 플랫폼에 내리면 아줄레주가 가장 먼저 반겨준다. 집에 들어서면 가장 먼저 꼬리를 흔들며 달려와 맞아주는 강아지 같다. 오바르 아줄레주도 아주 인상적이어서, 한쪽은 철도 역사를 담고 있고, 다른 한쪽은 바다에 인접한 마을로써의 풍경을 묘사하고 있다.

흥미로운 벽화는 여성 역무원이 기차를 향해 수신호를 보내는 모습을 그린 아줄레주다. 이는 단순한 아줄레주가 아니라 여성들이 사회에 진출해 일을 하

오바르 역

기 시작한 '사건'을 다룬 하나의 역사적 기록, 다큐멘터리다. 이들은 역사를 이런 방식으로도 남긴다. 가장 독창적인 서사문화의 하나다.

그런데 오바르 역에서 목적지 발레가 주 성모 마리아 성당Igreja Matriz de Santa Maria de Válega까지 가려면 택시로 10여 분을 가야 한다. 오바르 역에 내려도 성당의 존재는 보이지 않는다. 따라서 이렇게 조그만 마을에 마치 아방궁처럼 너무나도 화려한 아줄레주 성당이 있다는 사실을 아는 이는 매우 드물다. 과장된 얘기라고 하겠지만, 심지어 택시 기사도 이 성당의 존재 자체를 몰랐다.

발레가 성당에 도착하면 여느 곳과 달리 화려한 총 천연색 타일로 장식된 외벽이 단박에 시선을 끌지만, 그것 못지않게 눈길이 가는 것은 바로 성당 앞 거대한 공동묘지의 존재다.

어디가 삶이고, 어디가 죽음인가. 저 성당은 거대한 꽃상여이런가.

애니메이션에 등장하는
커다란 케이크처럼
비현실적인 느낌을 주는 발레가 성당

그것은 참 기묘한 광경이었다. 사람들이 살아가는 마을 한복판에 엄청나게 꽃단장을 한 성당이 자리잡고 있고, 그 앞에 넓은 공동묘지가 펼쳐져 있다니. 이것이야말로 삶과 죽음의 공존, 혈통血統의 장엄한 현시顯示 아닌가. 그 마을에 살고 있는 한 매일 언제라도 보고 싶을 때면 가서 부모님은 물론 할아버지와 할머니도 만나고, 증조할아버지와 증조할머니도 만나고…. 그렇게 가문과 대물림의 의미를 생각하게 되고….

유럽의 공동묘지는 우리처럼 동네에서 멀리 떨어져 있지 않다. 마을 가까이 붙어 있는 경우가 대다수다. 그런데 이 성당의 경우는 느낌이 상당히 달랐다. 마치 수많은 무덤들 앞에 놓인 엄청나게 큰 꽃상여를 보고 있는 기분이랄까.

성당 건물도 비현실적으로 느껴지기는 마찬가지였다. 두 눈으로 직접 보고 있는데도 성당은 실재하는 것이 아니라 미야자키 하야오宮崎駿 애니메이션에나 등장할 법한 상상의 오브제, 혹은 거대한 케이크처럼 느껴졌다. 그래서 한입 베어 물면 푹 패여 달콤한 속살을 드러낼 것만 같았다.

아무리 건물 외벽 장식하기를 좋아하고, 아줄레주 벽화로 깊은 신앙심을 드러내는 사람들이라도 그렇지, 어떻게 성당을 이렇게 울긋불긋 옛날 우리네 마을의 서낭당 천조각처럼, 혹은 티베트의 신성한 돌무더기 언덕에서 어김없이 만나는 타르초경전을 적은 오색 깃발의 휘날림처럼 외벽을 물들여놓을 생각을 했을까. 더구나 이는 포르투갈 코발트블루 타일의 전통과도 벗어나 있는 세비야풍 아르데코 양식의 아줄레주가 아니다.

앞서 보았던 포르투 성당들처럼 발레가 성당 역시 오랜 세월을 거쳐 개축을 거듭한 건물이다. 1746년에 처음 짓기 시작해서 내부 천장 장식과 스테인드글라스가 완성된 것은 19세기의 일이다.

그러나 이 성당의 경우 건물 완공 연도는 그렇게 중요하지 않다. 외벽과 실내 장식의 역사가 훨씬 더 중요하다. 발레가 성당 것은 이 책 전체를 통틀어서 처음 등장하는 20세기 아줄레주다.

발레가 성당의 아줄레주는 안토니우 마리아 다 시우바Antonio Maria da Silva, 1886~1971라는 사람의 후원 캠페인과 기부에 의해 이루어졌다. 이 사람의 직업은 놀랍게도 영화배우다. 50여 년 동안 40여 편의 영화에 출연한 일종의 포르투갈 국민배우다. 리스본 가난한 집안의 많은 형제자매들 사이에서 태어난 그는 약국 점원과 현금출납원, 말단 소방수를 거쳐 소방대장까지 오른 입지전적 인물이다. 그리고 연극배우가 되었다.

연극배우로서 그는 톨스토이 작품으로 1910년 처음 무대에 서게 된다. 그후 몇 편의 연극에 더 출연하고 1913년부터 1921년까지 브라질을 여행하는데, 1920년 이곳에서 우연히 무성영화에 출연할 기회를 얻었다. 다시 포르투갈로 돌아온 그가 영화배우로서 명성을 획득한 것은 1933년이었고, 1966년 마지막 작품을 끝으로 은퇴했다.

이 성당에 대한 후원 캠페인은 1959년과 1960년 사이에 이뤄졌다. 최종적인 아줄레주 장식 작업을 마친 것은 1975년이다. 아줄레주 작업에 사용된 타일들은 이곳에서 그리 멀지 않은 아베이루Aveiro의 '알레루이아Aleluia, 할렐루야 공장'에서 제작된 것이다. 1905년에 설립된 이 공장은 현재 포르투갈 아줄레주 타일 생산의 상당량을 차지하고 있다.

여기서 이 타일 공장이 아베이루에 있다는 사실에 주목해야 한다. 아베이루에는 바로 포르투갈 최고의 도자기 회사인 비스타 알레그레Vista Alegre가 있다. 도자기 회사가 터를 잡은 곳인 만큼, 타일 공장이 근처에 있는 것이 당연하다.

이 성당은 외벽 못지않게 내부 아줄레주도 화려하다 못해 어지러울 정도다. 정말 아방궁이 따로 없다.

기도하는 할머니들의 검은 복장과 총 천연색 아줄레주의 대비가 이채롭다.

발레가 성당의 내부.
이 행성 가운데 가장 화려한 곳이라고 해도
과언이 아니다.

지금까지 봐왔던 청백색 타일들은 사람의 마음을 차분히 안정시켜주는 분위기를 만들어준다. 코발트블루의 성당에 앉아 있으면 마치 영화 「그랑 블루」 장면처럼 지중해 심연 속에 들어가 태고의 침묵과 마주하는 기분이 된다. 그런데 이 성당, 더구나 성모 마리아의 이름을 붙인 이 성당의 정체성은 무엇인가.

니체는 이렇게 말했다.

"존재는 벗어야 그 본질을 알 수 있다. 나무의 본질은 나목裸木일 때 적나라하게 드러난다….."

이 성당의 화장은 너무 지나치다. 아름다워서 매혹적이기는 하지만 과하다. 허울을 벗기는커녕 허울을 입으라고 부추기는 것 같다.

로드리고의 배낭과
우리의 허울

영화 「미션」에서 로드리고 멘도사로버트 드 니로는 잔인하고 탐욕스런 포르투갈 용병 출신의 노예상인이다. 과라니족 노예사냥에서 돌아온 그는 사랑하는 여인이 막상 자신의 동생을 사랑하는 것을 알자 질투와 분노에 휩싸여 우여곡절 끝에 동생을 숨지게 만든다.

그러나 동생을 너무나 사랑했던 로드리고는 자책감에 예수회 수도원에서 곡기를 끊음으로써 죽으려고 한다.

이때 원주민 마을에서 돌아온 가브리엘 신부는 이런 이야기를 전해 듣고 로

이 성당의 아줄레주는 역설적으로 '허울의 극대화'로
자신의 허물을 되돌아보게 만든다.

드리고를 설득하여 원주민 마을로 데려간다.

험준하고 미끄러운 정글을 헤쳐가고 폭포 옆 낭떠러지를 거슬러 올라가야 하는 여정에서 로드리고는 그가 노예상인을 하면서 입었던 무거운 갑옷과 칼이 든 배낭을 짊어진다. 번번이 미끄러지고 떨어지고 다치는 고행의 행군에서도 그는 끝내 그 배낭을 버리지 않는다.

예수회 수도사들이 그렇게 버리라고 해도 버리지 않았던 그 배낭은 과라니족 마을에 도달해서 너무 어처구니없이 버려지게 된다. 그가 한때 사냥의 대상으로 삼았던 원주민들이 그냥 배낭의 줄을 칼로 끊어버린 것이다. 그 순간 냉정하고 살기등등한 그도 울음을 터뜨린다.

이는 그가 드디어 속죄를 하고 용서를 받았다는 사실을 의미하는 장면이다. 그가 이곳까지 짊어지고 온 고행의 무게는 무거웠지만, 그것을 버리는 과정은 너무 간단했다.

어쩌면 우리의 허울도 로드리고의 배낭과 같은 것인지도 모른다. 버리겠다는 마음을 먹으면 너무 쉽게 버릴 수 있지만, 대부분은 그렇게 하지 못한다. 허울을 쓰고 또 쓰고 또 뒤집어쓰면서 일평생을 보낸다. 그 허울이 얼마나 무겁고 고통스런 것인지 알면서도 그렇다.

발레가 주 성모 마리아 성당 앞에서 '로드리고의 허울'을 생각한다. 마음에 덕지덕지 붙어 있는 허울을 느낀다. 그런 점에서 이 성당의 아줄레주는 참 역설적인 기능을 한다. 허울을 극대화해서 보여줌으로써 자기 자신의 허울을 들여다보게 만들어준다.

그렇다고 이 성당의 이토록 두껍고 화려한 허울을 탓할 마음은 없다. 왜냐하면 유럽인들은 전통적으로 '호러 바쿠이horror vacui, 빈 공간에 대한 두려움'를 가지고 있기 때문이다.

예수에게 '하늘의 문을 여는 열쇠'를 건네받는 베드로(발레가 주 성모 마리아 성당 아줄레주 일부)

교황에게만 빛이 내려오는 발레가 성당 전면 아줄레주 일부. 사실 상당히 권위적인 벽화다.

유럽 철학의 전통에서 빈 것은 곧 '없음'이고 실존實存의 부재不在라는 것이 그리스시대부터 내려온 믿음이었다. 플라톤에서 현대에 이르기까지 이는 그 누구도 부인할 수 없는 확고부동의 전제였다. 예외는 있지만 대체로 그렇다. 이 점에서 동양철학과는 확연히 다르다.

유럽 전역의 왕실이나 종교적 건물들을 보라. 대부분 벽이나 천장을 그림이나 장식으로 온통 메우고 있다. 이탈리아는 말할 것도 없다. 프레스코 벽화로 온통 채워 놓아서 빈틈을 찾기 어렵다. 그게 예술이나 종교적 신심의 표출만을 위한 것이었을까. 천만의 말씀이다. 그들은 빈 공간이 두려웠던 것이다. 왜냐. 비어 있는 것은 없는 것이니까. 존재가 사라지는 것이니까.

그런데 포르투갈과 스페인, 곧 이베리아 반도에서는 유럽 전통의 관념에 한 가지 전통이 더 추가된다. 바로 이슬람식 '빈 공간에 대한 두려움'이다. 아랍인들도 빈 공간을 싫어하기는 마찬가지였다. 그래서 그들 왕궁의 사변 벽과 천장 역시 온통 아라베스크 문양이나 글씨로 채워져 있다. 우상숭배 금지의 이유로 동물 대신 식물 혹은 별을 형상화한 문양이나 글씨로 채운 것만 다르다.

아랍인들이 700년도 넘게 이베리아 반도를 지배하면서 이 같은 인식은 기존 그리스시대부터 이어져온 전통에 합쳐져 더 강렬한 믿음, 거의 종교 비슷한 관습이 되었다. 포르투갈이나 스페인 전역을 뒤덮고 있는 건물들의 아줄레주는 바로 이런 차원에서 이해해야 한다.

그렇지 않고서야 미친년 머리에 각종 꽃을 꽂은 것처럼 성모 마리아 성당 전체를 알록달록한 타일로 채워 놓을 이유가 없지 않은가!

그러니 포르투갈 성당들의 아줄레주는 정말 아이러니한 존재다. 가장 기독교적인 곳에 가장 이슬람적인 것타일과 장식이 혼혈을 이루어 기막힌 동거를 하고 있는 것이다.

영화 「미션」에서 포르투갈 군이 과라니족 마을을 점령하기 위해 쳐들어오자 가브리엘 신부를 제외한 수도사들은 분연히 맞서 싸우기로 결의를 다진다. 한 과라니 소년이 물속에 빠져 있던 칼을 꺼내 녹을 닦고 다시 날을 갈아서 로드리고에게 전해주자, 로드리고도 다시 칼을 들기로 결심한다.

마침내 결전의 날, 로드리고는 가브리엘 신부에게 찾아간다.

> 로드리고 : 신부님! 축복을 부탁드리러 왔습니다.
>
> 가브리엘 : 아니오. 만약 그대가 옳다면 신의 축복은 필요 없을 것이오. 그리고 만약 틀렸다면 내 축복은 소용이 없소. 만약 무력이 옳은 것이라면 이 세상에 사랑이 설 곳은 어디에도 없을 겁니다. 만약 그렇다면 난 이 세상에서 살아갈 기력을 얻지 못할 것이오. 로드리고, 나는 당신에게 축복을 해줄 수 없소.

그러나 가브리엘 신부는 로드리고에게 자신이 걸고 있던 십자가를 풀어줌으로써 그의 마음을 표현한다. 두 사람의 길은 서로 달랐지만 사랑이라는 목적지는 같았다.

이리 뛰고 저리 뛰고 사력을 다하지만 로드리고는 결국 포르투갈 군의 총탄에 맞아 쓰러진다. 그러나 그는 눈을 감지 못한다. 빗발치는 포탄과 총탄 속에서 십자가를 들고 노래를 부르며 행진하는 가브리엘 신부를 힘겹게 응시한다. 이윽고 가브리엘 신부가 쓰러지자 그도 눈을 감는다.

이 모든 일이 끝난 후 주교는 교황에게 편지를 쓴다.

'겉으로는 신부 몇몇과 과라니족의 멸종으로 끝났습니다. 그러나 죽

발레가 주 성모 마리아 성당
공동묘지

은 것은 저 자신이고 저들은 영원히 살아남을 것입니다.'

영화의 엔딩 자막은 이렇다.

'빛이 어둠을 비추되, 어둠이 이를 깨닫지 못하더라.'

-『요한복음』1장 4~5절

포르투갈 사람들에게 아줄레주는 어쩌면 '생명의 빛'을 추구하는, 그 빛에
도달하기 위해 열망하는 지난한 몸짓인지도 모르겠다.

Portugal story 3

도자기와 대구잡이의 도시 아베이루,
일랴부 그리고 코스타 노바

Portugal story 3
도자기와 대구잡이의 도시 아베이루,
일랴부 그리고 코스타 노바

포르투갈의 베니스
아베이루

포르투에서 76km 떨어진 50여 분 거리의 아베이루는 옆에 있는 일랴부Ilhavo
와 함께 중부 포르투갈에서 코임브라Coimbra 다음으로 인구가 많은 도시다. 그
래 봤자, 합쳐 12만 명 정도밖에 되지 않지만 포르투갈에서는 인구 밀도가 꽤
높은 편이다.

오랜 기간 동안 아베이루는 소금과 상업 운송의 중요한 경제적 연결고리였
다. 중세 때 이곳은 로마인들이 소금을 얻고 이를 거래하는 중심지였다. 이 시기
이곳은 '새들과 훌륭한 소금의 집합지요 보관소'로 언급되었다. 11세기부터는
포르투갈 왕족들에게도 인기를 얻었다.

주앙 1세와 필리파 사이에서 셋째로 태어난 포르투갈의 11번째 왕 두아르

염전에서 일하는 모습을
묘사한 아베이루 역
아줄레주

트 1세Duarte I, 1391~1438는 1435년 이곳에서 '3월 박람회Feira de Março'라고 불리는 면세 박람회를 열었는데, 오늘날에도 여전히 연례행사로 열리고 있다. 아폰수 5세Afonso V, 1432~1481의 딸인 성 주아나St. Joana 공주는 이곳 예수 수도원에 들어가 사망할 때까지 살았고, 이 덕택으로 아베이루는 다른 도시에 비해 보다 수준 높게 개발이 이루어졌다. 이후 아베이루와 일랴부는 대서양으로 이어지는 아베이루 강의 지리적 혜택으로 소금과 어업, 해양상업, 타일 수출의 전초기지로 각광을 받으며 성장했다.

1575년에는 최악의 태풍이 밀어닥쳐 항구를 망가뜨리는 바람에 금속과 타일의 수출 길이 막혀 점차 쇠락하게 되었으나, 곧 대체산업의 발굴로 도시는 점차 다시 활기를 띠게 되었고 1808년에는 인공운하도 개통돼 날개를 달아주었다.

오늘날 관광도시로의 아베이루는 '포르투갈의 베니스'로 널리 알려져 있다.

아베이루 운하의 곤돌라들

아베이루 역 아줄레주

아베이루 구 역사의 뒷면(위)과 역 플랫폼에서 본 전면(아래)

베니스 무라노 섬처럼 파스텔 색채로 칠해진 집들이 오밀조밀 예쁘기도 하려니와 도심 사이의 뱃길을 형형색색 치장된 곤돌라가 다니므로 마치 베니스에 와 있는 듯한 느낌을 준다.

운하를 오가는 관광용 배들이 모여 있는 중심지는 아베이루 기차역에서 시내를 관통하는 대로를 따라 20여 분쯤 걸어가야 한다. 이곳에 도착하면 형형색색 다양한 채색과 흥미로운 그림으로 장식한 배들이 정박해 있다. 앞부분이 위로 뾰족하게 치솟아 오르고 길게 뻗은 모양의 아베이루 특유의 배는 몰리세이루moliceiro라고 한다. 이 배를 타면 시내 중심의 카날 두 코유canal do Cojo에서 바다 쪽의 카날 드 상 호케Canal de São Roque를 돌아 다시 오는 데 50여 분쯤 걸린다.

아베이루의 풍경을 담은 역사의 아줄레주

아베이루 시내의 아줄레주 장식 집과 상점들은 옛날 이 도시의 번영을 잘 보여준다.

아베이루 기차역에 내리면 가장 먼저 반겨주는 것이 아줄레주로 장식된 기차역이다. 아베이루 역은 두 개로, 1864년에 건립된 구 역사와 2005년에 새로 만든 신 역사가 있다. 모두 59개의 아줄레주 패널로 장식한 옛 건물은 오로지 관광 목적으로만 사용되고 있고, 2020년에 새롭게 단장을 했다. 구 역사 내부는 아베이루 특산품을 살 수 있는 상점이 있다. 구 역사의 아줄레주는 이 지역 전통 복장의 주민들, 앞부분이 위로 뾰족하게 치솟아 오른 모양의 아베이루 특유의 몰리세이루 배를 타고 조업을 하는 어부들과 염전에서 소금을 모으는 인부들, 현재 아베이루 박물관으로 사용하고 있는 예수 수도원, 보가 강Rio Vouga 등을 묘사하고 있다.

이곳의 아줄레주는 1916년 '폰치 노바 도자기 공장Fábrica da Fonte Nova'에서 만들었다. 폰치 노바 공장은 1882년 멜루 구마랑이스Melo Guimarães 가문의 3형제가 폐업한 소다수 공장에 세웠다. 폰치 노바는 1824년에 먼저 세워진 포르투갈 최초의 '비스타 알레그레 도자기 공장'에는 수준이 못 미쳤으나 타일 부문에서는 뛰어난 기량을 발휘해 포르투갈 전국의 역과 식당, 가정집, 성당 등에 널리 사용되었다.

폰치 노바는 50여 년 동안 존속했지만, 공장 운영을 맡을 사람들이 사망하면서 1937년 문을 닫았다. 폐업 이후 공장에 화재가 발생해 나무로 된 시설물 대부분이 소실되어 자취를 찾을 수 없다.

그러나 폰치 노바 타일들은 아베이루 기차역 이외에도 '파루퀴알 다 무르투사 성당Igreja Paroquial da Murtosa'의 예배당, 일랴부의 페레이라 고르두 거리 22번지 저택Casa da Rua Ferreira Gordo 22 em Ílhavo, 그란자Granja 자작의 성채였던 산타 지타 저택Casa de Santa Zita 등에 여전히 남아 있다.

줄무늬 어촌마을
코스타 노바

코스타 노바Costa Nova는 아베이루에서 10km, 차로 20여 분 거리의 작은 어촌마을이다. 대서양과 아베이루 석호 사이에 반도처럼 길게 뻗어 있는 백사장과 집들이 거의 전부인 마을이다. 아주 오래전에 바닷바람에 밀려온 모래가 쌓여 기다란 백사장을 만들었고, 미처 메우지 못한 곳은 석호로 변했다.

그렇게 새롭게 만들어진 모래의 땅이어서 이름도 '새로운 해안'이다. 바다와 마을 사이의 해안은 어부들이 각종 어자재를 보관하기 위한 창고를 짓기에 제격이었다. 그런 창고에 사람들이 거주하기 시작했고, 바캉스 시즌 사람들이 해수욕과 일광욕을 하기 위해 모여들면서 마을이 형성됐다.

해변을 따라 나무로 만든 프롬나드가 잘 놓여 있어서, 이곳을 걸으면 살짝 삐거덕거리는 소리가 파도와 어우러져 마음이 한도 없이 풍요로워진다.

줄무늬 집은 안개 속에서
자신의 집을 잘 찾기 위해
시작됐다.

요트 소유주들을 위한
코스타 노바 '세일링 클럽'

작은 어촌마을 코스타 노바의 줄무늬 집들

이곳의 단점은 안개다. 앞에는 바다, 뒤에는 호수라서 축축한 공기들은 대기를 떠돌며 안개를 만들었고, 일 년의 절반은 마을의 모습을 가렸다. 그래서 이곳 주민들은 자신의 집을 보다 잘 찾기 위해, 다른 집과 구별하기 위해 자신만의 색을 칠하기 시작했다. 자신만의 개성을 담은 색깔로, 눈에 잘 띄게 줄무늬로 집을 채색했다. 그러다 보니 이제는 마을 전체가 개성 넘치는 줄무늬 집들로 채워졌다.

이제 코스타 노바의 줄무늬 집들은 볏짚이라는 뜻의 '팔레이루Palheiro'라고 불리며, 사람들을 끌어모으는 최고의 오브제가 되었다. 그러나 이곳은 변변한 호텔도, 카페도, 기념품 상점도 없는 그냥 주거 마을 그 자체다. 오히려 번잡하지 않은 한적함, 쓸쓸할 수도 있는 고요함이 이곳의 매력이다.

온통 카페와 러브호텔, 횟집이 해변을 장악하고 있는 우리 바닷가와 비교하면 금방 그 차이를 알 수 있을 것이다. 사람의 마음을 어루만져주는 것은 바닷가에서도 또 만나는 도시의 공해가 아니라, 모래 백사장에 쏟아지는 파도와 바람 소리다.

일라부,
소금에 이어 도자기로 부를 일구다

포르투갈 상인들이 중국 도자기를 처음으로 유럽으로 실어 나른 것은 16세기의 일이었다. 1488년 바르톨로메우 디아스가 남아프리카 희망봉을 발견하고, 바스코 다 가마Vasco da Gama, 1469~1524가 디아스의 도움을 받아 희망봉을 돌아 1498년 드디어 인도의 캘리컷에 상륙한다. 아시아로 진입하는 항로가 처음으로 개척된 것이다.

그리하여 1513년 5월 드디어 포르투갈 배가 중국 남부 광둥廣東 지방의 광저우廣州에 역사적인 첫 정박을 하게 된다. 명나라 정덕제正德帝, 1491~1521, 재위 1505~1521 8년의 일이다. 이 배를 탄 조르즈 알바르스Jorge Álvares, ?~1521, 호르헤 알바레스는 뱃길로 중국 본토와 홍콩에 온 첫 유럽 탐험가가 되었다.

그의 이 방문은 결국 1517년 포르투갈이 명나라와 무역할 수 있는 길을 열었고, 1557년 마카오 일부를 조차租借, 조약에 의해 다른 나라 영토를 유상 또는 무상으로 차용하는 행위하는 것으로 이어졌다.

이렇게 해서 중국 명나라 정덕제 때 도자기를 수출하는 관청포르투갈 대표부이 생기게 되었고, 최초로 유럽으로 수출하기 시작하는 역사적인 일이 벌어졌다. 이때 수출 상품들은 접시와 병, 높은 항아리 등이었는데, 이들에는 포르투갈 왕실이나 귀족들의 문장, 혼천의渾天儀, 천제의 운행과 위치를 관측하던 기구, 예수 이름을 그리스어로 쓴 이니셜 모노그램 등이 그려졌다. 1520년대에 포르투갈이 유럽으로 실어 나른 중국 청화백자는 대략 4만 점에서 6만 점으로 추정되는데, 포르투갈은 이들의 상당수를 네덜란드에 팔아 이익을 얻었다.

이렇게 제일 먼저 중국 도자기에 눈을 뜬 포르투갈이었지만, 자체적으로 도자기를 만든 것은 다른 유럽 국가들에 비해 매우 늦었다. 독일 마이슨이 1710년, 프랑스 세브르Sèvres가 1727년, 영국 플리머스Plymouth가 1746년 도자기를 만드는 데 성공했지만, 포르투갈 도자기 공장은 1824년이 되어서야 세워질 수 있었다. 독일보다 무려 120년 이상이나 늦은 셈이다.

왕족으로 리스본 상업협회 회장을 맡고 있었던 주제 페레이라 핀투 바스투José Ferreira Pinto Basto, 1774~1839는 1812년 아베이루 인근 일랴부의 에르미다Ermida 농장을 사들였다. 이어 그는 1816년 마을 예배당도 구입했는데, 마침 그 인근

주문 제작(OEM)의 영향으로 귀족 문장과 손잡이가 들어간 중국 청화백자(리스본 장식박물관)

'비스타 알레그레'
설립자 초상과
가문 문장 플라크

지역이 점토와 모래, 결정화된 자갈 등이 풍부해 유리와 도자기 산업에 적합한 곳이었다.

　그리하여 그는 40ac 땅을 더 사들여 자신의 사업을 추진하기 시작했고, 1824년 주앙 6세João VI, 1767~1826로부터 도자기를 제조해도 좋다는 허가를 얻을 수 있었다. 이것이 바로 포르투갈 최초의, 그리고 지금도 여전히 유일한 도자기 생산업체인 '비스타 알레그레 도자기공장'이다. 이를 제외한 나머지 회사들은 거의 소규모 도기 공장들이다.

　1832년 이 회사가 처음으로 제품을 만들기 시작한 것은 유리 제품과 비눗돌 凍石로 만든 항아리 등이었다. 당시 비스타 알레그레는 자기를 만들 수 있는 원료의 성질을 전혀 몰랐기 때문에 주제의 아들인 아우구스투Augusto가 프랑스 세브르 도자기 공장을 방문해 기술적인 어려움을 극복하기 위해 노력하던 중 자기 제조의 결정적인 비결을 깨달았다. 게다가 자기를 만들기 위해 필수적인 고령토가 일랴부 북쪽에 대량으로 매장돼 있다는 사실도 알게 되었다. 정말 우연이었지만, 비스타 알레그레는 처음부터 최고의 자리에 공장 터를 잡은 행운을 얻었던 것이다.

왕실 공급의 독점적 지위를 뜻하는 '로열' 글자가 회사 명칭에 들어가기 시작한 것은 그로부터 5년 뒤였고, 비스타 알레그레가 마침내 경질자기를 만들 수 있었던 것은 회사 설립 후 10년이 지난 1834년의 일이었다. 유리 제품은 1880년 이후로 생산을 중단했다.

1851년 비스타 알레그레는 런던에서 열린 전시회에 처음으로 참여했는데, 이로부터 16년 후인 1867년 파리 전시회 때부터 국제적 명성을 얻기 시작했다.

일라부의 비스타 알레그레 본사와 박물관 전경

일랴부 전통의상을 입은 1944년 제작 피겨린 '일랴부의 커플'(비스타 알레그레 박물관)

'비스타 알레그레' 리스본 매장 쇼윈도에 전시된 에스프레소 컵들

1852년에는 마리아 2세Maria II, 1821~1853가 공장을 방문하면서 왕실을 위한 완벽한 디너 세트가 생산되었다.

20세기 초반까지는 여러모로 힘든 시절이었으나, 주제와 아우구스투의 뒤를 이은 주앙João이 1924년 공장 책임자로 오면서 서서히 과거의 영광을 되찾기 시작했다. 20세기 초가 되면서 이 회사의 작품들은 아르 데코와 기능주의의 영향을 받아 미학적 변화가 일어났다.

1947년부터 1968년 기간 동안 유럽의 다른 도자기 회사들과 교류하면서 기술적 완성도가 더욱 높아졌고, 이에 따라 영국 엘리자베스 여왕의 식탁을 위한 디너 세트를 생산하기에 이르렀다. 아울러 패션디자이너나 화가 등 예술가들과의 콜레보레이션 역시 활발하게 이루어졌다.

비스타 알레그레 박물관이 문을 연 것은 1964년, 회화와 조각 훈련을 증진시켜 종국적으로 새로운 제품의 창조를 지원하는 '비스타 알레그레 예술발전센터Centro de Arte e Desenvolvimento da Empresa, CADE'가 생긴 것은 1985년의 일이었다. 이러한 영향인지 1980년대 말이 되면서 이 브랜드의 국제적 명성을 반영해 비스타 알레그레의 작품들이 뉴욕 메트로폴리탄 예술박물관이나 밀라노 궁전 등에 전시되기 시작했다.

비스타 알레그레는 지난 2001년 아틀란티스Atlantis 그룹과 합병해 비스타 알레그레 아틀란티스 그룹VAA group으로 세계에서 여섯 번째로 큰 도자기 회사로 생산 능력을 더 증강시켰고, 2009년부터는 비사베이라Visabeira 그룹이 이를 인수해 현재 운영하고 있다. 그러나 비스타 알레그레는 여전히 포르투갈을 대표하는 도자기 브랜드 이름이다.

비스타 알레그레가 갖고 있는 커다란 강점의 하나는 바로 디자인이다. 산호초에서 영감을 얻은 '코랄리나Coralina' 라인, 북아프리카 감성을 잘 드러낸 '카사블랑카Casablanca, 디자이너 크리스티앙 라크르와Christian Lacroix와의 협업으로 탄생한 작품들은 이 회사의 강점을 잘 드러내준다.

이밖에 비스타의 제품 가운데는 아마존 열대우림에 서식하는 새들에게서 영감을 얻은 '브라질Brasil' 라인과 블루 스트라이프가 인상적인 '하버드Harvard' 라인도 매우 매력적이다.

이 회사의 제품들은 브라질에서 인기를 얻었던 만화의 주인공을 주제로 한 피겨린도 있다. 포르투갈 식민지였고, 한때는 포르투갈 왕이 직접 통치하기도 했던 브라질은 남미에서 유일하게 포르투갈어를 사용하는 나라여서 브라질의 오브제들은 비스타의 제품 모티브로 훌륭하게 차용될 수 있었다. 문화는 역시 이종교배, 혼혈이 최대의 강점이 된다.

새를 주제로 한 비스타의 '브라질' 라인 접시

비스타 알레그레 제품들

현대적으로 재해석된 비스타 알레그레의 멋진 청화백자

대구의 길
(codfish road)

대구는 포르투갈 말로 바칼랴우bacalhau다. 우리나라에 '명태의 길'이 있듯, 포르투갈에도 '대구의 길'이 있다.

전해지는 말에 따르면 포르투갈에는 대구를 요리하는 적어도 1,000가지 이상의 레시피가 있다고 한다. 그만큼 포르투갈 사람들의 식문화에서 대구는 떼어놓을 수 없는 생선으로 '충실한 친구'였다. 말 그대로 포르투갈 사람들은 대구를 '믿을 수 있는 친구fuel amigo'라고 부른다.

그러나 대구가 그들의 식탁에 오르기까지 어부들은 혹독한 고난을 감수해야 했다. '바칼랴우의 역사'는 시대를 넘나들며 바다의 혹독함과 맞닥뜨리고

대구가 식탁에 오르기 위해
포르투갈 어부들은 혹독한 바다와
몇 달씩 싸워야 했다.

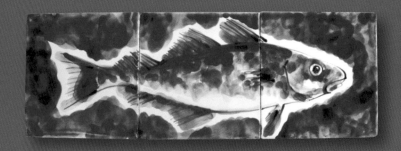

각양각색 대구 타일

대구 낚시의 흥미진진한 역사를 만든 수천 명의 남성들이 쓴 진정한 서사시다. 대구는 포르투갈 앞바다에서 쉽게 잡을 수 있는 물고기가 아니었기 때문이다.

대구 가공공장은 9세기에 이미 노르웨이와 아이슬란드에 출현했지만, 포르투갈 사람들이 이를 거래하기 시작한 것은 15세기가 되어서였다. 소금에 절인 대구는 오래 항해 기간 단백질과 영양분을 잃지 않고 먹을 수 있는 음식이었는데 이런 염장법은 당시에 매우 이상적이었다. 그들은 15세기 말에 북대서양 뉴펀들랜드Newfoundland까지 가서 처음으로 대구를 낚기 시작했다. 당시 포르투갈에서 거래되는 물고기의 10%가 대구였다.

당시 어부들은 한 번 바다에 나가면 최소 반년 동안 매일 새벽 4시에 일어나 바칼랴우를 낚았다고 한다. 생계를 위해, 포르투갈 국민의 식탁에 이 생선을 올리기 위해 멀고도 차디찬 바다로 떠나야 했던 어부들을 기리는 박물관이 바로 일랴부에 세워져 있다. 바로 일랴부 해양박물관Ilhavo Maritime Museum이다. 일랴부는 소금과 도자기 이전에 대구 조업의 전진기지였던 것이다.

1970년대에 지어졌던 일랴부 해양박물관은 2000년대에 포르투갈 건축회사 ARX에 의해 새롭게 확장되었다. 대담한 현대적 건축물로 새롭게 태어난 박물관은 '죽기 전에 꼭 봐야 할 세계 건축물 1001'에도 선정되었을 만큼 개성이 충만하다.

박물관의 겉모습은 마치 세련된 갤러리를 보는 듯하다. 단절된 기하학적 컨테이너 큼직한 세 덩어리가 연결된 구조인데 각각 기억의 장소, 해양생물의 공간, 연구센터로 구성돼 있다.

해양박물관답게 전체 설계의 중심 역시 '물'에 맞춰져 있다. 안도 다다오安藤忠雄의 상당수 건축물처럼 이 박물관도 안마당에 커다란 물 엉덩이가 있고, 이곳에서 햇빛에 반사된 물결은 박물관의 내부 복도에 일렁이는 무늬를 시시각

일랴부 해양박물관

각 만들어낸다. 그것은 마치 북대서양의 거친 파도 같기도 하다.

해양박물관은 포르투갈의 저명한 건축가 누누 마테우스 Nuno Mateus와 페드루 마테우스 Pedro Mateus가 디자인한 '건축의 아이콘'으로 뉴펀들랜드와 그린란드의 험난한 바다낚시에 대한 이야기를 들려준다.

전시실은 염장실과 항해 도구, 옛 어선의 모형을 전시한

포르투갈에는 대구 요리 레시피가 1,000여 가지가 있다.

다. 대구를 어떻게 염장하고 대구 배의 어느 부위를 보관하는지, 어디서 잠을 자고 요리를 했는지도 상세하게 알려준다. 이 박물관의 도서실은 아마도 대구에 관한 책을 가장 많이 소장하고 있을 것이다.

일랴부 해안에는 해양박물관에 소속된 실제 어선인 산투 앙드레Santo André 박물관선museum ship도 있다. 1948년 네덜란드에서 건조된 길이 71.40m의 이 트롤선은 박물관으로 개조되어 해양박물관과 함께 일랴부의 랜드마크가 되었다.

일랴부에서는 매년 8월 대구 축제가 열린다. 축제에서는 거친 바다를 극복하고 안전한 육지를 갈망하며, 모든 식탁의 전능한 왕인 '바칼랴우'를 반드시 집으로 데려오는 이야기를 만날 수 있다.

Portugal story 4

코임브라, 학문의 도시에 울리는
'혁명의 파두'

Portugal story 4

코임브라, 학문의 도시에 울리는
'혁명의 파두'

대학의 도시,
코임브라

포르투에서 남쪽으로 125km, 리스본에서 북쪽으로 약 200km. 포르투갈의
거의 복판에 있는 코임브라는 대학의 도시다. 코임브라대학교는 포르투갈뿐만
아니라 유럽 최초의 대학이다. 그 기원은 1290년으로 거슬러 올라간다. 포르투
갈 6대 왕인 디니스Dom Diniz, 1261~1325는 이 대학을 리스본에 먼저 세웠으나 1537
년 이곳으로 옮겼다. 당시 유럽 전역의 학자와 예술가, 학생들이 코임브라대학
교로 몰려들었고, 유럽 최고 지성의 산실로써 기능해왔다.

코임브라에는 다른 많은 대학들과 전문대들이 있기 때문에, 이 도시의 일상
은 학생들 위주로 돌아간다. 거리에서 마주치는 사람들도 거개가 학생들이다.

코임브라는 언덕 위에 세워진 도시다. 몬데구Mondegu 강변에 언덕이 우뚝 솟

코임브라의 중심지는 높은 언덕 위에 있다. 코임브라 전경

코임브라 전문공연장 '파두 오 센트로'의 파디스타들.
코임브라 파두는 검은 망토를 걸친 남성만이 부른다.

아 있고 그 언덕에 코임브라대학과 대성당 등 주요 건축물들이 몰려 있다. 가파른 언덕에 도시가 번성한 것은 역시 전쟁에서 방어에 유리하기 때문이다.

로마인들이 이 지역을 정복했을 때 처음에는 이곳이 아닌 인근의 코닝브리가Conimbriga에 도시를 건설했으나, 코임브라가 더 효율적이라는 판단을 내리고 이곳으로 옮겨왔다. 이후 서고트족에 이어 무어인들이 접수해서 번영을 가져왔다.

레콩키스타에 의해 십자군이 이 도시를 되찾은 것이 1064년. 특히 코임브라는 포르투갈 초대 왕인 아폰수 1세 엔히크의 출생지이자 주검이 안치된 곳산타 크루스 성당으로써 상징적 의미가 큰 곳이다. 그리하여 1139년에는 포르투갈 수도가 되었으나 아폰수 3세가 1255년 수도를 리스본으로 옮겼고, 도시는 아카데믹한 색채가 더욱 짙어지게 되었다.

코임브라대학에 대해 말하기 전에 코임브라 파두Fado부터 얘기하기로 하자. 흔히 파두는 리스본의 전유물이라 생각하는데, 사실 파두는 각기 다른 배경을 가진 두 개의 파두, 즉 리스본 파두와 코임브라 파두로 나뉜다.

아카데믹한 도시에서 발전한 파두이기에 코임브라의 그것은 리스본 파두와는 뚜렷하게 다르다. 리스본 파두가 서민들의 애환과 눈물, 이별의 슬픔 등을 절절하게 노래하고 있다면, 코임브라 것은 대학 도시의 노래답게 철학적이면서도 매우 시적이거나 낭만적인 주류를 형성한다. 파디스타fadidsta, 검은 옷을 입은 솔로 가수가 남성인 것도 이곳만의 독특한 점이다. 그들은 가수와 반주자 모두 검정 가운이나 망토를 걸친다. 이 때문에 코임브라 파두는 리스본과 달리 그 기원을 중세의 음유시인에서 찾기도 한다.

『해리 포터』를 쓴 조앤 롤링도 파디스타들의 망토에서 착안해 호그와트 마법학교의 의상을 창조했다. 이후 망토를 입은 코임브라 대학생들이 지나가기라도 하면 관광객이 그들을 쫓아가 사진을 함께 찍는 진풍경이 생겼다. 그런 기념

1960년대 노래하는 아드리아누 코헤이아 드 올리베이라. 그는 카네이션 혁명의 기수였다.

사진을 찍으면 행운이 온다는 속설이 생겨나서다.

리스본과 마찬가지로 코임브라 파두는 기타하guitarra, 포르투갈 기타와 비올라를 동반한다. 그러나 코임브라 기타하는 리스본의 것과 달라서 자체적인 튜닝과 음색, 형태로 진화했다.

또 코임브라 파두는 대학생들이 즐겨 부르는 노래답게 우리나라 운동가요처럼 민중 계몽의 메시지를 담기도 했고, 살라자르 독재정권 시절에는 저항음악의 기능을 해왔다. 그래서 리스본 파두는 '파두의 가슴', 코임브라 파두는 '파두의 머리'로 통칭된다.

코임브라 파두는 1974년 4월 카네이션 무혈혁명의 도도한 흐름을 잉태시킨 정서라 해도 과언이 아니다. 아드리아누 코헤이아 드 올리베이라Adriano Correia de Oliveira, 1942~1982와 주제 아폰수José Manuel Cerqueira Afonso dos Santos, 1929~1987는 혁명 당시 파두로 주도적인 역할을 했다.

포르투 출신인 아드리아누 코헤이아 드 올리베이라는 1959년 코임브라대학교 법학부에 입학해 1960년 포르투갈 공산당에 가입했다. 살라자르에 저항하는 62개 학계 파업에 참여했고, 1961년 첫 번째 앨범 '코임브라의 밤Noite de Coimbra'을 냈다.

1964년에는 마누엘 알레그레Manuel Alegre의 시 '지나가는 바람의 천둥Trova do Vento que Passa'을 노래로 불렀는데, 이 노래가 독재에 저항하는 학생들의 운동가가 되었다. 혁명 이후 출판사 경영과 PD로 일하다가 1982년 마흔 살의 젊은 나이에 식도 파열로 어머니의 품에 안겨 사망했고, 1994년에 '동 엔히크 대훈장Grande-Oficial da Ordem do Infante D. Henrique'을 수여받았다.

아베이루 출신인 주제 아폰수는 포르투갈 역사에서 가장 영향력 있는 포크 뮤지션이자 민중가수다. 애칭인 제카 아폰수Zeca Afonso로도 알려져 있으나, 이

리스본 남쪽의 도시 세이샬(Seixal) '주제 아폰수 거리(Avenida José Afonso)'에 그려진
주제 아폰수의 그라피티

코임브라대학에 재학 중인 학생들의 파두 연주를 묘사한 아줄레주

이름으로 음악 활동을 하지는 않았다.

주제 아폰수는 코임브라대학에서 역사와 철학을 공부했고, 대학 축제에서 처음 노래를 불러 유명해지기 시작했다. 포르투갈에서 가장 유명하고 가장 오래된 대학 합창단인 '오르페온 아카데미쿠 드 코임브라Orfeon Académico de Coimbra'와 함께 공연 여행을 다녔다.

주제 아폰수의 노래 〈그란돌라, 빌라 모레나Grândola, Vila Morena〉가 카네이션 혁명의 시작을 알리는 암호로 쓰였다. 2007년에 29번째 '가장 위대한 포르투갈인Os Grandes Portugueses'으로 선정되었다.

파두를 경험해볼 수 있는 가장 좋은 전문 소극장은 '파두 아우 센트루Fado ao Centro'라는 곳이다. 산타 크루스 성당으로부터 멀지 않은 구 시가지에 있는데, 영어로도 설명을 해준다. 한 곡 정도는 다 같이 부를 수 있는 아는 노래를 불러주어서 함께 합창하는 감동을 맛볼 수 있다. 공연이 끝나면 포트 와인과 비스킷을 무료로 먹을 수 있다. 10유로 공연비가 있지만 '산타 크루스 카페'의 무료 공연보다 훨씬 질적으로 우수하다.

파두의 주제 가운데 세레나데를 부를 때는 박수가 아니라 '흠흠' 소리를 내어 경의를 표한다. 그 이유가 재미있다. 옛날에 남자 대학생이 밤에 연인의 발

'코임브라 파두에 바치는 헌정' 조각상

코니 밑에서 파두를 부르면 그 골목에 있는 사람들이 모두 듣지만 티를 낼 수 없어 박수 대신 입으로 그런 소리만 냈고, 연인은 구애를 받아들인다는 표시로 불을 세 번 껐다 켰다 했다고 한다. 공연장에서는 관객들에게도 이런 이야기를 들려주며 "흠흠" 소리를 내도록 유도한다.

이곳에서 계단을 조금 내려가면 알메디나 문Arco de Almedina 옆 조그만 광장에 독특한 모양의 조각이 있다. '코임브라 파두에 바치는 헌정Homenaje al fado de Coimbra'이라는 제목의 이 조각상은 셀레스티누 아우베스 안드레Celestino Alves André, 1959~라는 조각가가 만들어 2013년 7월 18일에 설치했다. 기타하의 몸통에 여성의 머리가 붙어 있는 기이한 형태지만 매우 예술적이다.

세계에서 가장 우아한 코임브라대학

코임브라대학은 캠퍼스 전체가 거대한 아줄레주 전시장이다. 강의실은 물론, 교내 식당, 휴게실, 강당, 복도 모든 곳이 아줄레주로 장식돼 있다. 이 때문에 코임브라대학 캠퍼스에 들어서면 이 세상 어느 대학에서도 보기 힘든 매우 독특한 풍경들을 볼 수 있다.

아줄레주를 배경으로 한 강의실에서 학자들이 한창 세미나에 열중하고 있는 모습이나 회랑 벤치 등에서 담소하고 있는 모습을 보고 있노라면, 과거 유럽 최고 지성의 전당으로써의 권위가 물씬 느껴진다.

처음 리스본에 이 대학을 만든 디니스 왕은 부왕 아폰수 3세의 세심한 배려에 의해 어려서부터 당대 저명한 교수들의 가르침을 받았다. 문학에 관심이 많

지상에서 가장 아름다운 강의실.
코임브라대학 세미나

코임브라대학교의
회랑

아 시를 쓰고 시집을 발간해서 '음유시인의 왕'이라고도 불린다. 그런 그가 포르투갈에서 처음으로 예술과 학문의 후원자가 되어 대학을 창건한 것은 당연한 일인지도 모른다. 교육의 힘을 새삼 느끼게 하는 대목이다.

그는 특히 라틴어로 작성하던 서류들을 모두 포르투갈어로 쓰도록 했다고 하니 포르투갈의 세종대왕으로 비유할 수 있다. 주앙 3세João III, 1502~1557가 코임브라로 대학을 이전한 이후에는 포르투갈 국민 시인 루이스 드 카몽이스Luís Vaz de Camões, 1524~1580, 포르투갈인으로는 유일하게 1949년에 노벨의학생리학상을 받은 신경학자 에가스 모니스Egas Moniz, 1874~1955 등 많은 문인과 학자를 배출하며 학문을 꽃피웠다.

어느 대학이든 공통적으로 볼 수 있는 일상적인 교정의 풍경, 각종 전달 사항을 알리는 전단들이 어지럽게 붙어 있는 게시판이나 학생들이 잠시 여유를 즐기는 휴게실과 복도, 칠판과 의자 이외에는 아무것도 없는 단조로운 강의실… 이 모든 장소에 아름다운 아줄레주 장식이 있다고 생각해보라. 그 공간이 얼마나 우아하고 생명력 있게 살아날 것인지!

유채색으로 만든 타일도 있지만 코임브라대학의 회랑이나 강의실 등을 일관적으로 장식하고 있는 아줄레주 그림은 코발트블루 꽃이다. 풍성한 꽃들이 교정 모든 곳에서 파랗게 넘실거린다. 특히 옛날에 이곳은 무조건 라틴어로 말하도록 했기 때문에 '라틴 회랑'이라고 불리기도 한다. 이 회랑은 바닥의 윤기 나는 대리석과 벽면의 파랑 꽃이 장소의 격조를 살려준다.

코임브라대학은 세계 어느 대학보다도 관광객들이 많이 몰리는 대학교라고 할 수 있다. 교정에서는 학생과 교수들 사이에 섞여서 카메라를 들고 여기저기 어슬렁거리는 관광객들을 쉽게 볼 수 있다.

학교 정문 옆에 아예 관광안내소가 차려져 있을 정도니 대학 캠퍼스가 도시

SNS 삼매경에 빠져 있는 코임브라대학의 한 소녀 관광객

코임브라대학교 풍경들

에서 제일 각광 받는 관광지이기도 한 독특한 예라 할 수 있다. 대학도시인 영국의 옥스퍼드와 케임브리지, 미국의 하버드와 예일, 스탠포드 등도 관광객이 일부러 찾아가는 곳이기는 하나 이곳보다 대중적이지는 않을 듯하다.

이 때문에 코임브라대학은 아마 입장료를 받는 유일한 대학이기도 하다. 강의가 이루어지고 학생들이 돌아다니는 일반 캠퍼스야 그냥 자유롭게 구경할 수 있지만, 도서관을 비롯해 몇몇 특별한 장소는 관광안내소에서 티켓을 구입해야 한다. 일단 대학 안으로 들어가면 티켓 파는 곳이 없으니 반드시 정문으로 들어가기 전에 구매하기 바란다.

코임브라대학에서 반드시 보아야 할 것은 캠퍼스 곳곳의 아름다운 아줄레주와 함께 이 세상에서 제일 화려하고 아름다운 도서관이다. 코임브라대학의 도서관은 '책을 읽는 장소의 품격'을 웅변으로 말해준다. 이 도서관이 로코코 양식의 최고봉으로, 보는 이로 하여금 입을 다물지 못하게 할 만큼 화려하게 장식돼 있어서가 아니다. 그것은 도서관을 짓고, 관리하는 정성의 문제다. 모름지기 책을 읽는 행위를 하는 곳이란, 책을 읽는 마음가짐이란, 책을 보관하는 곳이란 이래야 한다, 라고 말해준다.

코임브라대학은 이채롭게도 1537년 대학을 리스본에서 코임브라로 옮겨오기 전에 이미 도서관부터 만들어놓았다. 도서관을 미리 만들고 대학을 옮겨온 것이니, 이들이 도서관을 얼마나 중요시하는지 알 수 있다.

도서관은 1513년에 짓기 시작해서 1532년에야 완공했다. 도서관 하나 세우는 데 무려 19년이나 걸린 것이다. 도서관을 지을 때 벽 두께를 2.2m로 공사해 최상의 온도와 습도를 유지하고자 했다. 구석구석 그렇게 정성들여 장식을 하고 서가를 만들었으니 그만큼 시간이 걸린 것이 당연하다.

1537년 코임브라대학교를 개교한 이후에도 도서관은 하루에 네 시간밖에

주아니나도서관

모름지기 도서관의 품격이란 이래야 되지 않을까.

개방하지 않았다. 1559년부터는 하루 여섯 시간으로 늘어났지만, 주앙 5세^{João V, 1689~1750}가 통치하던 1705년에는 20여 년 동안 문을 닫았다. 새로운 도서관으로 탈바꿈하기 위해서였다.

당시는 포르투갈이 식민지 확대로 부를 누리던 시절이었다. 그 덕에 도서관에는 탐험가 페드루 알바르스 카브랄^{Pedro Álvares Cabral, 1468~1520}이 브라질에서 대량으로 가져온 금이 아낌없이 쓰였다. 아울러 귀중한 자단과 흑단 나무의 섬세한 목공 조각이 곁들여지고 중국풍의 금세공에다 화려한 프레스코 천장화가 입혀졌다. 금과 대리석, 정교한 프레스코 천장화로 휘황찬란하게 꾸민 도서관의 화려함에는 그 누구라도 압도되고 만다.

그렇게 1724년 새롭게 개장했을 때 도서관 명칭은 왕의 이름을 따서 '주아니나도서관^{Biblioteca Joanina}'이 되었다가 지금의 대학 중앙도서관이 되었다. 지금도 전체 도서관에서 가장 화려하게 장식한 장소는 '주아나나도서관'으로 불린다.

티켓을 구입했다고 해도 '주아니나도서관'의 문은 쉽게 열리지 않는다. 하루 입장객 수를 제한하고 있기 때문에 지정된 시간에 맞춰야 입장할 수 있다. 때문에 관광안내소에서 이 도서관을 여는 시간을 잘 확인해야 한다.

도서관 하나 보는 것이 뭐 이리 어렵냐고 할 테지만, 주아니나도서관은 충분히 그럴 만한 자격이 있다. 책을 사랑하는 사람이라면 번거로운 절차와 기다리는 시간이 오히려 설렘의 순간이 될 터이고, 도서관에 들어서는 순간 그 동안의 수고를 한꺼번에 보상받는 흐뭇함을 느낄 것이다.

일단 도서관에 들어서면 라틴어 고서만 3만 권에 달하는 그 규모와 화려함에 기가 죽지만 그보다도 먼저 코를 자극하는 것은 도서관 특유의 책 냄새다. 책을 즐겨 찾는 사람이라면 누구라도 좋아하고 그리워하는 그 냄새. 아마 어느 사람이든지 책과 관련한 소중한 추억이 있을 것이다. 책을 선물로 받았을 때는

코임브라대학 주앙 5세 동상과 주아니나도서관 입구

그 책을 준 사람과의 기억이 더 애틋하기 마련이다.

허전한 마음을 가누지 못하고 방황하던 어느 추운 겨울날, 마음의 헛헛함을 달래기 위해 들른 책방에서 우연히 발견한 한 권의 책 그리고 그 책이 가져다준 선물, 영혼의 치유….

모든 책들은 공통으로 풍기는 향취가 있다. 그것은 영혼이 녹슬어가는 것을 방지하는 방향芳香이자, 배움의 갈증을 달래주는 감로수 냄새다.

리스본에서 39km 북서쪽, 신트라Sintra를 지나 조금만 더 가면 나오는 시골마을 마프라Mafra에도 엄청난 규모의 도서관이 있다. 마프라는 원래 왕실 사냥터였는데 주앙 5세가 막대한 브라질 황금을 쏟아부어 무려 1,200개의 방이 있는 어마어마한 규모의 바로크풍 왕궁을 지었다. 이 때문에 이는 흔히 '포르투갈의 베르사유 궁전'에 비유된다. 프랑스의 베르사유 궁전 역시 사냥터에 지은 왕궁이다.

주앙 5세는 이 왕궁에도 역시 엄청나게 큰 도서관을 만들었다. 아마도 프랑스 루이 14세에게 지기 싫어한 주앙 5세가 규모 면에서나 품격 면에서나 베르사유를 능가하는 왕궁을 지었고, 그에 따라 도서관도 엄청난 크기가 되었다. 마프라의 이 도서관 역시 수도승들이 직접 엮은 15~18세기의 책들을 4만여 권 이상 보관하고 있어 그 사료적 가치가 엄청나다. 마프라 왕궁은 18세기 유럽의 가장 커다란 건축물이다. 주앙 5세는 이렇게 훌륭한 도서관을 두 개씩이나 만들었다는 사실만으로도 칭송받을 자격이 충분하다. 비록 그것이 이웃 프랑스에 대한 경쟁심의 발로였다고 해도 말이다.

1807년 프랑스 나폴레옹 군대가 포르투갈을 쳐들어왔을 때 주앙 6세는 마프라에 있는 보물들을 다 가지고 머나먼 브라질로 도망쳤다. 이 때문에 나폴레옹 군대가 얻은 유일한 노획물은 텅 빈 방에 있는 늙은 탁발 수도승들뿐이었다.

마프라 도서관과 코임브라 도서관은 매우 독특한 공통점도 있다. 두 도서관 모두 박쥐를 키운다. 박쥐를 일부러 사육하는 것은 아니지만 박쥐가 도서관에서 번식하고 자유롭게 드나들도록 방치한다.

박쥐는 사람들이 지나다니는 낮에는 서가나 벽 틈의 좁은 공간에서 잠을 자다가 밤이 되면 넓은 공간을 마음대로 휘젓고 다닌다. 수백 년도 더 된 낡은 도서관의 박쥐들. 왠지 좀 으스스하다.

그러나 이들 도서관에서 박쥐를 없애지 않는 데에는 다 이유가 있다. 박쥐가 책을 갉아먹는 책벌레를 잡아먹기 때문이다. 낡은 고서나 고문서의 가장 치명적인 적은 습기도 먼지도 아닌 책벌레다. 한번 갉아먹은 책은 복원이 불가능하다. 그런데 박쥐들은 밤중에 서가 사이를 부지런히 날아다니며 책벌레를 잡아먹는다. 인간과 박쥐의 참 기묘한 동거요, 협력관계다.

물론 약품 처리로 현대식 방제를 할 수도 있지만, 그럴 경우 약품 성분이 책을 훼손할 수도 있다. 그러니 책 보존 역시 천적 관계를 활용한 자연 그대로가 가장 좋은 방법인 셈이다.

　　그래서 그런지 『장미의 이름』을 쓴 소설가 움베르토 에코도 이곳을 다녀간 뒤 고서가 많은 자신의 서재에 박쥐를 키우는 것에 대해 진지하게 고민했다고 한다. 물론 귀찮은 점도 있다. 바로 박쥐의 배설물이다. 이 때문에 코임브라 주아니나도서관의 진귀한 목재로 만든 탁자들은 밤이면 천으로 꼭 덮어놓는다. 배설물이 탁자를 버리는 일을 방지하기 위해서다. 매일 이를 반복해야 하니 이것도 예삿일은 아니다.

　　주아니나도서관에서는 '모자의 방Sala dos Capelos'도 꼭 가봐야 한다. 이곳은 학위 수여식을 하는 곳이라서 모자의 방이라고 불리는데 역시 호화롭기 그지

주아니나도서관 안의 '모자의 방'

없다. 이 방은 옛날에는 학생들이 시험을 치르던 장소였다고 하는데, 지금은 포르투갈 역대 왕들의 초상화들이 아줄레주 타일 위에 줄지어 진열돼 있다.

천장에 그려진 화려한 프레스코 그림이 없었다면 호러영화에 곧잘 등장하는 공포감 물씬 풍기는 성이나 방의 풍경이 될 법했다. 이 방의 프레스코는 바탕 전체를 색깔로 입히는 이탈리아 프레스코와 달리 흰 바탕이어서 그 화려함을 더 강조하고 있다.

도서관 지하 1층은 책을 유지하고 보수하는 곳, 지하 2층은 옛 학생감옥이 있던 곳이다. 예전에는 책이 귀하고 값이 비싸서 책 도둑이 많았는데 책을 훔친 학생이나 규율을 위반한 학생은 이곳에 들어가는 일이 흔했다.

정복왕 아폰수 1세가 자신의 무덤으로 세운
산타 크루스 수도원

이 유서 깊은 대학의 도시에서 코임브라대학만큼이나 중요한 곳은 '5월 8일 광장Praca 8 de Maio'에 접해 있는 산타 크루스 수도원Mosteiro de Santa Cruz이다. 1131년 코임브라 성 외곽에 지어진 이 수도원은 포르투갈 왕실 초기의 가장 중요한 종교적 장소였다. 그리하여 포르투갈 초대 왕인 아폰수 1세 엔히크와 두 번째 왕인 산슈 1세의 주검이 이곳에 안장돼 있다.

포르투갈 백작령을 세습한 아폰수 1세는 30세가 되던 1139년에 레온왕국으로부터 갈리시아 왕국의 남부 지역의 독립을 성취하고 이슬람에 빼앗긴 영토 회복에 매진했다. 1143년에는 사촌 형인 레온왕국의 알폰소 7세를 물리쳐 독립을 선포하고, 내친 김에 리스본 탈환에 나섰다. 운도 좋았다. 악천후로 2차 십자

산타 크루스 수도원 입구

산타 크루스 수도원 내부의 아폰수 1세(좌)와 산슈 1세 무덤(우).
사진처럼 나란히 안장돼 있다. 둘 다 죽어서도 투구를 들고 있다.

군의 일부가 포르투갈에 들어와 리스본의 무어인들에게 손쉽게 항복을 받아
냈다. 그래서 얻은 별명이 콘키스타도르정복왕다. 그가 사망할 때는 즉위 초창기
보다 약 두 배의 영토 확장을 했다. 산타 크루스 수도원도 그가 세운 것이다.

산슈 1세는 재위 기간 대부분을 새로운 왕국의 정치 및 행정 조직을 정비하
는 데 바쳤다. 그는 국보를 축적했고, 새로운 산업과 상인 중산층을 지원했다.
또한 지식과 문학을 사랑하는 것으로도 유명했다. 산슈 1세는 몇 권의 시집을
썼고 포르투갈 학생들을 유럽 대학으로 보내기 위해 왕실 보물을 사용했다. 그
는 56세의 나이로 코임브라에서 사망했다.

이에 따라 산타 크루스 수도원은 국립 판테온의 지위를 부여받았으며, 교
황청의 특권과 왕실의 지원을 통해 막대한 부를 축적할 수 있었다. 오늘날 많
이 퇴락했어도 아직 화려하게 남아 있는 아줄레주는 당시 이 수도원의 영향력
을 잘 말해주고 있다. 이 수도원 역시 자체 도서관에 많은 장서를 소장했고, 포
르투갈 초창기 시절의 파워 엘리트와 지성들이 모이는 회합 장소로써의 명성도
누렸다.

두 개의 탑, 화려한 아치형 입구에 새겨진 조각으로 인상적인 수도원은 16세

스페인 세비야 영향을 받은 다채색 장식 타일을 배경으로 놓인 예수상

수도원은 개축을 하면서 시대별로 다양한 아줄레주로 장식됐다.

단순한 모양의 산타 크루스 수도원 타일은 베자에 있는 성모수태 수녀원 아줄레주와 같은
시대의 종류로, 15세기 스페인 세비야로부터 수입한 것이다.

기 마누엘 1세^{Manuel I, 1469~1521, 재위 1495~1521}가 개축을 했다. 12세기 유럽에 성행했던 로마네스크 양식과 마누엘 1세 통치기에 유행한 마누엘 양식^{Manueline♦}이 혼합돼 있다.

특히 내부 천장과 아줄레주 장식의 벽은 마누엘 양식의 아름다움을 한눈에 볼 수 있고, 침묵의 회랑인 성물실이 수도원 옆으로 이어져 있다. 수도원 건물에 붙어 있는 산타 크루스 카페는 수도원 건물 일부를 카페로 개조해서 고풍스러운 분위기가 난다. 수도원 내부의 아줄레주는 15세기 것부터 17세기 것까지 다양하게 존재한다. 각기 장식한 시점이 달라서다.

일단 수도원 예배실의 단조로운 문양이 반복되는 아줄레주는 포르투갈에서 가장 오래된 타일에 속한다. 이 타일은 뒤에서 얘기할 베자에 있는 성모수태 수녀원^{Convento da Nossa Senhora da Conceição}과 같은 시대의 같은 종류의 것으로 15세기 스페인 세비야로부터 수입했다.

산타 크루스와 성인
산투 안토니우

산타 크루스 수도원은 리스본 출신의 성인聖人인 산투 안토니우^{Santo António, 1195?~1231?}와도 관련이 있다. 산투 안토니우는 산타 크루스 수도원에서 신학을 공부했다. 사제 서품을 받은 뒤에는 수도원에서 손님들을 접대하는 일을 맡았다. 그곳에는 프란시스코 수도회의 수도사들이 자주 들렀다. 그는 수도사들의

♦ 풍부하고 화려한 장식물이 특징으로 16세기에 유행한 포르투갈 건축양식

PORTUGAL STORY 4

간결하면서도 깔끔한 종교 생활에 깊은 감명을 받았다.

성인 산투 안토니우

1220년 모로코에서 선교 활동을 하던 프란시스코 수도사 5명이 참수형을 당하는 사건이 발생했다. 국왕 아폰수 2세Afonso II, 재위 1211~1223는 협상을 벌여 가까스로 몸값을 치르고 수도사들의 시신을 고국으로 송환해 산타 크루스 수도원에 묻었다.

그 상황을 지켜본 산투 안토니우는 더 이상 산타 크루스 수도원에 머물러서는 안 되겠다고 생각했다. 수도원에서 편안하게 잡무만 하면서 보낼 수는 없고 선교 활동에 나서야겠다고 각오를 다졌다. 그는 산타 크루스 수도원을 떠나 프란시스코 수도회에 가담하고 모로코로 건너갔다.

그러나 갑자기 건강에 이상이 생겨 치료를 받기 위해 리스본으로 귀국하려 했으나, 태풍을 만나 배가 이탈리아 시칠리아로 표류했다. 그는 이를 하느님의 계시로 여기고 이탈리아에 머물면서 수도사 생활을 하기로 결심했다. 신도들 앞에서 설교를 하는 게 그의 주요 활동이었다.

그런데 사람들이 도통 그의 설교에 귀를 기울이지 않았다. 신도들의 참석률도 너무 저조하기만 했다. 낙담한 그는 어느 날 바닷가에 나가 한숨만 쉬고 있는데, 그에게 작은 물고기 한 마리가 다가왔다. 자세히 보니 정어리였다. 그는 하소연하듯이 정어리에게 말을 걸었다.

"네가 내 말을 알아들으면 얼마나 좋을까? 사람들은 내 설교에 전혀 관심이 없어. 아예 들으려고도 하지 않지. 내 소명은 설교를 하는 일인데, 어떻게 하면 좋겠니?"

그러자 놀라운 일이 벌어졌다. 정어리가 말을 알아들은 것처럼 머리를 끄덕인 것이었다. 그는 화들짝 놀랐다. 처음에는 잘못 봤거나 우연의 일치라고 생각했다. 그런데 정어리는 바다로 돌아가기는커녕 그가 이런저런 이야기를 할 때마다 머리를 흔들거나 꼬리를 치며 장단을 맞추곤 했다.

그리고 더 놀라운 일이 벌어졌다. 바다로 돌아간 정어리가 더 많은 정어리를 몰고 돌아온 것이었다. 그들은 머리를 치켜든 채 산투 안토니우의 입을 쳐다보고 있었다. 산투 안토니우는 신기하기도 하고 신나기도 해서 정어리들을 대상으로 하느님의 말씀을 들려주기 시작했다. 그가 설교를 하는 동안 바닷가 모래사장에 몰려든 정어리는 더 많아졌다. 나중에는 수백 수천 마리로 불어났다.

사람들이 이 장면을 목격하고, '정어리의 기적'에 대한 소문이 일파만파 퍼져나가기 시작했다. 이야기라는 게 으레 그렇듯 가면 갈수록 살이 붙어 과장되기 마련이다. 나중에는 모여든 정어리 떼가 바다를 가득 메워 산투 안토니우가 물고기 등을 밟고 걸어 다닐 정도라느니, 정어리들이 설교에 감명을 받아 눈물을 흘렸다느니 하는 소문이 퍼졌다.

이 소문을 듣고 사람들이 바닷가에서 정어리에게 설교를 하는 산투 안토니우에게 모여들었다. 그들은 이를 '하느님의 기적, 계시'라고 생각하고 무릎을 꿇고 기도했다. 그의 성당에도 미어터질 듯이 신도가 모여들었다. 그날 이후 그의 설교는 사람들에게 엄청난 영향력을 미치게 됐다.

산투 안토니우는 고국 포르투갈로 돌아가지 않고 이탈리아에서 설교 활동에

산투 안토니우와 정어리의 기적을 묘사한 17세기 아줄레주

전념하다 1231년 세상을 떠났다. 교황청은 이듬해 그를 성인으로 시성諡聖했다. 가톨릭 역사상 세상을 떠난 지 1년 만에 시성된 사람은 산투 안토니우뿐이다.

해마다 6월 12일 리스본에서는 산투 안토니우를 기리는 축제가 열린다. 그의 탄생일을 기념하는 '정어리 축제'다. 이 기간에 리스본에서는 거리 곳곳에서 정어리를 구워 팔거나 맛있게 먹는 모습을 볼 수 있다. 사람들은 정어리를 먹으며 산투 안토니우와 정어리의 기적에 대해 과장된 이야기를 하며 즐거워한다.

"산투 안토니우가 설교를 하자 물고기 배에서 손이 나와서 기도를 드렸다잖아!"

'정어리 축제' 전날 저녁에는 미혼 여성이 백지를 접어 밤새 물에 띄워놓는 풍습이 있다. 아침에 종이를 펼쳐보면 미래에 남편이 될 사람의 이름이 적혀 있다고 한다. 물론 믿거나 말거나다. 미혼 여성이 물을 가득 채운 채 입을 다물고 있을 때 가장 먼저 듣는 남자의 이름이 미래 남편의 이름이라는 얘기도 있다.

정어리 축제 당일 리스본 산투 안토니우 성당과 리스본 시청에서는 초대형

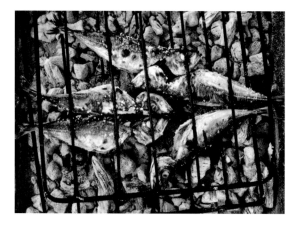

석쇠에 구워지는 정어리.
정어리는 포르투갈 사람들에게
매우 중요한 생선이다.

포르투갈 여행에서 정어리는 곳곳에서 마주치게 된다.

합동결혼식이 열리기도 한다. 이곳에서 결혼식을 치른 신부들은 차에 올라 리스본 시내에서 카퍼레이드를 벌인다.

산투 안토니우는 잃어버린 사람과 잃어버린 물건의 수호성인이다. 그가 헤어진 부부, 연인을 달래 재결합시켰다는 전설 때문에 포르투갈에서는 결혼의 수호성인으로 모시기도 한다. 그는 또 돼지 치는 농부, 장애인, 보트 운전수, 우편배달부, 반려동물, 말, 노인의 수호성인이기도 하다.

사실 포르투갈 사람들은 정어리를 매우 즐겨 먹는다. 그래서 정어리 기념품도 많다. 정어리 인형에 배지, 자석, 도자기 등 종류도 많다. 그들의 식탁에서 정어리는 빼놓을 수 없는 음식이기에, 아마도 그들의 깊은 신앙심과 결합되어 이런 이야기와 축제가 생겨났으리라 생각된다.

산타 크루스 공원,
그라피티의 기차역

산타 크루스 공원Parque de Santa Cruz은 '인어의 정원Jardim da Sereia'이라고도 불린다. 원래 산타 크루스 수도원에 속한 땅이었으나, 수도원의 담이 허물어지면서 시민을 위한 공원으로 바뀌었다. 세누보 대성당basilica of Sé Nouveau 옆에 있다.

18세기 수도원에 조성된 바로크 정원으로, 정원 입구에는 믿음, 자선, 희망을 상징하는 세 개의 조각상이 장식된 커다란 문이 있다. 이 문을 지나 올라가면 물이 흐르는 커다란 이끼 옆에 두 개의 아줄레주가 타원형으로 붙어 있는 장식물이 나온다. 이 장식물 옆 계단을 올라가면 이끼로 흐르는 물의 원천이 되는 '노게이라 분수Nogueira Fountain'가 나오고, 이곳에 반신반어 해신海神 트리톤Triton이 돌고래에 입을 벌리고 있는 조각상이 있는데, 이것이 인어라고 잘못 알려져서 '인어의 정원'이란 별명이 생겼다.

코임브라 관광은 가파른 언덕을 올라야 하므로 그리 녹록치 않다. 밑에서부터 대학과 성당들이 모여 있는 언덕을 올라가다 보면 숨은 차오르지만 주변 정경은 점점 현대와 멀어지게 된다. 걸음이 늘어날수록 중세시절로 되돌아간다. 이 또한 썩 괜찮은 기분이다.

코임브라에는 아주 특이한 사실이 있다. 앞에서 봐왔듯 포르투갈의 거의 모든 역에는 아름다운 아줄레주가 장식돼 있는데, 코임브라 기차역에는 아줄레주 대신 낙서graffiti가 있다. 한때 이 나라의 수도이기도 했던 유서 깊은 도시의 기차역치고는 참 이상한 일이지만 코임브라가 젊은 대학생들의 도시라는 사실을 상기하면 이해되기도 한다. 코임브라 기차역은 시내 중심부에서 상당히 멀리 떨어져 있다.

'인어의 정원'이라고도 불리는 산타 크루스 공원

산타 크루스 공원 입구

코임브라의 명소들을 아줄레주로 모아놓았다.

로마 시절의 수도교가 아직 남아 있다.

카르멜 수도원의 옛 성이 럭셔리 호텔로,
부사쿠 팰리스 호텔

코임브라에서 마지막으로 소개할 곳은 부사쿠 팰리스 호텔Buçaco Palace Hotel 이다. 시내에서 약 30km 떨어진 외진 곳에 있다. 자동차로 40여 분 거리다. 부사 쿠 국유림에 위치한 이 5성급 숙소는 포르투갈 마지막 왕의 사냥 궁전에 자리 잡고 있다.

부사쿠 궁전 주변 지역은 1628년에 세워진 카르멜 수도원Carmelite convent의 일부였다. 산타 크루스의 수도승들은 수도원을 지었을 뿐만 아니라 많은 종류 의 나무들로 호화로운 정원을 만들었다. 이 정원은 카르멜 기사단이 설립된 카 르멜 산monte Carmelo과 지구 낙원을 상징한다. 바로크 양식의 제단이 있는 교회 를 포함한 수녀원의 일부는 여전히 궁전 옆에 보존되어 있다.

'카르말라데스 훈장Order of the Carmalades'은 카르멜 기사단의 한 분파로, 이 기 사단의 리더인 프레이 안토니우 두 산치시무 새크라멘투Frei António do Santíssimo Sacramento는 1628년부터 1834년까지 약 200년 동안 이 지역의 정신적 지주로 군 림했다.

수도회가 사라지면서 국가의 재산이 되었다. 옛 수녀원 입구에는 훗날 영국 1대 웰링턴 공작이 된 육군 원수 아서 웰즐리Arthur Wellesley, 1769~1852가 1810년 9 월 27일 전투 후 수녀원에서 밤을 보낸 사실을 기념하는 부사쿠 전투 아줄레주 벽화가 있다. 1834년 포르투갈의 수도원들이 해산된 후 카르멜파는 부사쿠를 떠났다.

19세기 후반에는 루이스 1세Luís I, 1838~1889, 재위 1861~1889의 왕비 마리아 피아 디 사보디아Maria Pia de Saboia, 1847~1911의 왕궁으로 이 고대 수녀원을 바꾸려는 계

부사쿠 팰리스 호텔

부사쿠 팰리스 호텔 회랑

획이 있었다. 그러나 어려운 정치적 상황에 따라 궁전을 호텔로 바꾸기로 결정
했다.

부사쿠 팰리스 호텔은 1888년에서 1907년 사이에 지어졌다. 최초의 건축가
는 이탈리아인 루이지 마니니Luigi Manini, 1848~1936로, 그는 포르투갈 '대발견 시
대'의 절정을 특징짓는 16세기 건축양식을 연상시키는 네오 마누엘 양식으로
낭만주의 궁전을 설계했다. 부사쿠 궁전은 리스본에 위치한 제로니모스 수도
원Mosteiro dos Jeronimos과 벨렝 타워Belém Tower와 같은 마누엘 라인의 상징적인 건
물에서 영감을 받았다.

마니니의 뒤를 이어 니콜라 비갈리아Nicola Bigaglia, 주제 알렉산드르 소아레
스José Alexandre Soares, 마누엘 조아킴 노르치 주니오루Manuel Joaquim Norte Júnior가

부사쿠 팰리스 호텔 회랑

부사쿠 팰리스 호텔 회랑의 아줄레주

'문장의 방Casa dos Brasões'의 별관을 맡았다.

내부 방에는 네오 마누엘 양식의 늑골, 문과 스투코 작품이 풍부하게 장식되어 있으며, 20세기 초 포르투갈 회화 및 조각의 중요한 전시장이기도 하다. 내부 벽은 조르주 콜라소의 아줄레주로 장식되어 있다. 포르투 상 벤투 역의 아줄레주를 만들었던 바로 그 화가다. 이 패널들은 부사쿠 전투와 같은 역사적 사건뿐만 아니라 포르투갈 문학에서 가져온 장면들을 묘사하고 있다.

성이 들어선 부사쿠 숲은 포르투갈 항해자들이 전 세계에서 수집한 이국적인 나무들과 희귀식물들의 놀라운 배열로 전 세계 수목학자들에게 유명하다. 1630년부터 시작된 성십자의 수도원, 숲속 예배당, 은둔처와 전망대의 다양성, 산책로 등은 19세기 중반 포르투갈의 여왕 마리아 2세재위 1826~1828에 의해 소개됐다. 여기에 이탈리아 비토리오 에마누엘레 2세Vittorio Emmanuel II, 1820~1878의 딸이 양치류 계곡을 만들고 분수를 건설하면서 매우 특별한 장소의 평온함과 평화의 분위기를 확장시켜놓았다.

아침 일찍 침엽수, 생울타리, 식물의 향기가 합쳐진 부사쿠의 공기는 정말 놀랍고 잊을 수 없을 정도로 향기롭고 아름답다. '죽기 전에 꼭 가봐야 할 100개의 성'으로도 꼽힌 이곳에서 평화와 로맨틱한 평온을 찾을 수 없다면, 어디서도 이를 찾을 수 없을 것이다.

Portugal story 5

왕비에게 마을을 선물로 주다, 오비두스

Portugal story 5

왕비에게 마을을 선물로 주다, 오비두스

결혼 선물로
마을을 선물한 왕

리스본으로부터 약 80km 북쪽으로 올라가면 만날 수 있는 오비두스^{Obidos}는 매우 낭만적인 마을이다. 왜냐하면 한 남자가 자신의 부인에게 동네 하나를 통째로 선물했기 때문이다. 물론 이 남자는 왕이다.

포르투갈 초대 왕 아폰수 1세가 이 도시를 무어인들로부터 다시 탈환한 것은 1148년. 포르투갈 6대 왕인 디니스는 1288년 아라곤 왕국의 이사벨라^{Isabela} 공주와 결혼하면서 이 아름다운 도시를 그녀에게 결혼 선물로 준다. 그녀가 이 마을을 보고 첫눈에 반했기 때문이다.

그러나 도시는 매우 소박하다. 아마도 중세인의 눈과 현대인의 눈이 달라서, 아름다움에 대한 기준도 다를 것이다. 중세 때의 '잠시'란 개념은 지금의 두 시

구릉의 포도밭을 배경으로 하얀 벽의 집들과 꽃이 아름다운 오비두스 전경

오비두스는 마을 어귀 성문의 아줄레주가
방문객을 맞는다.

간 가까이 된다고 하지 않는가.

도시라고 하기엔 너무 작은, 그러나 마을 정상에 웅장한 성채가 있어서 과거엔 꽤나 번성했던 저잣거리가 있었을 거라 짐작이 가는 오비두스는 구석구석 아기자기한 매력이 충분하다. 특히 이곳이 '왕비의 선물'이 된 다음부터는 새롭게 등장하는 왕비마다 이 마을을 후원하는 것이 일종의 관례가 되었기 때문에 매우 풍성하고 윤택한 곳이 되었다.

마을 사람들은 동네를 가꾸는 데 매우 열심인 듯하고, 동네 어귀서부터 성채에 이르는 골목길에 가득한 상점마다 세련된 전시로 지나는 행인들의 시선을 끈다. 사실 이 마을은 동네 어귀서부터 다른 곳과 다르기는 하다. 중세시대의 마을들이 으레 그렇듯 이곳 역시 커다란 성문을 지나야만 저잣거리로 들어서게 돼 있는데, 성문 안쪽 천장 부근에 매우 아름다운 아줄레주가 있어서 방문객마다 감탄사를 자아내게 한다. 아줄레주와 함께 마을 방문의 첫 여정이 시작되는 것이다.

포르투갈은 가는 곳마다 청백색 코발트블루의 아줄레주를 볼 수 있지만, 그럼에도 이처럼 마을 초입 성문에서부터 아줄레주가 방문객을 맞이하는 경우는 드물다.

그런데 참 아이러니한 장면이 이처럼 아름다운 예술 작품, 그것도 후대에 길이 남겨줄 찬란한 문화유산 밑에서 할머니 한 분이 기념품을 팔고 있다. 상품은 포르투갈 특유의 자수를 놓은 탁자보다.

지천에 널려서 아무리 차고 넘치는 것이 아줄레주라고 해도 그렇지, 이렇게 그냥 방치하다시피 관리해도 아무 상관없다는 건가? 우리나라에서 골동품에 대한 개념이 없던 시절에 청자를 요강으로 사용했다는 얘기가 떠올라 슬그머니 웃음이 나온다. 아무튼 이렇게 근사한 아줄레주는 오비두스 마을로 들어서는 관광객의 마음을 매우 유쾌하게 만들어준다.

　규모가 그리 크지 않아도 이 마을 저잣거리는 꽤 경쟁력 있는 콘텐츠들이 있다. 우선 떠들썩한 축제만 두 개가 열린다. 하나는 매년 2월에 열리는 국제 초콜릿 축제다. 12일 동안 계속되는 이 축제에서는 초콜릿 레시피 콘테스트, '올해의 초콜릿' 제조자 시상식, 초콜릿 조각 전시회 등 다양한 기호와 연령대에 맞춘 행사들이 열린다. 다양한 형태의 초콜릿을 저렴한 가격으로 맛볼 수 있는 것은 물론이라서 해마다 수십 만 명의 관광객이 몰린다.

　방문 기간이 축제 때가 아니어도 그렇게 안타까워할 필요는 없다. 도수 높은 포르투갈 브랜디인 아구아르덴트aguardente에 체리와 설탕을 넣어 만든 술 진자Ginja 혹은 진지냐Ginjinha를 초콜릿과 함께 시음할 수 있는 가게들이 줄지어

오비두스는 초콜릿 축제로 유명한 초콜릿 마을이다.

진자를 시음하는 관광객.
진자 가게의 아줄레주에는
'왕의 특급 비밀 레시피'
라고 쓰여 있다.

있기 때문이다. 독특하다면 이 술을 초콜릿으로 만든 일회용 컵으로 마신다는 점이다.

약간 달콤한 술을 초콜릿 컵에 담아 함께 마시는 기분은 참 오묘하다. 초콜릿이 안주 역할을 하는 셈이니, 술과 초콜릿이 입안에서 함께 섞이면서 어디에서도 맛보지 못한 풍미를 전해준다. 그야말로 '달콤 쌉싸름한 맛'이다.

이처럼 술과 초콜릿을 함께 마시는 것은 그 기원이 베네딕트 수도승들이라고 한다. 금욕적인 신앙생활에 지친 수도승들에게 한잔의 술과 초콜릿은 몸과 마음을 따뜻하게 덥혀주면서 일상의 고단함을 녹여주었을 것이다. 이 골목에서는 이렇게 초콜릿 잔에 든 진자를 마시면서 즐거워하는 관광객을 흔히 볼 수 있다. 가격은 한 잔에 1유로.

가족이나 친구들에게 이 맛을 알려주고 싶어도 진지냐와 함께 12개 포장의 초콜릿 컵을 사는 것은 그다지 현명한 생각이 아니다. 초콜릿 컵들은 상자 안에 있어도 고단한 여행의 충격을 견디지 못하고 다 부서지거나 뜨거운 이베리아 반도의 햇빛에 다 녹아버리고 말테니 말이다.

진자는
어떻게 생겨났나

　진자를 만드는 원료의 하나인 사워체리 혹은 타트체리는 우리가 아는 과육이 크고 달달한 체리가 아니고, 크기가 좀 작으면서 시큼한 맛이 나는 체리다. 흔히 파이를 만들 때 많이 사용된다.

　사워체리는 어디서 왔을까? 그것의 치료적 특성은 메소포타미아와 그리스의 위대한 문명에서 잘 알려져 있었다. 사워체리는 카스피해와 흑해 주변에서 유래된 것으로 생각된다. 그들은 점차적으로 지중해 전역과 유럽의 다른 지역으로 퍼져 나갔다.

　사워체리에 대한 최초의 언급은 알렉산더 대왕과 동시대의 그리스 의사 델피우스Delphius에 의해 기원전 6세기로 거슬러 올라간다. 이베리아 반도에 이 시큼한 벚나무를 가져온 것은 로마인이라고 믿어진다. 루키우스 리키니우스 루쿨루스Lucius Licinius Lucullus는 동아시아에서 영토를 확장한 로마 공화정 말기의 정치가로, 그가 사워체리를 로마로 가져갔고 로마제국의 확장과 함께 포르투갈로 건너갔다고 전해진다.

　로마 작가 플리니우스Gaius Plinius Caecilius Secundus가 1세기에 루시타니아라고 불리는 다양한 사워체리를 언급했기 때문에, 페니키아 상인들이 그 이전에 사워체리를 들여왔을 가능성도 있다.

18세기 포르투갈에서는 갈레가스Galegas와 가하파우 Garrafais라는 두 가지 품종으로 신맛이 나는 체리가 흔했다. 갈레가스는 가장 쓰고 약에 유용하며 담도를 치료하고 성난 위를 진정시킨다고 한다. 당시 가장 큰 재배지는 리스본 지역, 베이라Beira 내륙, 서부 지역이었다.

노천에서 판매하는 사워체리

리큐어는 일반적으로 알코올 함량이 최소 15% 이상이고 달콤하며 다양한 맛이 나는 술이다. 리큐어와 비슷한 최초의 음료는 위대한 와인 감식가인 로마인에 의해 발명되었다. 설탕이 아직 생산되지 않았기 때문에 그들은 약 음료에 단맛을 내기 위해 꿀을 사용했다. 그래서 약 음료 이름은 꿀로 시작하는 것이 많다. 허니 와인honey-wine, 벌꿀과 식초를 섞은 옥시멜oxymel, 역시 꿀을 넣은 그리스시대 약 음료 일종인 멜리크라토melicrato 등.

12세기에 사탕수수로부터 설탕을 생산하기 전까지 설탕은 사치품으로 여겨져 거의 약국에서만 사용되었다. 포르투갈에서 설탕을 정제하는 최초의 공장은 1751년에 등장했는데, 왕이 서명한 법령에 의해 허가되었고, 설탕 사용이 제약 분야에서 식품 산업으로 조금씩 전환되었다.

알코올은 리큐어 생산에 필수적인 또 다른 요소다. 알코올을 분리하는 증류 과정은 1세기에 알렉산드리아에서 일하는 그리스 연금술사들에 의해 알려졌지만, 16세기까지는 증류된 알코올을 다양한 질병의 치유 방법으로만 생각했

리큐어를 제조하고 있는 베네딕트 수도사

다. 그래서 알코올의 사용 역시 수사, 의사, 연금술사들에게만 제한되었다.

증류기는 다양한 주정酒精, spirits의 증류에 사용되는 장비다. 그것은 아랍인들에 의해 개선되어 퍼졌고 10세기부터 술을 얻기 위해 사용되었다. 포르투갈에는 16세기에 유리 공예가 일종인 브라지에brazier라는 직업이 있었는데, 이들은 증류기를 생산하는 일을 담당했다. 이 시기에 술 생산자가 누구인지는 알려지지 않았지만, 그들은 대부분 농장과 증류기를 소유했던 농부들이었을 것이다.

1767년 문서에 따르면 리스본에 적어도 3,000여 곳 이상의 리큐어 상점이 있었다. 주정 대부분이 포트 와인을 생산하는 데 쓰였다는 사실을 고려하면 이미 많은 증류소가 존재했던 사실을 알 수 있다.

리큐어 생산을 시작한 것은 수도원이었고, 처음에는 치료 목적으로 사용했다. 그런데 초기 단계의 알코올은 치료에 사용할 때 불쾌한 맛이 났기 때문에 수도사들은 리큐어에 과일과 허브 등의 요소를 섞어서 사용했고, 이것이 점차 다양한 종류의 술로 발전해 나갔다.

전해지는 이야기에 따르면 알코바사Alcobaça의 베네딕트회 수사들은 다양한 리큐어를 생산했는데, 가장 유명한 것은 시큼한 체리 리큐어였다. 수도원에서 생산된 리큐어는 그들이 속한 지역의 과일이나 허브와 관련이 있기 때문에 이 이야기는 더욱 설득력이 있다.

1834년 수도원이 해체되면서, 이러한 제조법 중 많은 내용이 수녀원의 디저트 레시피와는 반대로 없어졌다. 수도승들이 만든 약의 일부였기 때문에 그들의 지식과 제품이 수녀원의 디저트보다 훨씬 더 제한적이었기 때문이다. 진자 또는 시큼한 체리 리큐어는 설탕을 첨가한 과실주라서, 증류 리큐어가 아니고 주입에 의해 만들어진다.

진자를 파는 오비두스 가게의 점원이 부동자세로 서 있다(좌).
진자를 넣어 마시는 초콜릿 컵(우)

211

18세기에는 귀족들의 만찬 모임에서 리큐어가 고급술로 여겨지면서 유행하기 시작했다. 당시 책에는 리큐어가 '자양분을 주며, 위장을 튼튼하게 하면서 간과 다른 내장의 친구로 입안을 즐겁게 해준다'고 쓰여 있었기 때문에 이들은 다른 음료보다 이를 훨씬 많이 마셨고, 식사를 마친 다음에도 마셨다.

진자의 상업적 생산이 시작된 19세기부터 원래의 치료적 의미는 없어졌다. 당시 시장과 전국 곳곳에 진자 브랜드들이 등장했다. 이에 따라 사워체리 리큐르는 당시 인기 있는 음료가 되었고, 특히 리스본 지역에서는 카페와 술집에 많이 제공되었다.

오늘날 진자를 만드는 주요 지역은 리스본, 알코바사, 오비두스다. 오비두스에서는 다른 지역에 비해 사워체리 리큐르가 상대적으로 발전했다. 그 지역에 심어진 사워 벚나무는 19세기 초까지 소유지를 분할하는 용도로 사용되었다. '아바디아 데 알코바사Abadia de Alcobaça' 회사가 1943년 오비두스에 설립되는데, 1980년대에 이 회사가 폐업하면서 오비두스의 진자 생산량은 급감했다. 그러나 이 사실이 역설적으로 리큐어 산업을 발전시켰다. 현재 이 지역의 진자 생산자들은 새로운 농장에 보다 더 현대적인 방식을 적용하고 있다.

새콤한 체리 리큐르가 품위, 품질, 본래의 명성을 회복하는 데는 많은 시간이 걸렸다. 이제는 인공 색을 첨가하거나 수도원 출신의 맛이 없는 진자를 만드는 곳은 거의 없다.

'푸루투비두스Frutobidos'가 설립될 때 알코바사에서 가장 큰 진자 공장이 문을 닫아서 '푸루투비두스'의 설립자인 조아킴 핌팡Joaquim pimpão은 그곳에서 일했던 생산 관리자의 전문지식에 의존했고, 결과적으로 오비두스에도 알코바사 수도원의 체리 리큐어 제조법이 전해지게 됐다.

2001년에는 마리나 브라스Marina Brás가 조아킴 핌팡의 뒤를 이어 사업을 확

오비두스 성채 배경의 '빌라 다스 하이냐' 진자

장하고 '여왕의 마을'이라는 뜻의 '빌라 다스 하이냐Vila das Rainhas, Queens Village'
브랜드의 오비두스 진자를 전 세계에 알리기 위해 헌신했다.

실제로 '여왕의 마을'의 진자는 600년이 지나서야 미국에 처음으로 건너갔
다. 2014년 JF솔루션즈 주식회사의 소유주 프리드헤임Friedheim은 마리나 브라
스와 북미에 최고급 진자를 들여오기 위한 협상을 시작했다. 그로부터 2년이
지난 2016년 미국에 처음으로 선보인 진자는 짧은 기간에도 불구하고 많은 호
응을 얻었다.

여류화가 주제파와
산타 마리아 성당

오비두스의 두 번째 콘텐츠는 중세 시장을 재현하는 축제다. 아무 때나 열리
는 것은 아니고 7월 중 열흘 동안 마을 정상 성채 내에서 흥겨운 잔치마당이 벌
어진다. 행사장에서는 중세 복장의 협잡꾼, 마술사, 음유시인, 저글러 등이 묘
기를 부리거나 노래를 부른다. 중세 때 모습을 재현한 가게에서는 각종 술과
음식, 공예품 등을 판매하고 기사 복장을 한 사람들의 마상 창술 경기도 벌어
진다.

중세 복장을 하면 입장료가 무료라고 하는데, 관광객 입장에서는 턱없는 조
건이다. 다만 성내 장터에 들어서면 여기저기서 포도 증류주인 아구아르덴트
같은 독주와 쇠꼬챙이에 끼어 구운 돼지고기며 메추라기, 양, 토끼 고기 등을
제공한다 하니 입장료는 그리 아깝지 않을 것 같다.

사실 오비두스에서 중세 축제가 열릴 수 있게 된 공은 무어인들에게 돌려야

하는 것이 맞다. 그들이 성을 세우고 도로를 닦는 등 기초 인프라를 마련해놓은 탓에 다른 곳과 비교해 살기 좋은 마을이 되었고, 그 때문에 레콩키스타 이후의 포르투갈 왕과 왕비들도 이곳에 관심을 가진 것이리라.

중세 축제가 열리는 마을이라서 그런지 중세 기사 복장의 투구와 갑옷, 장식품, 각종 문장을 파는 가게들도 많다. 말이 썼던 투구며 십자군 전쟁 당시 병사들의 복장도 진열돼 있다. 이곳 역시 레콩키스타의 치열한 격전지였던 것이다.

오비두스가 자랑하는 또 하나의 콘텐츠는 주제파Josefa de Ayalay Cabrera, 1630~1684라는 여류화가와 산타 마리아Santa Maria 성당이다. 사실 주제파의 존재는 매우 놀랍다. 여성들이 가질 수 있는 직업이라곤 수녀와 가정주부밖에 없던 시대에 화가라니! 중세에 어떻게 여성이 화가가 될 수 있었을까.

17세기 예술가로서 독특한 입지를 구축한 그녀는 포르투갈의 이류 화가였던 바우타사르 고메스 피게이라Baltazar Gomes Figueira의 딸이다. 그녀의 아버지는 1620년대에 세비야로 그림 수업을 떠나 그곳에서 만난 안달루시아 여인과 결혼했다. 이렇게 세비야에서 태어난 주제파는 포르투갈이 스페인으로부터 독립한 후 1634년 아버지를 따라 포르투갈로 돌아왔다.

그녀가 열네 살이던 1644년 아버지 바우타사르는 코임브라 '은혜의 성당'에서 제단화를 그렸고, 그 작업에 열심히 따라다니던 주제파는 열여섯 살 때 조각에서부터 매우 뛰어난 솜씨를 보였다. 그 무렵 바우타사르는 코임브라대학의 규칙을 담은 책에 삽화를 그리는 일을 맡았는데, 이 일을 주제파가 도와주면서 그녀의 천부적인 재능을 드러내기 시작했다.

그 후 산타 아나Santa Ana의 아우구스틴Augustine 수도원에서 수학하는 동안 이름이 조금씩 알려지면서 몇몇 성당과 교회의 제단화를 그렸고, 일부 그림을 좋아하는 사람들이 부탁한 정물화도 그려주었다. 수도원을 나온 다음에는 죽

오비두스 산타 마리아 성당의 제단화. 바로 주제파의 그림들이다.

을 때까지 오비두스에 정착해 살았다.

주제파는 그 시절에 어떻게 화가가 될 수 있었을까. 아무래도 아버지가 화가 였다는 사실을 첫 번째 요인으로 꼽을 수밖에 없을 것 같다. 아버지 덕택에 다른 집의 아이들과 달리 가정에서 교육을 받을 수 있었고, 아버지는 그녀의 작품을 좋아해서 소중하게 보관했다고 한다.

둘째는 교회의 후원이다. 그녀의 재능을 시기하는 수녀원장의 변덕이 때론 그녀를 힘들게 했지만, 그녀는 '당당하고 독립적인 여성 예술가'라기보다 신앙 심 깊은 교회 구성원의 일원으로 겸손하게 처신함으로써 모난 돌이 맞을 수 있는 상황을 피해갔다.

마지막으로 그녀의 그림에 그녀만의 온전하고 독특한 매력이 있었다. 그녀 는 아주 능숙하게 색채와 형태를 결합시켜 종교화는 물론이고 정물화에 뛰어난 재능을 보였다. 그녀의 그림을 보면 누구라도 여성이 그렸다는 사실을 단박에 알 수 있을 만큼 섬세한 필치를 보여준다.

그런데 주제파 그림에는 매우 이채로운 부분이 있다. 아기 예수를 안고 있는 성모 마리아의 유방에서 모유가 마치 분수처럼 뿜어져 나오고 있는 모습을 묘사한 그림들이 있는 것이다.

중세 시대에, 그것도 신성하기 그지없는 성당의 제단화에서 가슴을 드러낸 마리아와 그 유방에서 나오는 모유 줄기라니! 지금의 시선으로 보아서 그런지 참 도발적이고 대범한 시도인 듯한데, 그 당시의 시선으로 보자면 오히려 신성 한 모습으로 비쳤을 것이다.

여하튼 중세 여류 화가가 그린, 유방을 드러낸 성모 마리아 제단화는 유럽 전체를 통틀어서 매우 희귀한 그림임에 틀림없다.

물론 주제파 그림이 유방을 드러낸 성모 마리아의 유일한 그림은 아니다. 벨기에 안트베르펜 왕립 미술관은 프랑스 화가 장 푸케Jean Fouquet, 1420?-1480?가 그린 〈믈룅 제단화Melun Diptych〉를 소장하고 있다.

이 그림 역시 한쪽 유방을 환하게 드러내놓은 마리아를 그렸다. 그러나 이 그림에서 마리아의 가슴은 마치 실리콘을 집어넣은 성형 유방처럼 너무 동그랗고 위치도 부자연스럽다. 미학적 완결성과 자연스런 형태를 비교하자면 주제파의 것에 비교할 바가 아니다. 주제파의 이 그림이야말로 가슴을 드러내놓은 마돈나, 성모 마리아의 가장 완벽한 구현이다.

오비두스 산타 마리아 성당에서도 주제파의 그림을 당연히 볼 수 있다. 성당 제단화가 바로 그녀가 그린 그림들이다. 산타 마리아 성당은 열 살의 왕 아폰수 5세가 여덟 살의 사촌 이사벨과 1444년 결혼식을 올린 유서 깊은 곳이다.

주제파 그림의 일부.
가슴을 드러낸 마리아의 유방에서
모유 줄기가 뿜어져 나오고,
수녀들이 이를 바라보고 있다.

작지만 매우 낭만적인 이야기와 그림들이 있는 오비두스의 산타 마리아 성당

오비두스의 산타 마리아 성당

산타 마리아 성당의 외벽은 매우 소박하고 볼품없지만, 내부의 18세기 아줄레주는 화려하기 그지없다. 왕실 결혼식을 올릴 정도로 중요한 성당이니 오죽하겠는가. 대대로 왕비들의 마을답게 성당의 벽면 전체도 아줄레주다.

항용 그러하듯 이 성당이 자리한 곳은 원래 무어인들의 이슬람 사원이 있던 곳이었다. 레콩키스타 이후 사원을 허물고 성당을 지었다. 아폰수 5세Afonso V, 1432~1481는 1438년 나이가 불과 여섯 살 때에 아버지두아르트 1세로부터 왕위를 물려받았다. 잠깐 동안 그의 어머니가 섭정을 했지만 1439년에 포르투갈 의회가 어린 왕의 삼촌인 코임브라 공작 페드루Pedro로 하여금 대신 섭정의 자리를 맡도록 했다. 그러나 섭정 자리를 노리는 귀족들이 많았으므로, 페드루 공작은 자신의 딸인 이사벨을 아폰수 5세와 결혼시킴으로써 자신의 권력을 확고히 다지고자 했다.

그러나 역사를 보면 정략결혼을 통한 권력 독점의 시도가 행복한 결말로 끝나는 경우는 별로 없다. 당시 페드루 공작에게는 바르셀루스Barcelos 백작 아폰수라는 강력한 라이벌이 있었다. 그리하여 코임브라 공작과 바르셀루스 백작이 서로 아폰수 5세의 최측근 자리를 차지하기 위해 끊임없이 암투를 벌였는데, 결과는 바르셀루스 백작의 승리로 끝났다.

바르셀루스 백작을 총애하게 된 아폰수 5세는 그에게 초대 브라간사Braganza 공작 작위를 부여했고, 브라간사 공작은 작위와 하사받은 봉토를 통해 당시 유럽에서 최고 부자인 동시에 가장 권력이 센 사람이 되었다. 코임브라 공작이 브라간사 공작의 음모에 의해 권력에서 축출당한 것은 물론이다.

1448년이 되자 아폰수 5세는 섭정 기간에 만들어진 모든 법령을 무효화하는 한편, 페드루 공작을 반역자로 몰았다. 그리하여 아폰수 5세의 장인이자 삼촌인 코임브라 공작은 1449년 알파로베이라Alfarrobeira 전투를 통해 어린 조카이자 사위에 의해 죽음을 맞는다. 아폰수 5세와 결혼한 이사벨도 1455년 결혼 11년 만에 죽고 만다. 하긴, 자신의 아버지를 죽음으로 몰고 간 남편과 더 살고 싶지도 않았을 터다.

이로써 포르투갈에서 최고의 귀족 가문이었던 코임브라 공작 가문은 몰락하고, 대신 브라간사 공작 가문이 부상하면서 명실상부한 섭정자의 위치를 차지했다. 이후 브라간사 가문은 왕실의 후계자가 없던 포르투갈의 새로운 왕위를 이어갔다.

브라간사 공작 가문의 문장 아줄레주는 바탕색이 보라색이다. 아줄레주에서 보라색은 매우 보기 드문 색채다. 보라색을 내는 유약을 구하기도 힘들 뿐만 아니라 로마 시절부터 보라색 옷은 황제 등 '가장 존귀한 자'만이 입을 수 있었

브라간사 공작 가문의 문장
아줄레주

다. 그래서 시저의 경우 자신만 보라색 옷을 입고, 다른 귀족들이 보라색 옷을 입으면 처형했다. 보라색이 권위이자 계층을 표시하는 상징이었기 때문에, 이를 따르지 않는 것은 곧 반역과 같은 의미였다. 따라서 브라간사 가문의 보라색 문장 아줄레주는 매우 희귀한 예이고, 곧 이 가문의 위치를 증명하고 있는 것이다.

산타 마리아 성당은 이처럼 아폰수 5세를 둘러싼 흥미로운 역사의 출발점에 서 있다. 정략결혼의 쓸쓸함에도 불구하고 철없는 꼬마 신랑과 꼬마 신부의 결혼식으로 나름 낭만적인 장소가 될 수도 있었지만, 그 결말은 피비린내 나는 패권 다툼의 결정판이 되었다.

오비두스 마을의
소박한 박물관

오비두스가 내세울 만한 콘텐츠는 더 있다. 이 조그만 동네에 마을 박물관이 있다는 사실이 약간 놀랍다. 기실 박물관의 규모는 그리 크지 않지만, 1970년부터 이런 박물관을 만들어 열었다는 점은 주목할 만하다. 전시 내용도 매우 짜임새가 있다.

산타 마리아 성당 근처에 위치한 이 박물관에 들어서면 아주 잘 꾸며진 카페에 온 것 같은 느낌이다. 박물관 자체가 이 지역 주민의 집을 개조한 것이라 더욱 그렇다. 그런 소박함이 더 정겹다. 안에 들어서면 이 지역에서 발견된 17세기와 18세기의 아주 뛰어난 아줄레주가 아름답게 잘 진열돼 있다.

그런데 아줄레주보다 정작 눈을 번쩍 뜨이게 만드는 것은 목조 조각상들이다. 이 목제 조각상은 보존 상태도 양호하고 너무 섬세하고 사실적이어서 17세기나 18세기 작품이라고는 믿기지 않을 정도다. 리스본의 상 호케 성당이나 포르투 대성당에도 훌륭한 목제 조각들이 전시돼 있지만, 작품의 우수성이나 미학적 완결성으로 보았을 때 시골 마을에 있는 이 바로크 양식의 조각들이 훨씬 더 뛰어났다. 도시가 아닌 시골의 박물관에서 우연히 이런 걸작들을 만날 때, 여행의 기쁨은 정말 배가된다. 예기치 않은 기쁨이야말로 여행의 백미다.

'깃발 든 양' 상징을 든 사도 요한 조각상

이 중에서도 사도 요한 조각상은 특별히 시선을 끈다. 이 조각상에서 요한은 오른쪽 손가락으로 왼손에 든 원형 패 안에 묘사한 장식을 가리킨다. 그것은 다름 아니라 '깃발 든 양

아름다운 오비두스 박물관 목제 조각상들

'이다.

기독교에서 양만큼 중요한 상징이 또 있을까. 다 아는 사실이지만, 하느님께 기도할 때나 제사 드릴 때 기독교 교도들은 지은 죄를 용서받기 위해 양이나 염소를 잡아 제물로 바쳤다. 모세의 경우 제물로 삼은 양의 피의 반은 제단에 뿌리고 나머지 반은 그 자리에 모인 사람들에게 뿌리면서 그 피를 '언약의 피'라 했다『출애굽기』 24장 5~8절. 또한 『고린도전서』에서는 '유월절 양이신 그리스도께서 희생되셨습니다5장 7절'라고 했고, 사도 요한은 예수를 가리켜 '세상 죄를 지고 가는 어린 양'이라고 했다.

> '이튿날 요한이 예수께서 자기에게 나아오심을 보고 가로되, 보라 세
> 상 죄를 지고 가는 하나님의 어린 양이로다.'
>
> − 『요한복음』 1장 29절

가톨릭 미사에서는 '하느님의 어린 양'이란 뜻의 라틴어인 아누스 데이Agnus Dei를 다음처럼 사용한다.

> Agnus Dei, Qui tolis peccata mundi, Miserere nobis.
> 하느님의 어린 양, 세상의 죄를 없애시는 주님, 자비를 베푸소서.
> Agnus Dei, Qui tolis peccata mundi, Donna nobis pacem.
> 하느님의 어린 양, 세상의 죄를 없애시는 주님, 평화를 주소서.

이는 신학적으로 하느님께 바쳐지는 거룩한 제물인 예수, 인간의 구원을 위한 희생제사의 제물이자 세상의 죄를 없애는 그리스도 예수를 뜻한다. 또한 양

과 깃발은 세례 요한St. John을 대표하는 두 상징이기도 하다. 세례 요한을 묘사하는 그림에는 그가 예수에게 세례를 하는 장면이 가장 많은데, 그는 한 손에 십자가를 들고 다른 한 손으로는 어린 양을 가슴에 품고 있다. 오비두스 박물관에서 만난 사도 요한의 손가락이 가리키는 양 조각의 모습은 영국 선술집인 펍Pub에서 유명한 '깃발 든 양Lamb & Flag'의 간판과 똑같다.

영국의 펍들은 그림을 그린 간판으로 술집임을 알림과 동시에 술집의 성격을 드러내기도 하는데, 런던 코벤트 가든과 메릴린번 그리고 옥스퍼드 시에는 '깃발 든 양'이라는 이름의 펍이 있고, 이들 펍 간판과 요한이 가리키는 조각상의 그림은 정확하게 일치한다. 바로 세례 요한의 상징이기 때문이다.

이처럼 유럽 기독교 문명의 상징은 조각상에서부터 술집 간판에 이르기까지, 시간과 공간을 뛰어넘어 매우 광범위하게 일치해서 나타난다. 이게 바로 문화의 힘이다.

영국 길거리의 펍에서 보던 상징을 포르투갈 한 시골 마을의 목제 조각상에서 봤을 때의 그 경이! 섬뜩함! 진정 '깃발 든 양'은 십자가의 죽음을 이기고 부

런던 코벤트 가든　　　　런던 메릴린본　　　　옥스퍼드

오비두스 박물관 주제파의 그림과 도록들

활해 '진리의 깃발'을 들고 다니며 복음을 전파하는 승리의 어린 양이런가?

이 박물관은 주제파의 그림도 소장하고 있다. 오비두스 박물관에서 주제파 그림이 빠져서야 되겠는가. 그래서 그녀 그림이 위치한 곳은 박물관에 들어서면 제일 먼저 만나게 진열돼 있다. 그것도 매우 아름다운 아줄레주 위에 말이다.

한 손에 왕관을 잡고 있기 때문에 그림 속 인물은 왕비로 생각하기 쉽지만, 왕비가 아니라 파우스티노Faustino das Neves라는 이름의 여사제라고 하는데, 이 인물에 대해서는 아무리 조사해보아도 알 길이 없다. 그림 밑 탁자 위에 있는 책은 주제파 그림을 소개하는 도록들이다. 그녀의 대표작들이 수록돼 있다.

이 마을을 더욱 빛내주는 것은 초콜릿, 진자와 함께 바로 독특한 아름다움을 뽐내는 도자기들이다. 이 마을에는 아주 훌륭한 도자기 작품들과 장식을 판매하는 상점들이 있다. 아줄레주를 제작하는 아주 큰 공방도 있다. 프랑스 남부에서 흔히 볼 수 있는 갤러리 마을 정도는 아니지만 그렇게 발전할 가능성이 보였다.

이 마을은 포르투갈에서 제일 장식성이 뛰어난 도기들을 판매하고 있다. 아무래도 관광객이 많은 마을의 특성인 듯하다. 작품 하나하나마다 매우 개성이 뚜렷하고 세련됐다.

오비두스라는 마을 이름은 라틴어 '오피둠oppidum'에서 왔다. 성채 혹은 성채 마을이라는 뜻이다. 멀리서 보면 당연히 성채가 가장 크게 보이지만 그 밑 마을은 성채가 줄 수 없는 정말 최상의 관광 조건들을 갖추고 있다. 이 마을 사람들이 스스로 만들어온 결실이다.

오비두스는 발렌타인데이가 생각나는 초콜릿 마을이다. 사랑하는 사람과 함께 발렌타인데이를 맞아 이 마을을 찾을 수 있다면, 분명 인생의 가장 좋은 한때를 보낼 수 있을 것이다.

안에 촛불 등을 넣어 불을 밝히는 도기 램프

오비두스 박물관의 아름다운 17, 18세기 아줄레주

진자와 와인
그리고 오비두스 세라믹

오비두스 마을을 묘사한
독특하고 세련된 색감의 도기 장식

오비두스의
개성 만점 피겨린

오비두스 마을만큼이나 아름다운 세라믹 접시들

아줄레주로 멋들어지게 치장한 오비두스의 한 가정집

부겐빌레아가
풍성하게 피어 있는 마을 상가

Portugal story 6

낭만주의 별장마을 신트라와 호카 곶

Portugal story 6
낭만주의 별장마을 신트라와 호카 곶

아름다운 마을
신트라

신트라Sintra는 별장 동네다. 울창한 숲과 정원으로 이루어진 낭만적 조경의 동네다. 이곳의 건물 건물마다 유럽의 로맨티시즘이 깃들어 있고, 그 주인들 또한 낭만적인 사람들이었다. 그래서 낭만주의 시인 바이런Byron도 이 동네를 특히 좋아했다.

"신트라 마을은… 아마도 전 세계에서 가장 아름다운 곳일 터이네. 나는 이곳에 와서 매우 기쁘다네."

– 바이런이 프랜시스 호지슨에게 쓴 편지 중에서 (1809년 7월 16일)

신트라 명소의 하나인 헤갈레이라 별장(Quinta da Regaleira)

켈트족 언어로 '달'을 뜻하는 신트라는 켈트족들이 달의 여신을 숭배하는 성지였고, 북아프리카 무어인들의 정착지였다. 또한 중세에는 수도사들의 은둔처였으며, 19세기에는 유럽 낭만주의 건축의 실험 장소였다.

이곳은 리스본에서 서북쪽으로 24km의 가까운 거리인데다 신트라 산맥의 울창한 숲이 있어 여름의 폭염을 피하기에 제격인 곳이다. 일찍부터 왕실은 물론 귀족과 부호들의 별장이 자리를 잡았다. 이곳에 도착하면 숲속 이곳저곳에 그림 같은 건축물들이 자신의 일부만 신비스럽게 드러내고 있다. 마치 판타지 영화나 동화 속 풍경 같은 모습이다. 정형을 벗어난 궁궐과 성채, 기괴한 상상력으로 가득한 대저택, 돌이 깔린 좁은 골목과 파스텔 색조의 건물들이 신화적 상상력을 부채질한다.

신트라로 가는 가장 좋은 방법은 리스본 호시우Rosssio 기차역에서 신트라로

수목이 무성한 아름다운 정원은 신트라 저택들의 공통된 특징이다.

잘 꾸며진 응접실 같은 신트라 역 대합실

가는 기차를 타는 것이다. 거의 20분마다 한 대씩 출발하고, 50분가량 소요되므로 이곳에 가는 일은 전혀 어렵지 않다.

신트라 역에 내리는 순간부터 누구나 그림형제나 안데르센 동화 속 마을에 들어선 기분이 된다. 신트라 역 때문에 더욱 그렇다. 이 역은 너무 예쁘다. 시골 간이역처럼 작기 때문에 더욱 앙증맞고 매력적이다.

신트라 역은 자동 개찰구의 현대적인 기계장치와 고전적 아줄레주가 절묘하게 조화를 이루면서 다른 나라에서는 결코 볼 수 없는 독특한 모습을 보여준다. 정말로 현대 디자인의 개가다.

역 밖으로 나오면 조그만 마을인 에스테파니아Estefânia가 나오고, 여기서 신트라 중심 신트라 빌라까지는 약 1.5km의 거리다. 이 길을 차로 이용해서 간다면, 정말 바보짓이다. 걸어가도 시간이 오래 걸리지 않으려니와, 한적한 숲길을 산책하며 느낄 수 있는 풍요로움과 주변의 아름다운 풍경들을 놓치기 때문이다.

길을 걷다 보면 화창한 날씨에 근사한 곳으로 좋은 사람들과 함께 피크닉 가는 기분이 된다. 녹음이 우거져서 따가운 햇살도 직접 비치지 않고, 숲속에서 나오는 촉촉하면서 신선한 숲의 향취가 폐부 깊숙이 스며든다. 저절로 콧노래가 나온다.

여행의 진수란 이런 것이다, 라고 생각한다. 볼 것 보고, 즐길 것 즐기고, 맛있는 것 먹는 것도 좋지만 이렇게 느긋하게 머리를 비운 채 잠시 산책하거나 휴식을 취하는 일. 이게 무엇보다 중요하다.

신트라 중심으로 이르는 길가에는 조각 작품도 전시돼 있다. 길 주변의 풍광이 워낙 좋으므로 이보다 더 좋은 야외 갤러리도 없을 것 같다. 작품들을 감상하면서 길을 가다 보면 금방 길이 끝나게 된다.

신트라는 이슬람 무어인들의 색채가 아직 강하게 남아 있는 곳이다. 신트라

옛 무어인들의
무데하르 양식으로 복원한 샘물
'폰치 무리스카'

빌라로 가는 도중 중간 지점에서 만나게 되는 길가의 샘터 '폰치 무리스카Fonte Murisca'는 이곳이 여전히 무어인들의 땅임을 주장하고 있는 듯하다.

우리나라 등산로의 약수터 비슷한 이 샘터는 전형적인 무데하르mudéjar 양식이다. 무데하르 양식은 이슬람 건축양식과 기독교 고딕 내지 로마네스크 양식이 결합된 '혼혈' 문화다.

말굽 모양의 아치는 이 건축물의 DNA가 저 멀리 북부 아프리카에서부터 왔음을 확고하게 말해주고 있다. 말굽 모양 아치는 스페인 옛 건축물에서는 매우 쉽게 발견할 수 있지만, 포르투갈은 레콩키스타 과정에서 철저하게 무어인의 흔적을 지워버렸기 때문에 남아 있는 것이 거의 없다.

이 샘물 역시 신트라 부흥운동에 따라 '주제 다 폰세카José da Fonseca 프로젝트'에 의해 1922년에 새로 만들어졌다. '폰치 무리스카'는 신트라 입구 환경을

신트라 역에서 신트라 빌라 가는 길

개선하고 신트라에서 가장 높이 평가되는 '물의 품위'를 고양할 목적으로 구 시청 분수대를 교체한 것이다.

그런데 1960년 도로 확장으로 샘물 분수대가 철거되었고, 20년이 지난 다음 신트라 시에서 원래 위치가 아니라 20m 더 떨어진 볼타 두 두스Volta do Duche 한 가운데에 샘물터를 재건했다.

샘물터치고 매우 웅장한 건축물은 1920년대 부흥주의 모더니즘의 특징을 그대로 반영해, 세 개의 말발굽 아치가 연결된 무데하르 양식을 취했다. 내부의 타일 역시 무데하르 건축물에서 받은 영감을 바탕으로 제작된 것으로, 1982년 복원 작업에서 패턴이 수정되었다.

샘물이 나오는 주변을 타일로 장식한 것 역시 전형적인 이슬람 양식이다. 무어인들 건축에서 샘물과 분수는 매우 중요한 위치를 차지한다. 그래서 왕궁의 중요한 방에는 항상 조그만 샘물이나 분수를 만들었고, 주변을 화려한 타일로 장식했다. 물이 귀한 곳에서 살아온 그들인지라, 항상 물을 곁에 둔 생활이야 말로 그들이 누릴 수 있는 가장 호사스러운 일이었다.

사막에서 자라온 아랍인들은 분수나 연못, 혹은 정원을 일종의 이상향이라 고 믿었다. 황량한 사막에서 만나는 오아시스가 생명의 원천이고 생명을 연장시 켜주듯, 죽어서 가게 되는 낙원에는 오아시스가 항상 연못처럼 마르는 일 없이 곁에 있을 것이라는 믿음이 컸다.

물의 소중함을 알기에 요란하고 장중한 폭포보다는 소박하고 잔잔한, 고요 한 연못을 좋아했다. 분수도 높이 솟구치는 것이 아니라 물줄기가 졸졸졸 흘 러내리는, 그야말로 아기자기한 것들이 대부분이다. 폰치 무리스카 황동 꼭지 에서 나오는 물은 너무 맑고 시원하다. 정말 약수 같다. 주변의 파란 계열 타일 때문에 더욱 그런 느낌을 준다.

신트라 역에서 가다 볼 수 있는 신트라 왕궁 전경. 쌍둥이 굴뚝이 흉물스럽게 튀어나와 있다.

16세기 초 스페인 세비야에서 수입한 타일로 장식한 신트라 왕궁 내부

신트라 왕궁 내부의 스페인에서 수입한 16세기 초 타일들

샘물에서 시원하게 물 한 모금 들이켜고, 다시 길을 나서면 저 멀리 신트라 빌라의 중심지 신트라 왕궁의 상징인 원뿔형 쌍둥이 굴뚝이 보이기 시작한다. 원래 이 왕궁은 무어인들이 지은 건물을 개축한 것이다. 그래서 건물 정면의 창문에도 역시 이슬람 말굽 모양의 창틀이 남아 있다. 창틀만 보더라도 이 왕궁이 이슬람, 고딕, 마누엘 양식의 혼혈임을 알 수 있다.

그런데 왕궁의 겉모습은 매우 실망스럽다. 무슨 왕궁이 이럴까, 하는 생각이 들 정도로 건물 정면은 평범하기 짝이 없고 볼품이 없다. 귀족이나 일반 가정집도 파사드건축물의주된출입구가있는정면부를 화려한 아줄레주로 장식한 집들이 많건만, 여기는 왕궁인데도 아줄레주는커녕 그냥 흰색 회벽으로 칠해놓았다.

'아랍의 방'의 분수(좌)와 '아랍의 방' 옆 복도의 이슬람식 샘물(우)

그런데 신트라 왕궁 겉모습이 평범한 상태로 방치된 데에는 다 이유가 있다. 뒤에서 자세히 보겠지만 브라간사 왕조의 주앙 4세João IV, 1604~1656의 아들 아폰수 6세재위 1643~1683가 동생 페드루 2세Pedro II, 1648~1706에게 왕위를 빼앗기고 죄수 신분이 되어 유배된 곳이 바로 이곳 신트라 왕궁이었기 때문이다.

1147년 아폰수 1세 엔히크는 리스본과 신트라에서 무어인을 쫓아내자마자 이곳에 손을 대기 시작했고, 이후 왕마다 자신의 취향대로 계속 바꿔 나갔다. 처음 디니스에 의해 확장되었고, 15세기에는 주앙 1세가 새로운 주방을 만들면서 개축했다.

신트라 빌라가 확실하게 왕과 연결된 것은 다음 세기 마누엘 1세 때였다. 그는 왕궁을 대폭 확장하면서 마누엘 양식을 추가했고, 역사적인 항해에서 귀환하는 바스코 다 가마를 지켜본 페냐 성모 마리아Nossa Senhora da Penha 예배당을 건립했다. 그 뒤를 이은 왕들은 이곳에서 오랜 시간 머물렀다. 아비스 왕조의 세바스티앙 1세Sebastião I, 1554~1578는 이곳에서 시인 카몽이스가 읽어주는 서사시를 들으면서 여름을 나곤 했다.

신트라 왕궁은 이처럼 처음부터 특정한 양식 바탕 위에 정확한 설계로 완성된 건물이 아니다. 그러다 보니 이도 저도 아닌 매우 어정쩡한 겉모습을 지니게 되었다. 그것은 마치 이곳 주민들이 자신들의 정체성을 쉽게 잊어버리고 쉽게 혼혈의 길로 들어선 것과 비슷하다. 레콩키스타 이후 초기에는 이 마을에 다양한 인종의 사람들이 모여들었는데, 그들은 아주 쉽게 혼혈 인종인 살로이우스saloios가 되었다.

포르투갈 아줄레주 문화의 시작, 신트라 왕궁

신트라 왕궁 아줄레주 일부는 포르투갈에서 가장 오래된 16세기 타일로 장식했다. 마누엘 1세는 1503년 스페인 남부로 여행을 갔다가 그라나다 알람브라 왕궁의 화려한 아줄레주에 문화적 충격을 받고 한눈에 반해버렸다. 포르투갈로 돌아온 그는 신트라 왕궁을 스페인 아줄레주로 장식하라고 명령을 내린다. 그래서 레콩키스타 이후 포르투갈의 첫 아줄레주는 스페인 세비야에서 수입한 타일로 장식됐다.

어떤 백과사전에서 신트라 아줄레주는 포르투갈에서 처음으로 제작한 타일이라고 잘못 기술해놓는 바람에 많은 사람들이 이를 잘못 알고 있다. 그 여파로 신트라 여행 후기를 소개하는 블로그마다 신트라의 아줄레주가 '메이드 인 포르투갈'이라고 줄줄이 잘못 알리고 있는데, 분명히 말하지만 이는 사실이 아니다.

포르투갈에서 자체적으로 아줄레주를 위한 타일 제작을 본격 시작한 것은 항로 개척과 식민지 건설에 따른 재화로 풍요롭게 된 16세기 중반 이후의 일이다.

벽과 문의 인테리어 장식도 알람브라 궁전이나 세비야의 알카사르 왕궁의 무데하르 양식을 그대로 차용했다.

눈썰미가 좋은 사람이라면 신트라 왕궁 일부 장식 타일이 스페인 그라나다 알람브라 궁전이나 세비야 알카사르 왕궁의 것과 똑같은 것임을 알아차릴 것이다.

신트라 왕궁에서 흥미롭고 특이한 또 하나의 대목은 알람브라 궁전과 똑같은 타일뿐만 아니라 방안에 조그만 분수를 만들어놓는 이슬람 양식까지 그대로 수용한 방이 있다는 사실이다. 또 이 방으로 통하는 복도 한편에는 이슬람식 샘물터도 만들어놓았다. 기독교 문화권에서는 어느 곳이든 방 중앙에 물이 나오는 샘을 만들지 않는다. 그래서 이 방의 이름도 아예 '아랍의 방Sala dos Árabes'이라고 지정해놓았다.

무어인들이 남긴 이슬람 문화 배척에 가장 철저했던 포르투갈 왕실이 그들을 내쫓고 400여 년 정도 지나자 적개심이 흐려진 것일까? 아니면 과거에 대한

까치의 방

향수가 부활한 것일까? 그도 아니면 막연히 이국적인 것에 대한 동경심이었을까?

개인적으로는 알람브라 궁전의 중정中庭이며 여기저기서 물이 솟아 나오는 샘물을 보고 감탄한 마누엘 1세가 리스본에 돌아와 신트라에 똑같은 것을 만들라고 지시했을 확률이 높다고 생각한다. 정확한 문화적 배경도 모르고 말이다.

좀 뒤에 설명하겠지만 신트라 산꼭대기에 있는 페나 궁전Palácio Nacional da Pena에도 중정에 이슬람식 분수를 만들어놓은 것을 볼 수 있다. 그걸로 미루어볼 때 이들 포르투갈 왕실 사람들에게 알람브라의 분수를 비롯한 실내 인테리어가 상당히 인상적으로 각인되었던 듯하다.

다만 신트라 왕궁의 방에 있는 분수는 방 크기에 비해 너무 커서 좀 뚱딴지같다는 느낌이 든다. 흉내를 내기는 했는데 어설프다.

또 하나 궁금한 것은 당시 포르투갈 사람들이 이곳 방이나 복도까지 물을 어떻게 끌어와 분수가 나오게 만들었을까 하는 점이다. 알람브라의 무어인들은 관개공사에 천재들이었다. 그들은 현대 기술로도 어려운 수준의 토목공사로 수로를 만들어 산에서부터 직접 물을 끌어와 왕궁 곳곳의 분수와 연못에 항상 물이 끊이지 않게끔 했다.

그런데 과연 포르투갈 사람들이 그렇게 할 수 있었을까? 마누엘 1세가 신트라 궁전에 이런 시설을 지은 것은 그라나다에서 무어인들이 쫓겨나고도 한참 뒤의 일이므로 그들로부터 기술을 전수받았을 리도 없다.

이 물음은 방의 구조를 조금만 살펴보면 금방 풀린다. 방에는 외부로부터 들어오는 수로가 없다. 복도 옆의 샘물 역시 마찬가지다. 그러니 이 분수와 샘물은 실제 용도로 사용되지 못한 그냥 관상용 인테리어였다고 생각할 수밖에 없다. 분수가 있던 방은 원래 주앙 1세의 침실 공간이었다는 사실을 생각하면

왕궁 안에서 가장 넓은 방인,
'백조의 방'. 연회 장소로 사용되던 장소다.

더욱 그러하다. 그렇게까지 알람브라와 세비야의 그 멋진 분수들을 동경했던 것일까?

조금 더 생각해보면 타일은 포르투갈에서 볼 수 없었던 선진 문물이었고, 최첨단 인테리어 장식재였으므로 왕의 입장에서는 이를 받아들여 왕궁을 치장하려 했던 마음이 당연하다. 통치자에게 잠재적인 경쟁자였던 귀족들을 다스려야 하는 왕은 그들의 기를 죽여야 하는데, 귀족들이 감히 따라올 수 없는 장식으로 권위를 내세우는 것은 당시 아주 흔한 방식이었다. 그라나다 알람브라 궁전에서도 가장 화려한 방은 외국 대사들의 접견실인 '대사의 방'이다. 처음부터 기를 죽여 자신을 만나고자 하는 대사들에게 권위를 과시하는 것이다.

천장에 까치들이 가득 그려져 있는 '까치의 방Sala dos Pegas'과 27마리의 백조들이 그려진 프레스코화가 있는 8각형 형태의 '백조의 방Sala dos Cisnes', 천장을

천장을 배의 형상으로 만든 '배의 방'

왕가와 귀족 가문의 문장이 가득 있는 '문장의 방'.
드디어 포르투갈에서 자체 제작한 블루 타일 아줄레주가 등장한다.

배의 형상으로 만들어 포르투갈이 바다로 개척해 나간 기상을 보여주는 '배갤리온선의 방'도 그런 연장선상에 있다.

'백조의 방'은 백조가 그려진 천장 장식 때문에 붙여진 이름인데, 모두 27마리의 백조가 그려져 있고, 자세가 모두 다르다. 금색 왕관을 쓴 백조가 우아하게 호수에서 휴식을 취하는 모습이다. 백조가 27마리인 것은 1430년 27살에 프랑스로 시집을 간 공주를 그리워하는 아버지 주앙 1세의 마음을 담았다는 얘기가 전해진다. 이곳은 왕궁에서 가장 넓은 공간으로 연회 등 왕실의 다양한 행사가 열리던 장소였다.

'까치의 방'은 왕이 고위 관리나 외교 대사들을 만나던 접견실로 사용되던 곳이었다. 또한 포르투갈 국민시인 카몽이스가 세바스티앙 1세와 신하들에게 대항해시대 포르투갈 개척자들의 업적을 담은 서사시 『우스 루지아다스Os Lusiadas』를 낭독해주던 곳이었다.

방에는 모두 176마리의 까치가 그려져 있다. 까치들은 부리에 주앙 1세의 리본을 물고 있고, 발톱에는 필리파 왕비의 친정인 영국 랭커스터 왕가의 상징인 장미를 쥐고 있다.

이렇게 까치가 그려진 이유는 주앙 1세가 하녀와 키스를 하다 필리파 여왕에게 걸리자 "짐은 선을 행한 것"이라는 결백을 주장하며 왕궁의 하녀 수만큼 까치를 천장에 그리게 했다는 이야기가 전해진다. 그래서 까치 부리에 '존경하는 POR BEM'이라고 적혀 있는 주앙 1세의 리본이 물리고, 발에는 필리파 여왕의 친정 랭커스터 왕가을 존경하는 의미에서 장미를 그려 넣어 왕비의 화를 달랬다고 한다.

그런데 왜 하필이면 까치였을까. 까치는 서양에서 수다쟁이를 의미하기도 한다. 수다쟁이가 맘대로 날아다니며 여기저기 말을 퍼뜨리면 안 되기 때문에 시녀 숫자만큼 까치를 천장에 그려 넣어 날아다니지 못하도록 하고 입을 봉인한

정중앙 왕가의 문장을 여덟 자녀의 문장,
여덟 마리 수사슴, 72개 귀족 가문의 문장이
차례로 에워싸고 있는 천장 장식

사슴 사냥을 매우 사실적으로 묘사한 '문장의 방'의 아줄레주

신트라 왕궁 예배실의 천장 장식. 이와 똑같은 것을
스페인 그라나다 알람브라 궁전이나 세비야 알카사르 궁전에서 볼 수 있다.

것이다. 그럴듯하지 않은가?

물론 신트라 왕궁의 아줄레주가 세비야 수입산만 있는 것은 아니다. 포르투갈 주요 72개 가문들의 방패꼴 문양이 있는 '문장의 방'에 있는 화려한 아줄레주는 17세기 말과 18세기 초 포르투갈 코발트블루 타일이다.

'문장의 방'은 왕궁에서 가장 정교하고 화려하게 꾸며진 공간이다. 한눈에 보아도 심혈을 기울였다는 사실을 알 수 있다. 고딕, 무어, 르네상스 양식의 장식적 요소들이 섞인 천장에는 한가운데에 왕가의 문장이 있다. 그 문장을 마누엘 1세의 여덟 자녀들을 대표하는 문장이 둘러싸고 있다. 그 밑에는 황금색 뿔을 가진 여덟 마리의 검정 수사슴들이 왕가와 자녀들 문장을 에워싸고 있고, 마지막 단에는 포르투갈에서 가장 영향력이 있었던 72개 가문을 상징하는 문장들이 배치됐다.

이 방에 드디어 포르투갈 장식 타일이 들어선 것은 해외 식민지 개척으로 재화가 축적된 덕분이다. 그동안 스페인에서 수입한 타일만 사용해왔던 한을 풀려는 듯 자체 생산한 아줄레주가 들어선 것이다.

'문장의 방'의 아줄레주는 왕실 사람들이 춤을 추는 장면과 왕실 터에서 사냥하는 모습을 묘사하고 있다. 거의 사냥 장면이다. 당시 아줄레주에는 유독 사냥하는 장면이 많이 등장하는데, 사냥이 가장 호사스러운 취미였던 탓이다.

이 왕궁에서 이슬람 무데하르 양식의 결정판은 또 있다. 그것은 놀랍게도 왕과 왕실 가족이 사용하던 팔라치나 예배실Capela Palatina이다. 우선 바닥부터가 이슬람 타일 모자이크이다. 더욱 놀라운 것은 제단 뒤편 천장 장식이 알람브라나 세비야 알카사르 궁전에서 볼 수 있는 문양이라는 사실이다.

이 장식은 하늘의 별을 형상화한 문양으로 이슬람 장식 가운데 가장 미학적 완성도가 높아서 이슬람 왕궁의 특징을 가장 잘 나타내주는 요소다. 그런데 그것이 이토록 버젓이 가톨릭 군주가 거의 매일 사용하는 예배실의 제단 뒤 천장 장식으로 자리를 잡고 있다니!

포르투갈의 가톨릭 군주들은 가톨릭에 대한 신앙심이 특별하게 깊었고 로마 교황청에 매우 복종적인 태도를 지녀왔다. 교황이 부르면 아무런 이득을 얻을 수 없는 전쟁에도 기꺼이 참여하곤 했다. 대항해시대를 거치며 그들이 한창 잘나가던 시절에도 로마에 대한 예의를 깍듯하게 지켰으며 종교에 대해서도 여전히 헌신적인 자세로 일관했다. 그들 배의 거대한 돛에는 항상 커다란 빨간 십자가가 그려져 있었다. 그런 그들이 개종시켜야 할 이교도인 이슬람 문양 가운데 가장 압권인 천장 장식이라는 사실을 알았다면 결코 왕실 예배당에 사용할 리 없다.

벽은 비둘기를 그린 프레스코화로 채워졌다. 제단은 스페인산 타일이 붙여졌다.

그들은 진짜 몰랐을까? 아니면 알고 있었음에도, 레콩키스타를 통해 무어인들을 내쫓아낸 승리감으로 그런 사실이 별로 문제가 되지 않았던 것일까. 이 예배실을 만든 군주는 14세기 초의 디니스 왕이었다. 따라서 레콩키스타로 무어인들을 내쫓은 지 얼마 되지 않은 시점이었다. 이슬람 문화라는 사실을 배제하고 그저 화려하고 예쁜 장식 정도로만 생각하기에는 너무 이른 시기다.

예배당 벽은 성령을 상징하는 올리브 가지를 입에 문 비둘기들이 규칙적으로 배열된 프레스코화로 장식돼 있다. 신트라 왕궁은 아폰수 6세의 유배지로 전락한 다음부터는 관리가 소홀해졌다.

그의 재위 기간인 1656년부터 1668년까지는 그를 따르는 정파와 동생인 페드루를 따르는 세력 사이의 싸움으로 항상 시끄러웠다. 그의 재위 초기에는 왕정복고 전쟁의 일환인 아메이샤우 전투ameixal, 1663, 카스텔루 로드리구 전투Castelo Rodrigo, 1664, 몬치스 클라루스 전투Montes Claros, 1665 등 스페인과의 잇단 전투에서 연승을 거두며 스페인이 포르투갈의 독립을 인정하도록 만들었고, 이 때문에 '승리의 왕'이란 영예도 얻었다.

그러나 너무 어이없게도 왕비가 그를 떠나 그의 동생인 페드루 2세와 결혼을 해버렸다. 아폰수 6세가 성불구였기 때문이다. 이로써 결혼은 무효가 되었다. 결국 1667년 아폰수 6세는 동생에게 정권을 뺏기고 죽을 때까지 신트라에서 죄수로 연금 생활을 했다. 그러니 신트라 왕궁은 동생에게 아내와 왕좌를 모두 빼앗긴 비운의 역사를 품고 있는 회한의 장소다.

이후 신트라 왕궁은 그렇게 한동안 버려졌다. 왕궁이라기에는 너무 초라한 회벽칠의 파사드를 아줄레주로 장식하지 않고 그냥 방치한 이유도 아마 그 때문일 것으로 보인다.

한동안 은둔자의 마을이 되었던 신트라는 19세기 초반부터 다시 상류층을 유치하기 시작했고, 유명한 외국인들의 방문도 이어졌다. 19세기 중반에는 낭만주의에서 영감을 받은 페르난두 2세Fernando II, 1816~1885, 재위 1837~1853와 부인 마리아 2세1821~1853, 재위 1834~1853가 폐허인 히에로니무스Hieronymus 수도원을 훌륭한 궁전으로 바꾸면서 부유한 외국인들이 들르는 곳이 되었다. 그 후 신트라의 예술, 역사적 특징, 주변 경관 등이 제대로 평가받았으며 수십 년 동안 변함없이 보호되었다.

브라질 커피로 떼돈을 번 백만장자의 헤갈레이라 별장

이제 신트라 왕궁을 나와 페나 궁전을 가기 전에 헤갈레이라 별장을 우선 들르도록 하자. 페나 궁전으로 가는 길목에 있다.

헤갈레이라 별장은 19세기 브라질과의 무역으로 큰돈을 번 카르발류 몬테이루Antonio Carvalho Monteiro, 1848~1920가 지은 카르발류 가문의 여름별장이다. 카르발류는 브라질에서 태어나 코임브라 법대를 졸업하고, 브라질과 교역해서 백만장자가 됐다.

과학, 문화, 예술에 조예가 깊은 그는 별장을 짓기 위해 돈과 정성을 아낌없이 투자했다. 당대 최고의 포르투갈 건축가와 조각가 6명을 섭외하고, 이탈리아 오페라 무대 디자이너이자 화가, 건축가인 루이지 마니니에게 정원을 의뢰했다.

의뢰를 받는 예술가들과 마니니는 상상력을 유감없이 발휘해 네오마누엘 양식의 건물과 동굴 탐험을 포함해 장난스러우면서도 기괴스러운 공간으로 꾸민 정원 등을 창조적이고 신비롭게 탄생시켰다. 별장 내부는 화려한 벽난로, 프레

헤갈레이라 별장 입구

자연에 대한 경외를 표현하고 있는 헤갈레이라 별장의 아줄레주 패널

스코 벽화, 베네치아 유리 모자이크가 잘 조화를 이루고 있다. 특히 템플 기사단, 프리메이슨, 연금술 같은 신비스러운 상징들로 가득차 있는 것도 한 특징이다.

예전 주인이 썼던 방, 거실, 서재 등과 다양한 전시물을 관람하고 밖으로 나오면 울창한 숲과 다채로운 나무, 꼬불꼬불한 계단과 길, 화려한 문양의 성벽, 특이한 조각 등이 가는 곳마다 이어져서 마치 테마파크에 놀러온 듯하다.

가장 압권은 역시 동굴과 샘이다. 이곳에서 숨바꼭질을 했다는데, 정말 술래가 되면 하루 종일 못 찾을 수도 있을 것 같다. 동굴 입구는 여러 곳이고 다양한 형태다. 어떤 곳은 벽처럼 생긴 돌문을 밀면 다른 공간으로 연결되고, 어떤 곳은 동굴의 수직타워와 통하고 높이가 아찔하다. 또 어떤 동굴 입구는 연못 위에 돌다리가 놓였고 폭포가 조성돼 있는 등 마치 밀림 속에 있는 듯한 착각이 들 정도로 상상력과 구성이 기발하다.

이 집의 아줄레주에서는 커피로 돈을 벌어 '몬테이루 돈가방'이라는 별명을

아찔한 깊이의
헤갈레이라 별장 샘

나무와 벽화가 세련되게 잘 어울린
헤갈레이라 별장 내부

얻은 주인의 특성이 드러난다. 농장에 대한 그의 열정이 표현된 것이다. 커피 농장에서 제일 중요한 것은 역시 땅과 기후다. 그래서 이 빌라를 들어가는 입구 정면에 제일 잘 보이게 장식된 아줄레주에는 여섯 명의 여사제들이 비옥한 땅의 풍요를 기원하는 내용이 묘사돼 있다. 또한 빌라에는 꽃의 여신에게 헌정된 조그만 사원과 아름다운 아줄레주 장식의 정원이 있다.

신트라의 디즈니랜드,
페나 궁전

신트라 빌라에서 3km 떨어진 페나 궁전은 산봉우리 위에 매우 독특한 모

독특한 외관과 색채의 페나 궁전

마른 분수가 남아 있는 페나 궁전 중정.
16세기 때부터 있었던 공간이다.

습으로 솟아 있다. 여왕 마리아 2세의 남편으로 독일 작센코부르크 고타코하리 가문House of Saxe-Coburg and Gotha-Koháry 출신인 페르난두 2세는 노이슈반스타인 성Neuschwanstein을 만든 프로이센의 건축가 루드비히 폰 에슈베게Ludwig Von Eschwege 백작에게 1840년 바이에른-마누엘 양식의 건축물을 짓도록 했다.

페르난두 2세는 마누엘 1세가 1511년에 세웠으나 폐허 상태로 방치된 '비통의 성모 마리아Our Lady of Pena 히에로니무스 수도원'을 사들였다. 페나 궁전이란 이름은 여기서 비롯된 것이다. 수도원은 본채와 별채, 예배당, 성물실, 종탑 등으로 구성돼 있었고, 오늘날 페나 궁전의 북쪽 지역에 해당한다.

페나 궁전은 양파 모양의 돔, 무어식 문, 돌로 만든 뱀, 분홍색과 레몬색의 탑 등 뭔가 전체적으로 잘 조화되지 않아서 기묘하다. 여기저기 독특한 부분만 끌어다 쓰다 보니 라스베가스나 디즈니랜드처럼 놀이공원에 온 것 같고 전체적인 일관된 특징이 없고 매우 어수선하다. 전체적인 외관도 어떻게 보면 예쁘기도 하고, 또 어떤 때는 유치한 레고 조립물 같아 보인다.

마이센 자기, 에펠이 디자인한 가구, 트롱프뢰유Trômpel'oeil 기법의 벽화 등 실

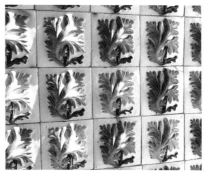

페나 궁전의 타일들

페나 궁전에도 아줄레주 공간을 만들어놓았다.

내 역시 독특하지만, 일관성 없이 이것저것 끌어모은 졸부의 컬렉션 같은 느낌이 강하다.

페르난두 2세는 매우 근대적이고 진보적인 아이디어를 가진 지성인이자 예술적인 사람이었다. 그는 판화, 도예, 수채화에 매우 정통한 사람이었다. 또한 과학예술왕립아카데미의 총장이자 코임브라대학의 수호경, 독일에서 시작한 연금술사들의 비밀결사인 장미십자회Rosicrucians의 수장이었다.

그래서 그는 주머니에 스케치북을 가지고 다녔다. 궁전 입구 테라스에 위치한 트리톤 아치도 바로 그의 생각이었다. 그리스신화에서 트리톤은 포세이돈의 아들로 바다의 신이다. 그는 종종 인간의 상반신에 물고기의 하반신을 가진 인어로 묘사되며, 바다를 진정시키거나 동요시키는 나팔로 사용하는 소라 껍데기를 동반한다. 트리톤의 소라 껍데기는 너무 크고 조잡해서 모든 사람들이 그곳에서 지옥 야수의 으르렁거리는 소리가 나온다고 믿었다.

페나 궁전으로 들어가는 입구. 바다의 신 트리톤이 커다란 조개껍질을 깔고 앉아 있다.

아치의 트리톤 역시 커다란 조개껍데기를 깔고 앉아 있고, 그 밑에는 산호들이 뒤덮고 있다. 트리톤의 손은 신트라 산맥의 풍부한 덩굴과 다른 상징적 동식물이 어우러진 나무줄기를 들고 있다. 궁전 전체에서 포르투갈 문화와 역사에 대한 상징과 서사를 발견할 수 있으며 트리톤 아치도 예외는 아니다. 페르난두 2세는 트리톤 아치를 세계의 우화적인 창조물로 설계하고 육지와 바다를 하나로 묶었으며, 이는 발견의 시대에 살았던 포르투갈인들의 업적에 대한 헌신으로 보인다.

낭만주의 시대의 사치스러운 맛은 궁전뿐만 아니라 주변 정원에도 적용되었다. 북아메리카, 중국, 일본, 호주, 뉴질랜드가 원산지인 다양한 종류의 나무들이 먼 땅에서 주문되어 공원에 심어졌다.

이 궁전의 아줄레주도 개성이 아주 뚜렷하다. 아마도 페르난두 2세의 주문이었음이 틀림없을 타일은 미학적 가치는 약간 떨어지지만 어디에서도 볼 수 없는 꽤나 독특한 아줄레주다. 포르투갈에서 자체 제작한 것으로 보이는 이 타일들은 묵직하고 투박한 유화 같은 느낌이다. 또 매우 두터워서 타일 하나하나가 마치 조각 같아 보인다.

아줄레주 공방의 동네, 신트라 빌라

신트라 빌라는 좀 괜찮은 관광지를 가면 꼭 만날 수 있는 관광마을 그대로다. 기념품 판매점과 식당, 지역 특산물을 파는 가게들이 오밀조밀하게 붙어 있는…. 여느 관광지를 가더라도 만날 수 있는 풍경과 똑같은데, 다만 이곳은 잘

신트라 왕궁 테라스에서 바라본 신트라 빌라

바이런이 묵었던 집을 표시해주는 아줄레주. 지금은 바이런 스낵바가 돼 있다.

정돈이 돼 있고 동네가 구석구석 참 예쁘다. 하긴 바이런이 반해서 '에덴동산'
이라고 언급했을 정도니 오죽하겠는가. 동네 어귀에는 아주 귀여운 장난감박
물관도 있다.

　　이 동네가 다른 곳과 차이점이 있다면 곳곳에 아줄레주 공방이 있다는 사실
이다. 아무래도 가장 많은 관광객들이 찾는 동네라서 그럴 것이다.

　　산천경개 좋고 관광객이 몰리는 곳에는 대개 갤러리 마을이 형성되는데, 포
르투갈이다 보니 아줄레주 마을이 되었다. 아줄레주도 장식성이나 감상 차원
에서 보면 회화와 다를 바 없다.

　　그것이 그림이든 아줄레주이든 아틀리에가 많은 동네는 대체적으로 구경
거리가 많다. 어느 아틀리에든 입구나 주변을 잘 꾸며놓았기 때문이다. 산책하

신트라 왕궁과 페나 궁전을 묘사한 아줄레주

면서 시선을 줄 데가 많은 골목길이 이리저리 이어지기 때문에 시간 가는 줄 모른다.

신트라 빌라는 뜰이나 집 앞, 길가에 수국水菊이 피어 있는 곳이 많다. 남부 프랑스 같다. 소담스럽게 피어나 있는 꽃무더기를 보고 있노라면 저절로 기분이 좋아진다. 신트라 빌라는 그 수국들과 아줄레주가 어우러져 정말 매혹적인 풍경을 보여준다.

다양한 즐거움을 얻을 수 있는 골목길을 걷다 바이런이 이 마을을 좋아했다는 사실을 강조한 스낵바와 아줄레주도 등장한다. 아줄레주 공방이 많아서 신트라 빌라의 모습을 묘사한 아줄레주 작품도 많이 보인다. 개중에는 아예 벽의 한 부분을 마치 액자 걸어놓듯 아줄레주를 부착해놓은 곳도 있다.

신트라가 있어서 리스본에 오는 사람들도 있다.

리스본과 신트라를 오가는 기차

한 나라의 서울에 관광객이 많이 오려면 서울 자체도 매력적이어야 하지만 두어 시간 거리의 서울 주변에 '가고 싶은 곳'이 있어야 한다. 파리에는 베르사유 궁전이 있고, 런던에는 옥스퍼드와 케임브리지, 도쿄에는 하코네箱根, 닛코日光, 요코하마橫兵가 있다. 리스본 주변의 신트라는 바로 그런 곳이다. 우리 서울 주변에는 과연 사람을 끌어당길 그 어떤 곳이 있나? 이런 생각을 하며 신트라를 떠나는 기차를 탄다.

땅이 끝나고 바다가 시작되는 호카 곶

신트라에서 차로 30여 분을 이동하면 유라시아 대륙의 서쪽 끝이라는 호카 곶Cabo da Roca이 나온다. '바위 곶'이라는 뜻이다. 리스본에서는 42km 거리다.

호카 곶은 포르투갈이 보호구역으로 지정하고 있는 신트라-카스카이스 자

바다안개에 싸인
호카 곶과 등대

연공원El Parque Natural de Sintra-Cascaes에 포함되어 있는데, 유라시아 대륙의 최서단이라는 상징적 의미만이 아니라 깎아지른 절벽으로 이루어진 해안 풍광도 아름답다.

　호카 곶을 더욱 유명하게 만든 것은 황량한 벌판에 세워진 십자가 탑의 글귀다. 바로 카몽이스의 서사시 『우스 루지아다스』에서 표현한 '여기에서 땅이 끝나고 바다가 시작된다Onde a terra acaba e o mar começa'는 구절이 새겨져 있는 것이다.

　그러나 발견의 시대 포르투갈 선원들이 머나먼 바다로 정처 없이 나갈 때 마지막으로 볼 수 있는 고국의 땅은 이곳이 아니라 저 남쪽 사그레스Sagres의 상 비센트São Vicent 곶이었다. 역사적으로 기념돼야 할 곳은 사실 그곳이다.

호카 곶의 석양

Portugal story 7

세투발이 있어 행복하다

Portugal story 7
세투발이 있어 행복하다

오래된 골목의 향기,
세투발

세투발은 리스본에서 남쪽으로 48km 정도 떨어져 있는 도시로 세투발 반도의 남쪽에 위치해 있다. 리스본 '4월 25일 다리Ponte 25 de Abril'를 건너 대형 예수상을 지나 30여 분이면 도착한다.

세투발은 한국 관광객이 거의 찾지 않는 곳이다. 그러기에 알려지지도 않았다. 그러나 세투발은 한번쯤 살아보고 싶은 도시다. 특별한 그 무엇이 있어서가 아니다. 대형 쇼핑몰도, 위락시설도, 번화가도 없다. 그저 한없이 평온하고 한적하며 여유가 있는 시골 도시다.

고즈넉한 분위기에 오래된 골목, 낡은 타일들이 붙은 소박한 아파트, 싱싱하고 맛있는 해산물, 차로 불과 10여 분이면 도착할 수 있는 포르투갈 최고의 와

세투발 시내의 조각상. 〈여행 떠나는 여인〉

세투발 항구 전경

세투발 시내의 중심인 보카주(Bocage) 광장. 동상은 시인 마누엘 마리아 바르보사 두 보카주(Manuel Maria Barbosa du Bocage)로, 광장 이름도 여기서 왔다.

보카주 광장 앞의 분수와 조각상

인 생산지 등이 이 도시의 매력이다. 아무것도 하지 않고, 산책하거나 바다 보면서 멍 때리고, 뒤편의 산에 올라가거나 생선 구워 와인 마시기에 딱 좋은 곳이다.

리스본 공항에서도 한 시간 정도의 거리에다 사두Sado 강 건너편 고급 리조트와 호텔까지 다양한 숙박 옵션이 있어 유럽 관광객들이 장기 투숙하기도 하고 아예 눌러앉은 외국인들도 꽤 있다.

20세기 초, 세투발은 포르투갈의 어업에서 가장 중요한 중심지였으며, 특히 정어리를 가공하고 수출하는 것을 전문으로 했다. 당시 많았던 정어리 공장들은 오늘날 다 사라지고 없다. 그러나 전통적인 항구는 도시를 바다와 연결시키며 여전히 활기차게 유지되고 있다.

도시의 한쪽은 사두 강, 다른 한쪽은 대서양과 연결되어 있고 양쪽에 아름다운 해안선이 있어 이 도시의 관광자원이 된다. 사두 강에는 돌고래들이 산다. 강 건너편에는 트로이아Tróia 반도가 있는데, 트로이아 반도는 최근 몇몇 고급 호텔과 리조트가 지어진 광활한 백사장이 있는 곳이다.

세상에서 제일 아름다운
생선가게

일단 도심의 매혹 포인트는 리브라멘투 시장Mercado do Livramento이다. 이 시장은 1876년에 세워졌으나 1930년에 현재의 건물로 대체되었다. 2층의 높고 넓으며 커다란 시장은 구획별로 잘 정돈이 돼 있어서 시장이라기보다 거대한 마트 같아 보인다. 시장에는 대략 300여 명의 상인들이 있다.

농산물과 해물, 육류를 다 팔지만, 가장 인기를 끄는 것은 신선한 생선들이

리브라멘투 시장의 생선 코너

6,000여 장의 타일로 만들어진 리브라멘투 시장의 아줄레주

리브라멘투는 최고의 생선시장이다.

다. 대구, 오징어, 넙치, 능성어, 도미, 정어리 등 없는 생선이 없을 정도지만 삿갓 조개와 굴, 먹갈치도 빼놓을 수 없다. 세투발은 유럽에서 드물게 굴이 나는 곳이다. 2014년에 미국 잡지 「USA 투데이」는 리브라멘투를 세상에서 가장 좋은 생선시장으로 꼽았다.

시내 중심부로 세투발 시민들 사교활동의 중심이 되는 보카주 광장 맞은편으로 큰 길 하나만 건너면 바로 시장이라는 접근성도 커다란 매력이다. 리브라멘투 시장을 가장 돋보이게 해주는 것은 역시 시장 한 벽면 전체를 덮고 있는 아줄레주다. 그물을 거둬들이거나 그물 손질을 하는 어부들, 배를 타고 나가는 모습, 들어오는 어선에 생선을 사러 가는 상인들, 소금을 모으는 염전 풍경, 포

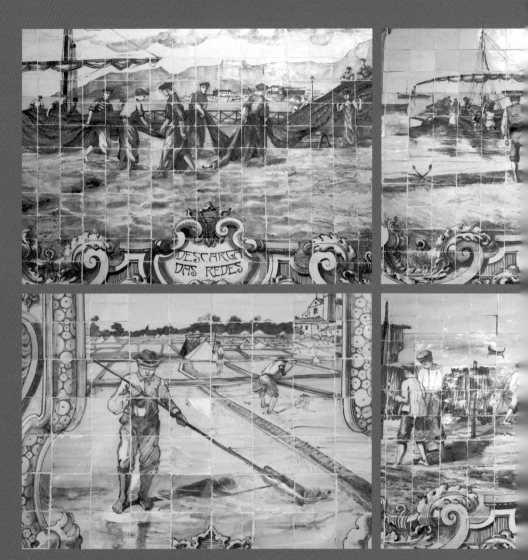

리브라멘투 시장의 아줄레주

시장의 독특한 흉상들

도밭에서 포도를 따는 작업, 소를 이용해 밭을 가는 모습, 시장의 과일장수 등 이 도시의 경제활동을 보여주는 이 거대한 아줄레주는 1929년 페드루 핀투 Pedro Pinto라는 화가가 6,000여 개의 타일로 만들었다.

시장 바깥 루이사 토디 Luisa Todi 거리의 벽에 붙어 있는 두 개의 커다란 아줄 레주 패널은 1944년에 호자 로드리게스 Rosa Rodrigues가 제작했다.

시장에 세워진 사람 크기의 독특한 흉상도 볼거리다. 이들 흉상은 각기 꽃을 파는 여인, 푸줏간 주인, 농부, 닭은 파는 여인을 묘사하고 있다.

별이 빛나는
상 펠리페 요새

1590년에 스페인과 포르투갈의 왕 펠리페 2세 Filipe II, 포르투갈 왕으로선 필리프 1세, 잉글랜드 왕으로선 필립 2세, 1527~1598가 건설한 상 펠리페 São Filipe 요새는 세투발의 스카이라인을 지배한다. 거대한 볼륨과 웅장함을 지닌, 별이 빛나는 요새다.

펠리페 2세는 합스부르크 가문 출신으로, 스페인 카스티야와 아라곤의 왕이자 신성로마제국 황제이기도 한 카를 5세 Carlos V, 스페인 왕으로선 카를로스 1세, 이탈리아 왕으로선 카를로 5세, 1500~1558와 포르투갈 이사벨라 여왕의 아들로 태어났기 때문에, 오로지 출생만으로도 유럽의 거의 3분의 1 정도를 통치하게 된 행운아 중의 행운아다.

그리하여 그는 1554년부터 나폴리와 시칠리아의 왕, 1556년부터 스페인 왕, 1581년부터 포르투갈 왕이 되어 죽을 때까지 이 지위를 누렸다. 뿐만 아니라 1540년에는 밀라노 공작이었고, 1555년부터는 네덜란드 17개 지역의 지배자였

상 펠리페 요새의 망루. 그들은 바다로 나가지 않을 수 없었다.

상 펠리페 요새 전경

다. 아울러 1554년에 영국 튜더 왕조의 여왕 메리 1세Mary I, 1516~1558와 결혼했기 때문에 메리가 사망한 1558년까지는 잉글랜드와 아일랜드의 부마이기도 했다. 그의 통치 기간에 스페인은 최고 전성기를 맞아 소위 황금시대를 맞았다. 남미 잉카제국을 침범한 것도, 필리핀을 정복한 것도 모두 그의 재임 기간에 일어난 일이다.

그럼에도 그는 거액의 부채를 지는 방만한 정권 운영으로 1557년, 1560년, 1575년, 1596년 모두 4차례의 국가 부도를 맞았다. 이런 부채는 상당수가 오스만제국과 프로테스탄트 개혁운동에 맞서는 유럽 가톨릭의 방어자로 자신을 자임하면서 많은 전쟁을 치르느라 발생했다. 그는 프랑스의 위그노Hugueno, 프랑스 신교도 칼뱅파에 대한 호칭와도, 영국과 네덜란드의 신교도와도 전쟁을 벌였다. 스페인에서는 매년 적게는 9,000명부터 많게는 2만 명까지 새로운 병졸을 차출했다. 1567년부터 1574년에는 4만 3,000명의 병사가 스페인을 떠나 이탈리아와 소위 '낮은 국가들벨기에, 룩셈부르크, 네덜란드 등을 지칭함' 신교도와의 전쟁에 동원됐다.

이처럼 그가 로마 가톨릭의 수호자로 자임했기 때문에 그의 식민지 정복에는 반드시 사제들이 동참했고, 식민지에는 반드시 성당이 지어졌다. 요새에도 꼭 예배당을 만들었다.

상 펠리페 요새에도 당연히 예배당Capela de S o Filipe이 있다. 이 요새는 밑에서 얕은 경사로를 따라 위로 올라가게 돼 있는데, 밑에서 하늘이 보이는 입구를 따라 올라가노라면 사방으로 탁 트인 시원한 경치가 펼쳐지는 바로 그 순간 예배당이 나타난다. 예배당은 크지 않고 소박하지만, 펠리페 2세의 공적을 기리는 아줄레주로 깔끔하게 장식해놓았다.

요새 외벽의 가장 오래된 부분은 14세기로 거슬러 올라가지만, 별 모양의 요새 자체는 1590년 펠리페 2세의 명령에 따라 잉글랜드와 북아프리카 해적들의

성채 위로 올라가는 경사로(위)와 예배당(아래)

공격을 막기 위해 건설되었다. 요새는 교도소로도 사용되었다.

요새 망루에 올라서면 트로이아와 아라비다Arrábida 반도의 숨 막히는 전경이 펼쳐진다. 그곳에 서면 왜 포르투갈 사람들이 바다를 통해 외부로 나갈 수밖에 없었는지 저절로 이해된다.

오늘날 이 요새는 16개의 객실을 갖춘 포자다Pousada 호텔이 들어서 있지만, 성채 자체는 대중에게 개방되어 있어서 일상적인 방문객들은 세투발과 빛나는 대서양, 트로이아 반도의 전경을 자유롭게 둘러볼 수 있다. 특히 넓은 야외 테라스에서는 맥주와 커피 등의 음료를 판매하므로, 상쾌한 대서양의 바람을 맞으며 다과를 즐길 수 있다. 이곳에서 바라보는 일몰은 당연히 엄청난 장관이다.

이곳의 포자다 호텔은 바다가 바로 보이는 전경에 옛 성채의 고즈넉한 분위기, 싱싱한 해산물과 세투발 오렌지 타르트 등 현지 전통요리를 제공하는 호텔 레스토랑에서의 식사 등 이곳만의 매력을 제공한다.

세투발에서 서쪽 바다로 가면 또 다른 땅끝 에스피체르 곶Cabo Espichel이 나온다. 세투발에서 에스피체르 곶까지는 아라비다 언덕 밑의 새하얀 백사장과 대서양의 파란 바다가 정말 황홀하게 다가온다. 그 육지의 끝에 지금은 폐허로 방치된 '성모 마리아 성소santuário de Nossa Senhora 수도원'이 옛 영광의 잔해로 남아 있다.

세투발 세짐브라Sesimbra 마을에서 12km 거리, 아라비다 언덕의 높은 절벽에 위치해 있는 이 수도원은 정중앙 성당을 중심으로 숙소와 방들이 길게 양쪽으로 늘어선 U자 모습을 이루고 있는데, 매우 드문 형태다. 수도원이 이런 구조가 된 것은 17세기와 18세기 '순례의 시대period of pilgrimage' 당시 많은 순례자를 수용하기 위해서였다.

이렇게 많은 숙소들이 필요했을 정도로 이 수도원의 위상은 꽤 높았던 듯하

아라비다 언덕 밑의 해안과 백사장들. 이런 해수욕장이 계속 이어진다.

지금은 폐허로 방치돼 있는 성모 마리아 성소 수도원

다. 주앙 1세1357~1433와 주제 1세Jose I, 1714~1777가 공식적인 후원자였으니 그럴 법도 하다. 이로 미루어볼 때 이 수도원은 최소 15세기 때부터 존재했던 것이 확실하다. 그러나 대부분 건물은 17세기와 18세기에 다시 지어진 것들이다. 주제 1세 통치 기간 동안 왕실의 관심과 보호를 가장 많이 받았다.

이렇게 높은 절벽에 수도원이 지어진 것은 카파리카Caparica, 타구스 강의 남쪽 강둑에 있는 마을와 카스카이스Cascais 근처의 알카비데체Alcabideche 마을의 두 노인이 동시에 성모님이 거대한 노새를 타고 절벽 꼭대기에 나타나는 꿈을 꾸었다는 전설과 연결돼 있다. 그들은 꿈에 영감을 받아 성모님의 기적적인 모습을 발견한 곳의 꼭대기에서 서로 이끌려 만났다. 이 전설의 신빙성을 증명하는 증거로 거대한 노새의 발자국이 남아 있는 돌이 지금까지 내려오고 있는데, 사실은 두 종류의 공룡 발자국이다.

와인의 파라다이스,
아제이탕

세투발 시내에서 15km 정도 북쪽으로 올라가면 와인의 천국 아제이탕Azeitão이 나온다. 많은 와이너리가 있지만 이곳을 대표하는 두 명가는 주제 마리아 다 폰세카José Maria Da Fonseca와 바칼로아-비노 드 포르투갈Bacalhôa-Vinhos de Portugal이다. 우리나라에는 거의 알려져 있지 않지만 그야말로 최고의 와인 생산업체다.

이 두 와이너리의 방문은 정말 인생 최고의 경험이 되기에 충분한데, 특히 바칼로아가 더 그렇다. 바칼로아 투어는 단순히 와이너리만 보고 시음하는 것과

바칼로아 본사의 정원. 중국 시안 진시황 무덤의 병마용 흉상에 파란색을 입혀놓았다.

이곳에서 5분 정도 떨어진 곳에 있는 박물관까지 들러보는 것 두 가지 종류가 있는데 반드시 박물관까지 포함하는 투어를 선택할 것을 권장한다. 사전 예약 은 필수다.

바칼로아는 와인의 질도 최고지만, 와이너리 운영에 최고의 예술성을 곁들였 다는 점에서 칭송을 받기에 충분하다. 아무리 많은 찬사를 해도 넘치지 않는다.

첫째, 바칼로아는 와인 저장고가 최고의 아줄레주 박물관을 겸하고 있다. 최고의 와인들이 최고의 아줄레주 작품 밑에서 익어간다. 둘째, 바칼로아는 세 계 최고의 아르누보 콜렉션을 갖고 있다. 세상에서 가장 아름다운 아르누보 예

바칼로아 와이너리는 입구부터 매우 예술적이다. 석상 옆의 거대한 올리브 나무는 B.C 650년 무렵에 로마인들이 심은 것으로 알려져 있다. 그러니 무려 2,600년이 넘은 올리브 나무다.

술품들이 파리도 아니고, 런던도 아니고, 리스본도 아닌, 세투발의 촌구석 아제이탕에 존재한다는 사실은 정말 믿기 힘들다. 더구나 이런 사실 자체도 거의 알려지지 않은 채 말이다.

바칼로아 와이너리는 1922년 주앙 피레스João Pires라는 사람이 아들과 함께 처음 설립했으나, 이 사실은 전혀 중요하지 않다. 자체적으로 와인을 생산하지 않고 단지 포도를 다른 생산자에게 파는 일만 했기 때문이다.

1937년 미국의 오를레나 스코빌Orlena Zabriskie Scoville, 1887~1967 여사가 토지를 인수하여 바칼로아에 새로운 역사의 장을 열었다. 뉴욕 브룩클린 출신인 그녀는 1908년 호버트 스코빌Herbert Scoville, 1877~1936과 결혼해 1920년대까지 맨해튼에서 살다가 코네티컷으로 이주해 1940년대까지 거주했고, 이후 포르투갈로

5세기에 지어진 대저택을 박물관으로 사용하는 바칼로아 포도밭의 일부

넘어왔다. 바칼로아 와이너리를 매입한 것이 1937년이니 남편의 사망과 함께 새로운 일을 시작하고 아예 포르투갈로 이주를 한 것이라 보인다.

오를레나가 바칼로아를 구입했을 때 이 땅은 돌보지 않은 황무지나 마찬가지였다. 또한 지금 박물관으로 사용하는, 마누엘 1세의 어머니 베아트리스 Beatriz, 1430~1506가 직접 건축했던, 포르투갈 최초의 르네상스 건축양식 저택도 거의 폐허 상태로 방치돼 있었다. 오를레나는 그런 저택을 조금씩 복원하고, 포르투갈 전역을 여행하면서 15세기와 16세기 아줄레주 작품들을 구입해 자신의 궁전에 진열하기 시작했다.

그런데 마누엘 1세의 어머니의 저택에는 보물급이라 할 수 있는 아줄레주 장식이 처음부터 있었다. 지금도 잘 보존돼 있는 그 작품의 원래 제목은 〈수산나와 두 노인들Susanna and the Elders〉이지만, 동양권에서는 흔히 〈수산나의 목욕〉이라고 불리는 그림을 아줄레주 벽화로 만든 것이다.

이 그림 제목이 동양권에서 〈수산나의 목욕〉으로 바뀐 것에는 소위 '훔쳐보기'의 요소가 깃들었다. 이 그림은 다음과 같은 성서 이야기에서 비롯됐다.

바빌론에 용모가 빼어난 힐키야의 딸이자 요하킴의 아내인 정숙한 수산나가 살고 있었다. 그곳 공의회 원로의원인 두 노인이 목욕하는 수산나에게서 음욕을 채우려 하지만 수산나는 죽음을 각오하고 순결을 지킨다. 그러자 두 노인은 수산나가 간음했다고 모략한다. 유대 율법에 의하면 간음을 한 사람은 사형이었으므로 수산나는 죽음을 당할 위기에 처했는데, 성령이 소년 다니엘을 통해 진실을 밝혀 수산나가 누명을 벗고 두 노인이 사형을 당한다.

이 이야기는 루벤스, 렘브란트 등의 대가나 이탈리아 화가들에 의해 그림으로 정말 많이 그려졌다. 1517년 로렌초 로토Lorenzo Lotto, 1480?~1556가 그린 것을 비롯해, 귀도 레니Guido Reni, 1575~1642, 피터르 라스트만Pieter Lastman, 1583~1633, 오타

〈수산나와 두 노인들〉 아줄레주와 이탈리아 16세기 초 접시

바칼로아 와이너리에 남아 있는 〈수산나와 두 노인들〉 15세기 아줄레주

비오 레오니Ottavio Leoni, 1578~1630, 파올로 베로네세Paolo Veronese, 1528~1588 등 너무나 많다.

피카소도 이를 주제로 그림을 그렸고, 도자기 그림이나 아줄레주로도 만들어졌다. 그만큼 흥행성이 높은 이야긴데 그 동기가 권선징악인지, 목욕하는 수산나에 대한 '피핑 톰peeping Tom, 관음증과 엿보기를 일컫는 관용어'의 호기심 때문인지는 잘 모르겠다.

파리의 세브르 세라믹박물관이 소장하고 있는 '수산나 접시'는 이탈리아 카파지올로Cafaggiolo에서 1510년에서 1520년 사이에 제작한 것으로 추정되는 제품이다. 두 노인이 가슴을 드러낸 수산나를 끌고 가는 모습을 담고 있다.

오를레나에게는 아들 허버트 스코빌 주니어Herbert Scoville Jr., 1915~1985가 있었는데, 그는 CIA 부국장으로 무기 전문가였다. 따라서 와이너리 경영에는 전혀 관심이 없었고, 그저 잠깐씩 놀러와 휴식을 취하는 것이 전부였다.

따라서 오를레나 여사가 1967년 그녀가 평생 수집한 아줄레주 작품이 가득 찬 아제이탕 저택에서 사망했을 때 바칼로아를 상속한 사람은 그녀의 손자인 토마스 스코빌Thomas Scoville이었다. 당시 그는 미국 해운무역조합을 위해 일하는 워싱턴의 로비스트였고, 그의 부인 캐서린Cathryn은 미국 화랑협회의 기금 조성자fund raiser였다. 대단한 영지를 물려받은 이제 겨우 30대의 토마스가 한 일은 십여 명이 잘 수 있는 아제이탕의 주택을 빌려서 자신 가족의 휴가 때 몇 주간 사용하는 것이 고작이었다.

그러던 1974년 토마스는 드디어 15ac나 되는 영지의 9.5ac에 카베르네 소비뇽Cabernet Sauvignon, 프랑스 보르도 지방의 메독이 원산지인 포도 품종의 포도나무를 심었다. 1979년 바칼로아의 첫 레드 와인이 탄생했을 때, 그 와인은 포르투갈 전통의 포도주 산지 포르투나 마데이라Madeira가 명성을 얻기 전 초창기에 만들었던

바칼로아 박물관 입구 오를레나 여사가 수집한 아줄레주 장식들

'골동품' 빈티지와 똑같았다.

그런 와이너리에 일대 혁신을 가져온 사람이 바로 호주 시드니에서 날라 온 피터 브라이트Peter Bright라는 생산자였다. 1980년 바칼로아에 온 그는 옛 방식의 공정을 혁신하고 브랜드를 개발하며 다른 수출업자를 위한 대량생산에 박차를 가했다. 그러면서도 생산한 포도의 90%는 라이벌인 폰세카 같은 회사에 팔아버리고, 보다 발전한 공정을 만드는 데 집중했다.

와인은 포도 줄기 없이 발효되었고, 계란 흰자를 추출하는 것만큼이나 고통스러운 주의를 기울여서 5년 동안 포르투갈산 오크통에서 숙성시킨 다음 빠르게 옮겼다. 그러자 일반적인 카베르네 소비뇽과 다른 맛이 나타났다.

영국 「선데이 텔레그라프Sunday Telegraph」의 로버트 조셉Robert Joseph은 바칼로아가 1984년 '올해의 와인'으로 선정됐을 때 '승리할 만한 포르투갈 클라레claret, 적포도주의 정답'이라고 표현했다. 브라이트는 '포르투갈이 프랑스 클래식최상급의 마이너 품질과 비슷한 와인을 생산할 수 있는 토양을 갖추고 있다'고 평

바칼로아 와이너리에서 처음 생산한 1979년도 빈티지 레드와인

박물관과 붙어 있는 와인 저장소의 아줄레주 작품들. 하나하나가 보물 같다.

가했다.

그렇게 해서 와이너리 운영의 본 궤도에 오른 '바칼로아 와이너리Quinta da Bacalhoa'는 매년 1만에서 1만 2,000상자의 와인을 포르투갈과 미국에 팔기 시작했다. 그러나 토마스는 1991년 자신의 와이너리 매각을 결정했다.

그에게서 바칼로아를 구입한 사람은 바로 주제 마누엘 로드리게스 베르라르두José Manuel Rodrigues Berardo, 1944~라는 사업가였다. 마데이라 섬 출신인 베르라르두는 13세 때 학교를 떠나 마데이라 와인 농장에서 일했다. 18세 때 남아프리카공화국으로 이민을 떠나 원예농업과 벤처로 돈을 벌어 20세기 말에는 가장 성공한 포르투갈 사업가가 됐다. 그는 버려진 땅에서 금광 채취로 큰돈을 벌었고, 나중에는 다이아몬드 채굴까지 손을 댔다. 그는 1986년 포르투갈로 금의환향했다. 포르투갈 잡지의 보도에 따르면 2010년 그의 자산은 5억 9,800만 유로에 달했고, 당시 포르투갈 사람 가운데 가장 부유한 사람의 하나였다.

베르라르두는 엄청난 예술 컬렉터이기도 하다. 학생 시절에 우표와 엽서, 성냥갑 수집을 했던 소년은 1980년대에 근대와 현대 예술품의 수집가가 됐다. 아르누보 및 아르데코, 중국 도자기 제품을 포함한 그의 수집 예술품은 4만 점이 넘는다. 그중 1,200여 점은 7억 5,000만 달러의 가치가 넘는 매우 유명한 작품들이다.

베르라르두는 1997년에 자신의 컬렉션을 신트라의 오래된 카지노와 리스본 벨렝 문화센터에 전시했다. 포르투갈 정부의 동의를 얻어 '베르라르두 근현대 예술 컬렉션 재단'이 만들어졌다. 이 재단은 벨렝 문화센터에 있는 1,800여 점에 가까운 그의 수집품 전시를 돕는다.

그는 또 스페인 정부의 허락을 얻어 마드리드에 있는 티센-보르네미사Thyssen-Bornemisza 박물관의 862점 그림과 조각을 10년 옵션으로 구입했다. 2006

바칼로아 와이너리 전시실의 아르누보 양식 가구, 전구, 유리 제품들. 베르라르두 콜렉션의 일부다.

년 크리스티의 평가에 따르면 약 3억 1,600만 유로에 달하는 작품들이었다.

베르라르두 컬렉션 박물관은 2007년 6월 25일에 설립되었다. 베르라르두는 2006년 리스본 북쪽 로리두스 농장Quinta dos Loridos에 35ha의 조각 공원을 만들었다. 그는 2001년 아프가니스탄 탈레반이 바미얀 거대 불상을 파괴하는 모습을 뉴스로 접하고, 방대한 양의 부처 조각상들을 구입하기 시작했다. 그렇게 해서 2011년 리스본 외곽 45분 거리에 '부처 에덴 정원Budda Eden Garden'을 조성했다.

베르라르두는 2011년에 또 상갈루스Sangalhos에 있는 스파클링 와인 회사의 저장고에서 사용하지 않는 공간에 '알리안사 지하 박물관Aliança Underground Museum'을 만들어 세라믹과 타일, 인종학적인 예술 작품, 광석, 화석 등을 전시하고 있다.

2012년에는 프란시스 베이컨, 앤디 워홀, 게르하르드 리히터Gerhard Richter 등의 작품이 포함된 자신의 컬렉션 일부를 플로리다 마이애미에 있는 게리 네이더 아트센터Gary Nader Art Centre에서 전시하기도 했다.

이처럼 바칼로아는 두 명의 헌신적인 예술 후원자를 만나 와인과 예술의 결합이라는 매우 소중한 가치를 구현할 수 있었고, 이는 지금도 계속되고 있다. 바칼로아 투어를 통해 바칼로아 박물관을 견학해본 사람이라면 60년 전의 오를레나 여사가 얼마나 선구자적이었으며, 뛰어난 업적을 남긴 것인지 실감할 수 있다. 그의 컬렉션 가운데는 일본 나가사키 원폭 때 유일하게 살아남은 나무의 후손도 있다. 그 나무는 아제이탕 바칼로아 본사의 시음 장소 건너편 정원에서 잘 자라고 있다.

현재 바칼로아는 1,200ha 면적, 알리안사 비노 드 포르투갈Aliança Vinhos de Portugal, 퀸타 두 카르무Quinta do Carmo, 퀸타 두스 로리두스Quinta dos Loridos 3개의 와인 생산센터에서 각자의 문화적 가치를 반영한 2,000만ℓ, 40종류의 와인을

알리안사 지하 박물관(위)과 부처 에덴 정원(아래)

바칼로아 생산 와인들

멋드러진 아줄레주가 걸린 바칼로아 와이너리 시음장

생산하고 있다. 이중 퀸타 두 카르무는 라피트 로스차일드Lafitte Rothschild 그룹과
제휴해 와인을 생산하고 있다.

포르투갈에서 제일 오래된 와이너리,
주제 마리아 다 폰세카

포르투갈은 무려 4,000년의 유구한 와인 역사를 지녔다. 고고학자 연구에
따르면 포르투갈에서의 와인 생산은 청동기시대에까지 거슬러 올라간다. 타르
테소스Tartessos, 스페인 안달루시아에 존재했던 고대 왕국, 페니키아, 로마인 등 포르투갈을
거쳐간 모든 민족들이 포도를 재배하고 와인을 생산한 흔적을 남겼다.

포르투갈 와인들이 새롭게 느껴지는 것은 오직 포르투갈에서만 자라는 독

멋드러진 아줄레주가 세워져 있는 아제이탕 입구

'주제 마리아 다 폰세카' 와이너리 본사

'주제 마리아 다 폰세카' 와이너리 내부 전경

특한 자생 포도 품종들로 만들어지기 때문이다. 알바링뉴Alvarinho, 투리가 나시오날Touriga Nacional, 투리가 프랑카Touriga Franca, 엔크루자두encruzado 등 이름도 생소한 250개 이상의 다양한 토착 포도 품종이 있다. 이 품종들은 화강암, 편암, 점토질, 사암, 셰일 토양에 이르기까지 포르투갈 전역에 펼쳐지는 다양한 토양에서 자란다. 같은 지역에서도 다양한 종류의 토양이 공존한다.

포르투갈이 이 세상 어디에서도 만나볼 수 없는 다양한 토착 포도 품종의 보고로 불리게 된 것은 이런 다양한 떼루아terroir, 포도 생산하는 데 영향을 주는 토양이나 기후 등 전체 조건 때문이다.

2개 면이 바다를 향하고 반대편으로는 유럽 대륙에 맞닿은 지리적 특징으로 지중해, 대서양 그리고 유럽 대륙성 기후의 영향을 받는다. 이처럼 수백 가지의 포도 품종들이 서로 다른 토양과 다양한 기후의 영향 아래서 자라기 때문에 포르투갈에서는 그 어느 곳보다도 다양하고 고유의 개성이 넘치는 많은 종류의 와인이 생산된다.

온화한 기후와 신선하고 습한 바람, 높은 강우량이 특징인 대서양 기후의 영향을 받는 서쪽에서는 풍부한 과일 향과 꽃으로 만든 아로마의 산뜻하고 우아한 와인이 빚어진다. 또 동쪽은 대륙성 기후의 영향으로 향긋한 아로마의 강건하고 집중도 있는 풀바디의 와인이 탄생한다. 남쪽은 건조하고 더운 여름과 온화한 겨울이 특징인 지중해성 기후도 띠고 있어 과일 향이 풍부한 부드러운 와인이 나온다.

주제 마리아 다 폰세카는 1834년에 설립된 포르투갈에서 제일 오래된 와이너리다. 와인을 병에 넣은 테이블 와인을 출시한 첫 번째 포르투갈 회사이기도 하다. 가족경영 회사로 현재 7대째 내려오고 있다. 이 와이너리는 로마 시절부터 내려온 점토 항아리에 숙성시키는 전통 방법을 현대적 기술과 접합시키고 있다.

뒤에서 본 '주제 마리아 다 폰세카' 건물

'주제 마리아 다 폰세카' 뒤뜨락 샘과 아줄레주

190여 년에 걸친 이 가문의 역사를 정리해보자면 다음과 같다.

1834 : 코임브라대학에서 수학을 전공한 주제 마리아 다 폰세카^{1804~1884}는 아제이탕의 빌라 노게이라^{Vila Nogueira}에서 자신의 이름 그대로 사용한 와이너리를 설립했다.

1849 : 6년 간의 생산 끝에 '무스카텔 드 세투발^{Moscatel de Setúbal}' 브랜드가 파리 국제전시회에서 금메달 수상. 포르투갈은 1381년부터 많은 양의 무스카텔 와인을 영국에 수출했으나 포르투갈 원산지 규정과 품질에 따라 등급을 매기는 법령은 1907년에 와서야 시작됐다.

1855 : 파리 전시회에서 금메달 수상.

1857 : 페드루 5세가 와인 제조 근대화에 대한 공헌을 인정해 'Tower and Sword of Value' 훈장 수여.

1866 : '파멜라 수페리어^{Pamela Superior}' 브랜드 런칭.

1876 : 미국 필라델피아 전시회에서 2개의 금메달 수상.

1878 : 파리 전시회에서 금메달 수상.

1884 : 주제 마리아 다 폰세카 사망.

1888 : '페르퀴타' 1855년 빈티지 베를린과 바로셀로나 전시회에서 금메달 수상.

1889 : 파리 전시회에서 금메달 수상.

1908 : 브라질 리우데자네이루 전시회에서 금메달 수상.

1920~1935 : 더 많은 포도밭이 필요해짐에 따라 리우데자네이루에 지사를 설립하고 와이너리를 운영했으나 경제 공황과 브라질 정국의 불안으로 사업에 실패, 와이너리를 매각하고 철수.

1937 : 경제성장 사이클이 돌아오고 안토니우 포르투 소아레스 프란쿠António Porto Soares Franco라는 전설적인 생산자가 로제 와인을 생산해 이에 '파이스카Faisca'라는 브랜드를 붙였는데 국내 시장에서 대성공을 거둠.

1944 : 로제 와인 '랜서스Rancers'를 생산해 미국 시장에 팔기 시작.

1945 : '랜서스' 브랜드의 성공으로 미국에서의 수익이 증가함에 따라 첫 번째 화이트와인을 자국 시장에 출하.

1959 : '테라스 알타스Terras Altas' 브랜드 출시.

1978 : 마시기 편리한 '랜서스'의 수요가 늘어나 미국 시장에서 대성

'무스카텔 드 세투발'은 폰세카 와이너리의 명성을 낳게 해준 초창기 전통의 와인이다. 1880년부터 1979년까지의 빈티지 오크통을 보존하고 있는 고색창연한 와인 저장소. 원형 팻말에 빈티지 생산 연도가 쓰여 있다.

공. 1970년대 말까지 100만 상자를 미국에 수출.

1985 : 시장의 수요에 대응하기 위해 와인 생산량을 650만ℓ까지 증가시키기 위해 생산 공장 확충에 투자.

1991, 1992, 1994, 1995, 1998 : 「와인 & 스피리츠 매거진」에서 연속 '올해의 와이너리'로 선정.

1996 : 포르투갈 와인으로는 최초로 ISO 9001 표준 인증 획득.

1999 : 650만 생산량 달성 위한 시설 완공. '페르퀴타Periquita 1959' 빈티지가 '세기의 와인' 중 하나로 선정. 주정강화 와인인 '알람브레Alambre 20년', 세투발 와인 콘테스트에서 금메달 수상.

2001 : '무스카텔 드 세투발 수페리어 1965'위대한 10대 포르투갈 와인으로 선정.

2003 : 2000년 수확 포도로 첫 생산. 가문의 6대가 경영의 핵심을 맡으며 도밍구스 소아레스 프랑쿠Domingos Soares Franco를 새 프로듀서로 영입. 6종류의 품종으로 새 와인 개발에 들어감.

2004 : '뉴 랜서스' 런칭.

2008 : 각종 전시회에서 계속 수상. 가문의 8대손인 쌍둥이 여아 출생

폰세카 초창기 병에 와인을 넣던 병입 시설. 폰세카는 포르투갈 최초로 병입 테이블 와인을 팔았다.

'랜서스'는 돌려서 따는 트위스트 캡에 마시기 좋은 간편한 용기로도 미국 시장에서 엄청난 인기를 끌어 많은 돈을 벌어줬다. 지금까지도 여전히 인기다. 처음에는 로제 와인만 만들었으나 지금은 종류도 다양하다.

을 기념하는 '비노 베르데Vinho Verde.Twin Vines' 브랜드 출시.

2009 : 설립 175년 기념으로 무알콜 '랜서스 로제 프리' 출하. '헥사곤 Hexagon 2005', 2008년 베스트 선정 등 많은 상 수상.

2010 : 페리퀴타 탄생 160주년. 세계 60개국에 400만 병 판매(85%가 수출). '알렘브레 20'도 각종 수상 싹쓸이.

2011 : '페리퀴타 수페리어 2008', '무스카텔 호소Moscatel Roxo 20년산' 2010년의 베스트 와인 선정 등 많은 수상. 이후 지금까지 수많은 상을 받아오고 있으며, '무스카텔 드 세투발 수페리어 1955'는 2015년 「와인 옹호자The Wine Advocate」 잡지 평가에서 99점 획득.

2019 : 회사 설립 185주년. 아제이탕 본사에 레스토랑 오픈.

　'주제 마리아 다 폰세카'의 가장 유명한 와인은 '페리퀴타'와 '랜서스', 알렘 브레로 특히 2008년 페리퀴타 빈티지가 최고로 꼽힌다. 랜서스는 1944년 미국인 사업가 헨리 바르Henry Behar가 제2차 세계대전의 와중에도 미국인 입맛에 잘 맞는 로제 와인을 찾기 위해 유럽에 왔다가 폰세카를 방문, 와이너리 지하에서 상쾌하고 다재다능한 와인의 매력에 취해 탄생한 와인이다. 폰세카는 그 와인에 예술가 벨라스케스Velázquez, 1599~1660의 〈라스 란사스Las Lanzas〉 그림에서 영감을 얻은 '랜서스'라는 이름으로 새로운 브랜드를 만들었다.

　제2차 세계대전에 참전한 미국 군인들이 자국으로 돌아가 유럽에서 마셨던 랜서스의 맛을 잊지 못해 꾸준히 이 와인을 찾은 것도 미국 시장 성공의 한 원인이 됐다. 랜서스는 쉬라즈Shiraz, 투리가 나시오날, 카스텔랑castelão, 트린카데

폰세카에서의 와인 테스팅

아제이탕에는 와인을 즐길 수 있는 근사한 레스토랑이 많다.

이라Trincadeira, 아라고네즈Aragonez를 배합해 만든 세미 스파클링 와인으로 지나치게 강하지도, 당도가 많이 높지도 않은 밸런스가 무척 좋은 미디엄 바디의 과일 향이 풍성한 와인이다.

주정강화 와인 '알렘브레'와 '모스카텔 드 세투발'은 무스카텔 100%로 만든다. 프로듀서 도밍구스 소아레스 프랑쿠는 여러 포도 품종으로 다양한 실험을 하는 메이커로 유명하다. 무스카텔은 포도 껍질의 향이 강해 발효 과정에서도 껍질을 그대로 두고 3개월 정도 중간중간 휘저어주며 발효한다. 껍질 성분이 최대한 와인에 전달되도록 하기 위해서다.

페리퀴타는 카스텔랑 품종 위주로 만든다. 블루베리와 라즈베리, 민트, 라벤더 향이 잘 어우러진다. 잘 짜인 구조감이 느껴지며 우아하고 부드러운 탄닌과 함께 긴 여운이 남는다.

Portugal story 8

기도의 도시 에보라

Portugal story 8

기도의 도시 에보라

시저가 좋아했던
'숭고한 줄리아'

지난 2015년 7월 28일부터 9월 18일까지 약 한 달 반 동안 에보라Evora의 카다발 궁Palácio do Cadaval은 1711년 성이 세워진 이후로 가장 특별한, 잊을 수 없는 경험을 가졌다.

윈저 공작부인 월리스Wallis, Duchess of Windsor, 오드리 헵번Audrey Hepburn, 케네디 전 대통령의 영부인 재키Jackie Kennedy와 같은 유명인과 왕실 사람들에게 큰 기쁨을 주었던 파리 '오트 쿠튀르Haute Couture'의 아이콘 지방시Hubert de Givenchy, 1927~2018가 기획한 매우 독특한 전시회가 열렸기 때문이다. 전시회 제목은 '잊을 수 없는Unforgettable'.

정말 잊을 수 없는 가수 냇 킹 콜Nat King Cole, 1919~1965이 1951년에 불렀던, 그

상 주앙 에반젤리스타 성당의 아줄레주를 바탕으로 전시된 '잊을 수 없는' 전시회의 웨딩드레스들

가 죽고 한참 지난 뒤 앨범에서 디지털 기술의 힘으로 음성을 따서 그의 딸 나탈리 콜Natalie Cole과 함께 '산 자와 죽은 자의 듀엣'으로 부른 곡 제목이기도 하다.

카다발 궁 부속 상 주앙 에반젤리스타 성당Igreja são joão evangelista의 전시장에는 지방시뿐만 아니라, 발렌시아가Balenciaga와 입생로랑Yves Saint Laurent, 필립 브넷Philippe Venet, 캐롤리나 헤레라Carolina Herrera가 디자인해서 왕실의 신부들이 입었던 웨딩드레스가 전시되었다.

지방시는 하필이면 이 전시회를 왜 이곳에서 열었을까? 카다발 공작부인이 그의 오랜 친구라는 사실만으로는 이 물음의 해답이 되지 못한다. 그런 관계의 힘보다는 이 도시가 가진 매력, 파란 타일의 벽화가 가져다주는 그 신묘한 공간

329

이 주는 이끌림이 그에게 패션 전시의 영감을 주었다고 보아야 하지 않을까?

에보라Evora는 기도의 도시다. 기도가 하늘에 닿기를 바라고 또 바랐던 신도들의 간절하고 또 간절한 염원이 충만한 도시다. 왠지 도시의 입구에서부터 옷깃을 여며야 할 것 같은 느낌을 준다.

에보라는 리스본에서 130km 떨어진 테주 강 남쪽의 드넓은 평야 지대에 자리하고 있다. 일찍부터 원주민 왕국이 있었으나 BC 57년 로마가 정복해 성벽을 쌓고 도시를 건설했다. 이 성벽과 목욕탕 일부는 지금도 남아 있다. 시저는 자신의 이름을 따서 이 도시를 '숭고한 줄리아Liberalitas Julia'라고 불렀다.

도시는 이베리아 반도에 있는 여러 곳의 로마 숙주를 연결하는 중심지 역할을 했기 때문에 중요성이 점점 커졌다. 로마의 동전과 비문碑文에 에보라가 많이

파란 아줄레주와 극적인 대비의 미적 감각이 돋보이는 발렌시아가 드레스

에보라 관광의 중심 지랄두 광장(Giraldo Square)과 산투 안토니우 성당

등장하는 것으로 볼 때 많은 숙주 도시 중에서도 서열이 매우 높았음을 알 수 있다.

584년부터는 서고트족의 지배를 받았고, 715년 북아프리카 우마이야 왕조Umayyad Caliph, 661~750의 장군 타리크 이븐 지야드Tariq ibn-Ziyad, ?~720가 해협을 건너와 이베리아 반도를 점령할 당시, 그의 아랍어 별명 '야부라Yaburah'를 빌려와 이 지역을 '예보라Yeborah'라고 부르기 시작했다.

무어인들의 450년 통치 기간715년~1165년 동안 도시는 조금씩 다시 번영하기 시작했고, 성채와 모스크를 지닌 농업의 중심지로 발전했다. 미로처럼 이리저리 얽힌 좁은 골목길 곳곳에 중요 건물들이 무질서하게 들어 차 있는 형태가 이 도시의 특징을 이루는데, 그런 무질서한 거리 자체가 이슬람 통치의 증거다. 성당과 궁전들은 골목길에 이리저리 가려 온전한 제 모습을 쉽게 드러내지 않는다. 유네스코가 세계문화유산으로 지정한 약 4,000개의 각종 건축물들이 역사 지구로 보호받고 있는 반경 1.05km 내에 들어서 있다.

1165년 10월 포르투갈 기사 '겁 없는 지랄두Giraldo Sem Pavor'의 기습 공격으로 이 도시는 다시 기독교 왕 아폰수 1세의 통치를 받게 된다. 지랄두는 성벽에 창을 세워 만든 사다리를 타고 성벽을 올라가 감시탑의 수비병들을 교란시켜 성 밖에 대기하고 있던 기독교 군대가 손쉽게 성안으로 진입하도록 만들었다. 무어인들은 1192년 이 도시를 다시 빼앗았으나, 20여 년 동안 머물렀다가 아프리카로 다시 떠나야 했다.

에보라는 중세, 특히 14세기에서 18세기 동안 황금기를 구가하면서 가장 역동적인 도시로 변모했다. 학자와 예술가는 물론 아비스 왕조1385~1580도 이 도시를 매우 편애했기 때문에 오랜 기간 동안 궁전, 각종 기념물과 종교적 건축물들이 들어섰다. 그리하여 에보라는 왕실의 수많은 결혼식 장소이자 역사적으

로 중요한 사안들이 결정되는 장
소가 되었다.

아비스 왕조의 마누엘 1세와 주
앙 3세의 통치 기간 동안 에보라는
인문학과 예술의 중심지가 되었으
므로, 1559년 이 나라에서 두 번째
로 대학교가 설립되는 것은 당연한
일이었다. 이 대학을 세운 사람은
나중 왕이 되는 추기경이자 왕자인
엔히크였다. 그는 대학을 설립한 다
음 그 운영을 예수회에 의탁했다.

당시 예수회는 1540년 이냐
시오 데 로욜라Ignatius de Loyola,
1491~1556가 프란시스코 하비에르

에보라의 로마 유적. 왼쪽이 상 주앙 에반젤리스
타 성당

Francisco Xavier, 1506~1552 등과 함께 파리에서 창설한 이후, 로마 교황청에 대한 순
명順命으로 막 세력을 키워 나가던 중이었으므로, 엔히크는 예수회를 포르투갈
에 데려와 식민지 개척의 사절로 앞세우려던 의도로 대학을 예수회에 맡겼다.
그의 안배대로 하비에르 신부는 평생을 동방 포교에 헌신했고, 인도와 일본에
가톨릭을 전한 사람이 되었다.

그러나 16세기부터 지적 및 종교적 계몽성을 확장한 예수회는 각 나라에서
세속 권력의 견제를 받기 시작했다. 포르투갈에서도 주제 1세의 신임을 받은 실
질적 통치자 폼발 후작Marquis of Pombal, 1699~1782에 의해 강력한 탄압을 받았고,
급기야 1759년 에보라대학교도 문을 닫고 예수회도 포르투갈에서 강제 축출

로드리구 아폰수 드 멜루 가문의 신전으로 출발한 상 주앙 에반젤리스타 성당

되었다. 이후 서서히 쇠퇴하던 에보라는 1808년 프랑스 나폴레옹 군대가 쳐들어와 시민들을 대량으로 학살하고 초토화시킴으로써 추락에 더욱 가속도가 붙었다.

대학은 폐쇄 당시로부터 214년이나 지난 1973년 다시 문을 열었지만, 오늘날 에보라의 인구는 중세 때보다도 더 적다.

상 주앙 에반젤리스타 성당은 달의 여신 디아나를 모셨던 로마 신전 바로 옆에 위치하고 있다. 짧게 잡아도 무려 1,800여 년이 넘는 세월을 견뎌내느라 색깔이 칙칙해져버린 로마 신전 14개의 코린트 기둥과 하얀 회벽 성당의 대비가 매우 강렬하다. 신전은 매우 퇴락해서 과거의 위용은 전혀 남아 있지 않으나, 그 긴 세월을 견뎌낸 것이 용하다.

이 성당은 올리벤사^{Olivenç}의 초대 백작이자 아폰수 5세 왕의 수호자로, 오늘날 모로코에 속하는 포트투갈령 탕헤르^{Tangier}의 최초 총독이었던 로드리구 아폰수 드 멜루^{Rodrigo Afonso de Melo, 1430~1487}가 1485년 자신의 가문의 안녕을 비는 신전으로 세운 것이다. 동양식으로 말하자면 가문의 위패를 모신 사당이나 불전佛殿이라고 할 수 있다. 이 성당은 530년이 더 지난 지금도 멜루 가문의 후손인 카다발 공작 가문의 개인 소유로 명맥이 이어지고 있다.

정교한 고딕 양식 정문 뒤의 회중석은 바닥부터 천장까지 빛나는 아줄레주로 덮여 있어 보는 사람을 압도한다. 포르투갈 최고의 아줄레주 화가 중 한 명인 안토니우 드 올리베이라 베르나르드스^{António de Oliveira Bernardes, 1686~1732}가 1711년에 제작한 작품이다. 그는 브라가^{Braga} 대성당과 리스본 메르세스^{Mercês} 성당을 비롯해 포르투갈 전역에 작품을 남기고 있는데, 아들 폴리카르푸 드 올리베이라 베르나르드스^{Policarpo de Oliveira Bernardes}를 비롯해 많은 제자들을 키워냄으로써 포르투갈 아줄레주의 전성기를 이끌었다.

이렇게 성당 내부 전체가 온통 아줄레주로 뒤덮인 것은 아마도 이 성당이 한 세도가의 신전 성격으로 출발했기 때문인 것으로 보인다. 권력자의 탐욕과 그 탐욕에 정비례해서 커지는 내세에 대한 두려움 그리고 면죄부를 받고 싶어하는 나약함이 종합적으로 작용해서 이처럼 '예기치 않은 걸작'을 후대에 남긴 것이 아닐까.

이 성당의 특징 중 하나는 한쪽 벽면에 돌출되어 나온 캐노피◆인데, 여기에는 성당 설립 날짜와 설립자 로드리구 아폰수 드 멜루 백작의 문장이 새겨져 있다. 이 성당 역시 유골로 가득한 납골당을 가지고 있고, 바닥에는 카다발 공작과 그 후손들의 여러 세대에 걸친 무덤이 있다. 또한 성당보다 훨씬 오래전에 만들어진 무어인들의 샘물 저장소가 있다.

'메멘토 모리',
삶 속에서 죽음을 기억하라

'5월 1일 광장'에 위치한 성 프란시스코 성당Igreja de São Francisco은 에보라에서 가장 유명한 곳이다. 이름 그대로 프란시스코 성인을 기리기 위한 곳으로 이탈리아식 프레스코 벽화와 아줄레주가 아주 세련된 대비의 미학을 선사하고 있다. 본당에 들어서면 화려한 목공예로 장식한 중앙 제단 양옆으로 프레스코와 아줄레주가 펼쳐진다. 사람 키를 한참 뛰어넘는 하단부는 파란 아줄레주, 상단은 프레스코 벽화다.

◆　canopy, 제단이나 설교단 등의 위쪽을 기둥으로 받치거나 매단 덮개

성 프란시스코 성당의 납골 예배실

이 성당이 유명한 이유는 사람의 해골로 벽을 덮은 '납골 예배실Capela dos Ossos'이 있기 때문이다. 제단 뒤에 있는 작은 공간의 벽과 기둥에는 약 5,000여 명의 뼈와 해골이 가지런히 놓여 있다.

이 성당을 비롯해 로마나 프라하 등 유럽 곳곳에서 발견할 수 있는 납골 성당은 중세시대의 죽음에 대한 지배적 관념인 '메멘토 모리memento mori' 즉 '삶 속에서 죽음을 기억하라'는 관념의 발현이다.

중세시대 성당이나 교회 주변은 항상 시신으로 넘쳐나는 곳이었다. 페스트와 같은 전염병이라도 발생하면 셀 수 없는 주검이 매장되었고, 매장할 곳이 부족해 다시 파헤쳐 묻는 일이 반복해서 일어나는 곳이었다. 바로 그런 곳 주변에 식당과 주점과 홍등가가 있었다. 사람들의 신앙과 사교생활 그리고 일탈이 늘 주검 주변에서 이루어졌다. 일단 사람들이 너무 쉽게 죽었다. 그들에게 삶과 죽음은 현대인의 생각처럼 서로 분리돼 있는 것이 아니었다.

더구나 중세 기독교는 수많은 성인들을 추앙하는 '다신 숭상적 성향'이 매우 강했다. 많은 교회와 성당들이 저마다 성인들의 해골을 보존해 전시했고, 이런 과정을 통해 해골도 익숙한 사물이 되기에 충분했다. 그러니 이교도적인 행동처럼, 장식미술 오브제로 해골을 사용했다 해서 조금도 놀랄 일이 아니다.

그렇다 해도 시신들을 일일이 수습하고 뼈를 거두어 정리한 다음 보기 좋게 정렬하는 과정이 순탄치만은 않았을 것이다. 이렇게 뼈와 해골을 가지런히 쌓아 올리는 프란시스코 수도사들의 마음은 과연 어떠했을까. 이 역시 천당으로 가기 위한 고난과 수련의 한 과정이었을까. 하느님께 더 가까이 다가서기 위한 지난한 기구祈求였을까.

16세기 종교개혁에 대한 반동 정신이 예수회를 중심으로 널리 퍼지던 시기 이 성당의 수도사들도 자신들의 후배들에게 생명의 덧없음에 대한 메시지를 전달해서 하느님에의 귀의歸依를 자극하고자 했다. 이런 생각의 한 방편으로 납골 예배실을 만든 것이다.

예배실 입구에 'Nós ossos que aqui estamos pelos vossos esperamos^{We bones here, for yours await}'라는, 다시 말해 '우리의 뼈는 당신을 기다리고 있다'는 좀 으스스한 문구가 새겨져 있는 것도 바로 이 때문이다.

이 성당에는 안토니우 아센상^{António Ascensão}이라는 이름을 가진 한 신부의 다음과 같은 시문도 내려온다.

여행자여 어딜 그렇게 급히 가는가.
멈추어라. 더 나아가지 말아라.
지금 네 시선에 보이는 이것보다 네가 더 관심을 기울여야 할 것은 없다.

'우리의 뼈는 당신을 기다리고 있다'고 쓰인 예배실 입구

이 세상에서 얼마나 많은 여정을 지나왔는지 되돌아보아라.

만약 너의 여정이 항상 똑같거나 비슷했다면

되돌아보아야 할 충분한 이유가 있다.

이 세상 수많은 관심사 가운데

네가 죽음에 대해 조금만 관심을 기울인다면

이 장소를 잠시라도 볼 수 있는 기회가 생긴다면

멈추어라. 너의 여행을 위하여 멈추어라.

네가 멈추면 멈출수록, 너의 여행은 더 멀리 나아갈 것이리니.

아! 정말 그렇다. 눈앞에 목표만 크게 보이고 그곳에 빨리 도달하고 싶은 조급함에 몸을 재촉했을 때 실상 나는 그다지 멀리 나아가지 못했다. 빨리 지쳤으며, 지나온 여정에 대한 성찰과 영감이 부족하여 앞으로 더 나아갈 추동력을 쉽게 얻지 못했다. 더 많이 멈출수록 내 여행은 더 멀리, 더 길게 나아간다. 더욱 많은 영감과 성찰이 쌓인다.

성 프란시스코 성당의 납골 예배실이 유명한 것은 그 예술성 때문이다. 유럽 각지의 납골 성당에서 볼 수 있는 '해골 장식'이 이교도 집단의 사원처럼 조악함에서 벗어나지 못하고 있는 반면, 이 성당의 해골들은 파란 아줄레주와 어우러져 뛰어난 미학적 가치를 획득하고 있다.

예배실 입구에는 십자가를 짊어진 예수를 묘사한 너무나 아름다운 아줄레주가 있다. 아줄레주 속의 예수의 모습은 너무 선명해서 금방이라도 "이 세상에 짐 지고 수고로운 자들아! 모두 내게로 오라" 하고 말하는 것 같다.

이 성당은 아비스 왕조 시대의 마지막 유산으로 15세기 말[1475]에 시작해 16세기 초[1550]까지 75년에 걸쳐 세운 것으로 고딕과 마누엘, 이슬람 양식이 혼

성 프란시스코 성당의 벽면 아줄레주

합되었다. 본당 회중석會衆席은 고딕 건축의 걸작이다.

이 아줄레주 작업에는 프란시스코 엔히크스Francisco Henriques, 조르즈 아폰수Jorge Afonso, 가르시아 페르난드스Garcia Fernandes 등 세 명의 왕실 화가가 참여했다.

이 성당에 오면 그 누구라도 기도를 하지 않으면 안 되는 기분이 드는 것은 역시 저 해골의 엄숙성과 푸른 아줄레주 미학성의 결합에서 오는 신성한 분위기 때문일까? 그래서 어디에선가 성 프란시스코의 '평화의 기도' 소리가 들려오는 듯하다.

나를 평화의 도구로 써주소서

미움이 있는 곳에 사랑을

다툼이 있는 곳에 용서를

분열이 있는 곳에 화해를

의혹이 있는 곳에 믿음을

그릇됨이 있는 곳에 진리를

절망이 있는 곳에 희망을

어두움에 빛을

슬픔이 있는 곳에 기쁨을

가져오는 자 되게 하소서

위로받기보다는 위로하고

이해받기보다는 이해하며

사랑받기보다는 사랑하게

성 프란시스코 성당의 벽면 아줄레주

하여 주소서

용서함으로써 용서받으며

자기를 온전히 줌으로써

영생을 얻기 때문입니다

　

그러나 프란시스코라는 이름이 주는 청빈함과는 정반대로 이 성당은 한창 잘나가던 시절 포르투갈 해외 팽창의 기념비적인 상징이기도 하다. 그래서 성당에는 주앙 2세와 마누엘 1세의 문장이 그려져 있다. 벽의 장식도 대항해시대를 찬양하는 항해 관련 모티프들로 채워져서 번영에 대한 기대감으로 들떠 있던 당시의 분위기를 반영하고 있다.

이 성당에 묻힌 사람으로 빼놓을 수 없는 사람은 질 비센트 Gil Vicente, 1466~1536 다. 독특하게도 왕실의 금은 세공사이면서 극작가 겸 연극배우이기도 한 그는 수십 편의 해학극을 통해 영락零落한 귀족, 지나치게 뚱뚱한 수사, 매음 뚜쟁이, 고리 대금업자, 사이비 목자 등 사회 각 계층을 망라한 인물들을 실감나게 묘사함으로써 포르투갈 국문학의 기반을 닦아놓았다. 그는 1536년 이 성당에 묻혔다. '포르투갈의 셰익스피어'라고 할 만큼 포르투갈 극장에서 최고의 이름으로 인정받고 있어서 그의 이름을 딴 프로축구 클럽도 있다.

아줄레주는 포르투갈 역사를
알려주는 살아 있는 교과서

아줄레주와 프레스코를 동시에 사용하는 호사의 극치는 주로 포르투갈 성

예수와 제자들의 만찬을 묘사한 '자비의 성당' 아줄레주. 제자 중 한 명이 예수의 발에 입맞추고 있다.

프레스코와 아줄레주가 환상의 조합을 이루고 있는 '자비의 성당'

당에서 나타나는 특징이다. 스페인의 경우도 성당 장식에 온갖 사치를 부렸지만 그것은 대개 제단 주변의 금장식, 아니면 스테인드글라스에 그친 경우가 많다. 반대로 포르투갈 성당에는 스테인드글라스가 스페인보다 드물다.

'자비의 성당Igreja da Misericórdia'도 아줄레주와 프레스코를 동시에 사용한 경우다. 바로크 양식의 나뭇조각과 아줄레주가 멋진 앙상블을 이루고 있다. 성 프란시스코 성당보다 약간 늦은 1499년부터 짓기 시작해 1554년에 완공한 이 수녀원은 역시 마누엘 1세와 왕비 레오노르 드 아우스트리아Leonor de Austria, 1498~1558가 지은 것이다. 이 수녀원의 아줄레주 역시 앞서 말한 안토니우 드 올리베이라 베르나르드스가 1716년에 제작했다.

이 수녀원 아줄레주는 레오나드로 다빈치 〈최후의 만찬〉의 구도를 모방한 듯 커다란 식탁이 가운데 위치해 있고, 식탁 가장자리에 앉은 예수의 발에 입을 맞추는 제자 중 한 명을 묘사하고 있다. 이로만 보아서는 그가 요한인지, 베드로인지, 가롯 유다인지 누구인지 알 수 없지만, 그가 누구라는 사실이 뭐 중요하랴.

예수의 발에 입맞춤을 하는 것은 회개를 의미한다. 눈물로 예수의 발을 씻기고 입맞추면서 회개한다. 당시 사람들은 이 아줄레주 앞에 마주하고 속죄와 회개의 눈물을 쏟아냈을 것이다.

이방인 여행자는 이들 앞에서 자꾸 발걸음을 멈출 수밖에 없다. 너무나 매혹적인 아줄레주의 향연을 즐기느라, 그 푸른 바다에 빠져 행보가 느려진다.

에보라대학은 코임브라대학과 양대 산맥을 이루면서 중세 유럽의 학문을 선도한 대학이었지만 속세 권력과 종교 권력 사이 헤게모니 쟁탈전의 희생양으로 무려 214년 동안 문을 닫아야만 했던 비운의 학술 전당이다.

로마 교황청이 전지전능의 권력을 휘둘렀던 중세 유럽에서도 왕권을 위시한 세속 권력은 늘 종교의 힘을 거꾸로 이용해서 기득권을 유지하거나 타인의 재산을 박탈했다. 대표적인 예가 템플기사단이다. 십자군 전쟁 시절 로마 교황청의 권위 보존에 누구보다 혁혁한 전공을 세웠던 그들이지만 그들의 세력 확장을 겁내고 재산에 눈독을 들인 프랑스 왕의 모함과 간계로 대부분 어처구니없게 종교재판으로 화형을 당하거나 모진 고문을 당했다. 에보라대학도 비슷하다. 권력 앞에서 학문이 설 자리는 예나 지금이나 참 척박하기만 하다.

에보라대학이 배출한 걸출한 학자들은 많지만 우리는 거의 이름을 모르는 사람들이다. 다만 일본 최초의 주교인 페드루 마르틴스Pedro Martins가 이 대학 출신이다.

이 대학 건축에서 매우 중요한 부분을 차지하는 '성령의 전당Igreja do Espírito Santo'은 강의실이 죽 늘어선 회랑에 아름다운 아줄레주로 장식돼 있다. 각 강의실 역시 학문의 전당답게 제자들을 가르치는 플라톤 혹은 알렉산더 대왕을 가르치는 아리스토텔레스의 모습이 아줄레주로 묘사돼 있다.

파란색 아줄레주로 장식한 강의실에서 공부하는 기분이란 어떤 것일까. 시험을 위한 치팅커닝 낙서로 잔뜩 더럽혀져 있는 우리네 대학 강의실만 봐왔던 경험으로써는 잘 연상이 되지 않는다. 타일에 낙서를 해보았자 잘 보이지도 않고 쉽게 지워질 터이니, 우리 대학 강의실도 이렇게 타일로 하단부터 중간까지 장식을 해보면 어떨까?

물론 학문 경쟁력 강화보다 돈 벌이에 더 혈안이 돼 있는 대학들이 많은 돈이 들어갈 이런 장식에 신경쓸 가능성은 거의 없겠지만….

이 건물이 중요한 이유는 그 양식이 브라질이나 인도 등 포르투갈 식민지였던 곳에 그대로 전파되었기 때문이다. 원래 이 건물은 앞에서도 말했듯 아비스 왕조의 사실상 마지막 왕인 추기경 엔히크가 이태리 건축가 자코모 바로치 다

우리 대학교 강의실도 이렇게 해놓으면 벽에 커닝(cheating)용
낙서가 빼곡하게 들어차지 못하지 않을까. 에보라대학의 강의실

비뇰라Giacomo Barozzi da Vignola, 1507~1573에게 의뢰해 지은 것이다. 엔히크 왕은 그
자신이 엄격한 가톨릭의 수호자였으므로 결혼을 하지 않았고, 당연히 자식도
없었다. 그러므로 마누엘 1세의 손자이자 엔히크의 조카인 안토니우가 잠시 통
치했지만 이후 아비스 왕조가 단절되고, 다음부터는 합스부르크 왕조의 스페
인 왕 펠리페 2세가 포르투갈을 통치한다.

16세기 이탈리아 마니에리슴manièrisme, 매너리즘◆을 대표하는 자코모 비뇰라
는 르네상스 양식을 서유럽에 전파한 3대 건축가의 한 사람으로, 로마에 세운

◆ 고전주의의 쇠퇴를 뜻하거나 고전주의에 대한 반동을 말한다. 유럽에서 성숙기 르네상스와
바로크를 이어주는 교량적 역할을 하면서 약 100년 동안 유행했던 예술 양식이다.

복도와 복도를 연결하는 회랑의 아줄레주

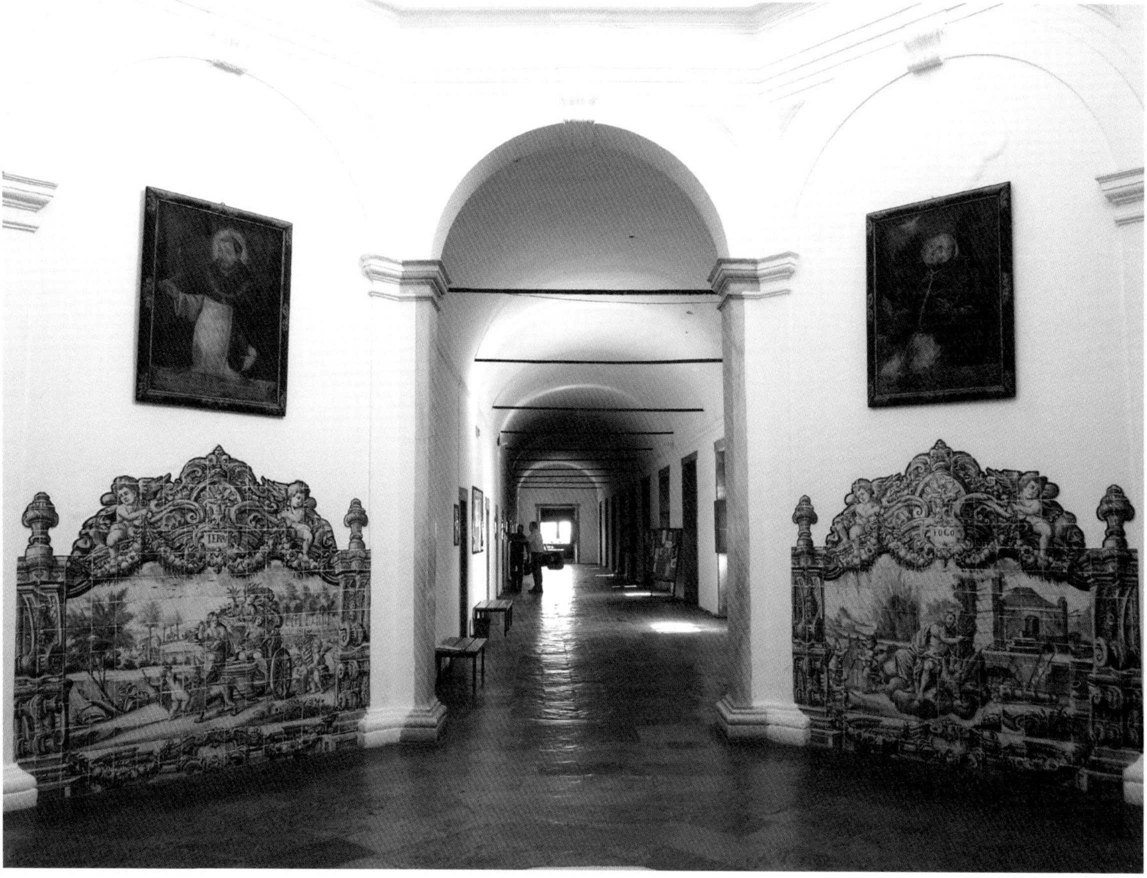

그의 대표작 예수회의 제수 교회를 모방해서 이 건물을 지었다. 그런데 이 건축가는 브라질이나 인도 등지로 떠나는 수도사들을 통해 현지에 자신의 건축양식을 적극 전하고자 노력했다. 가톨릭 신앙뿐만 아니라 미의식도 함께 수출하고자 한 것이다. 그리하여 중남미나 인도 등에 새롭게 들어선 건물들은 이베리아 반도의 고유한 양식 말고도 이탈리아 르네상스 건축도 차용하게 된다. 복제를 통한 문화의 전파력이란 이래서 무서운 것이다.

에보라대학의 아줄레주를 보노라면 자신들의 항해와 관련된 것 말고도 중국의 풍경을 묘사한 것들이 눈에 띈다. 당연히 중세 유럽의 중국에 대한 동경심을 반영하는 그림이다. 당시 유럽 왕실들이 중국산 청화백자를 구입하려고 혈안이 되었다는 사실을 알면 아줄레주에 이런 묘사가 등장하는 것이 이해된다.

베자와 마찬가지로 에보라를 떠나기 전에 마지막으로 역을 들러본다. 에보라 역에서 기다리고 있는 아줄레주는 역시 이 도시의 역사와 관계된 것들이다. 제일 먼저 눈에 띄는 것은 1497년 마누엘 1세가 인도로 가는 원정대 대장으로 바스코 다 가마를 임명하는 모습이다.

에보라 역에 이런 아줄레주가 있는 것은 바스코 다 가마가 에보라대학 출신이고, 그의 노년기인 1519년부터 마지막 항해를 떠난 1524년까지 에보라에서 살았기 때문이다. 그는 인도 현지 공관의 부정부패를 바로잡기 위해 1524년 세 번째 인도로 가는 배를 탔지만, 노령의 나이에 과로가 겹쳐 인도의 코친Cochin에서 사망한다.

바스코 다 가마가 4척의 배를 이끌고 처음으로 인도를 향해 리스본을 떠난 것은 1497년 7월 8일의 일이다. 선단은 120t급 캐럭 범선 2척과 50t급 캐러벨 범선 1척, 보급선 1척으로 총 168명의 선원이 참가했다.

아프리카 대륙을 돌아 인도로 가는 길을 잡은 바스코 다 가마는 희망봉을

중국 풍경을 묘사한 에보라대학 아줄레주

D. MANUEL I INVESTE VASCO DA GAMA NO
COMANDO DA EXPEDIÇÃO Á INDIA 1497

바스코 다 가마를 인도원정대 대장으로 임명하는 아줄레주 발견한 바르톨로메우 디아스와 동행했다. 이전에 서부 아프리카 해안을 남하한 경험이 있는 바르톨로메우 디아스는 연안을 따라가지 않고 대서양 바다 가운데로 멀찍이 돌아갈 것을 조언했고 바스코 다 가마는 이를 받아들였다. 덕분에 바스코 다 가마 선단은 기니만의 무풍지대와 해안의 무역풍 맞바람을 피해 비교적 순조롭게 아프리카의 최남단까지 도달했다.

11월 22일 희망봉을 돈 바스코 다 가마는 아프리카 동쪽 연안을 따라 북상하여 모잠비크, 몸바사를 경유해 이듬해 4월 케냐의 말린디에 도착했다. 바스코 다 가마는 이곳에서 이슬람 항로 안내자 아흐마드 이브 마지드Ahmad ibn Mājid, 1421~1500의 안내로 인도양을 건너 5월 20일 마침내 인도의 캘리컷현재 코지코드에 도착했다. 이로써 대서양의 포르투갈과 인도양의 인도 사이에 바닷길이 최초로 개척되었고, '아시아 경영'의 첫 발을 내딛게 되었다.

역은 플랫폼이다. 기차가 떠나는 곳을 플랫폼이라 하지만 역은 그 자체로 플랫폼이다. 떠나는 이들, 돌아오는 이들 그리고 누군가를 기다리는 이들이 서로 교차하며 이용해야만 하는 플랫폼이다. 이런 플랫폼에 포르투갈의 도시들은 아줄레주로 그들의 역사를 널리 알린다. 참 탁월한 마케팅이다.

에보라 역은 다른 도시의 역들이 항용 그러한 것처럼 바스코 다 가마를 묘사한 그림 말고도 디에나 신전 등 여러 관광지를 아줄레주로 보여준다. 역의 아줄레주만 이해한다면 에보라 역사는 상당 부분 깨칠 수 있다. 아줄레주는 살아 있는 역사 교과서다.

Portugal story 9

애달픈 별리(別離)의 도시 베자

Portugal story 9
애달픈 별리(別離)의 도시 베자

빈곤하지만 아름답고,
그래서 매혹적인 베자

알가르브Algarve 바로 위에 위치한 알렌테주Alentejo 지방은 포르투갈에서도 가장 낙후된 지역이다. 지정학적으로도 대항해시대 탐험대가 원정을 나가는 항구도시로 북적거렸다가 요즘은 휴양지로 각광받는 알가르브 지방과 수도 리스본 사이에 어정쩡하게 끼어 있는 형국이다. 올리브, 포도, 코르크 농장 등 수세기에 걸친 전통적 농업이 이 지역 산업의 주류를 형성하며 포르투갈 경제의 총생산량에 기여하는 바는 매우 미미하다.

그러나 이를 거꾸로 생각하면 가장 전원적이며 토속적인 풍경과 문화가 남아 있는 지방이라는 해석이 가능하다. 실제로도 그렇다. 빈곤하지만 아름답고, 그래서 매혹적인 지방인 것이다.

베자가 있는 알렌테주 지방은 포르투갈에서 가장 낙후된 지역으로, 농업이 산업의 전부다.

베자 법원의 아줄레주. 이곳이 로마 시절에 "팍스 율리아"
라고 불렸음을 알려준다.

지금은 한적한 시골마을이 된 베자이지만, 옛날에는 매우 중요한 위치를 차지했다. 켈트족을 물리치고 로마인들이 들어왔던 BC 48년, 이 도시의 이름은 정복자 율리우스 시저Julius Caesar의 이름을 따서 "팍스 율리아Pax Julia"로 불렸다. 로마는 포르투갈과 스페인 일부를 포함하는 이베리아 반도 중서부에 루시타니아Lusitania 속주를 세웠고, 베자가 그 속주의 중심이었다.

시저 양아들로 로마 최초의 황제가 된 아우구스투스Augustus 시절, 이 도시의 이름은 '팍스 아우구스타Pax Augusta'로 다시 바뀌었다. 그 후 오랜 세월이 흐르고 서고트족이 이곳을 점령하자, 도시 이름은 또 파카Paca가 되었다. 이름이 다시 베자라고 바뀐 것은 713년 이슬람 우마이야 왕조의 군대가 정복한 다음부터다.

이곳을 탈환하려는 기독교 왕국의 레콩키스타는 910년부터 시작되었지만, 아직은 이 지역의 무어인 군대를 물리칠 힘을 갖추지 못했다. 1031년 코르도바의 우마이야 칼리프Caliph♦가 몰락하자 베자는 독자적인 타이파taifa♦♦가 되었다.

♦   원래 종교 지도자를 뜻하지만 나중에 세속 군주로 변질되었다.

♦♦ 일종의 무슬림 도시국가

곤살루 멘드스 다 마이아 기사의 업적을 기리는 아줄레주

베자 중심부의 광장. 로마 시절의 특성이 그대로 남아 있다.

1144년 베자의 왕 시드레이 이븐 와지르Sidray ibn Wazir가 알가르브 타이파를 지원해 스페인을 제패한 신흥세력 알모하드Almohads, 1133~1269, 아랍어 표기에 따르면 무와히드 왕조에 맞서는 바람에 괘씸죄를 사서 베자도 1150년 알모하드 왕조 직속 영토로 넘어갔다. 1162년 포르투갈 기독교 왕 아폰수 1세가 이 도시를 점령하는 데 성공했지만 1175년 다시 알모하드 왕조의 수중에 떨어졌다. 이 도시가 완전히 기독교 왕국에 편입된 것은 1234년 산슈 2세Sancho II, 재위 1223~1247 때의 일이다.

아폰수 1세의 레콩키스타 당시 베자의 영웅은 곤살루 멘드스 다 마이아Gonçalo Mendes da Maia, 1079?~1170라는 기사다. 전설에 따르면 그는 나이 91세가 되던 해 베자에서 벌어진 무슬림 군대와의 '리다도르Lidador 전투'에서 다른 누구보다 앞장서 상대를 물리치고 전사했다고 한다. 그래서 지금 베자의 시립공원 정문에는 그의 용맹함을 기리고자 리다도르 전투를 묘사한 커다란 아줄레주 벽화가 세워져 있다. 이 아줄레주 패널은 역시 조르주 콜라소 작품이다.

이렇게 물고 물리는 전쟁으로 인해 도시 인구는 줄고 점점 쇠락의 길로 갔다.

성모수태 수녀원의 복도.
세비야 타일로 장식한 그 아름다움에 넋을 잃는다.

마누엘 1세 때인 1521년 베자는 다시 옛날의 위상을 회복하고 번영을 도모했지만 1640년부터 1667년까지 벌어진 스페인과의 독립전쟁 동안 서로 빼앗고 빼앗기는 치열한 격전지로 커다란 상처를 입었다. 1808년에는 나폴레옹 군대에 의해 주민이 대학살을 당하는 아픔을 겪기도 했다.

그러나 이 도시를 점령하고 물러가곤 했던 많은 세력의 흔적이 긴 세월 동안 문화적 유산으로 남아 있기 때문에 오늘날의 베자가 흥미로운 것이다. 베자 중심부의 직사각형 광장 역시 로마 시절의 특성이 그대로 남아 있다.

성모수태 수녀원 역시 오래된 도시 베자의 특성을 고스란히 나타낸다. 이 수녀원은 아폰수 5세의 동생이자 마누엘 1세의 아버지 페르난두와 그의 부인 베아트리스가 1459년에 세운 것이다.

이 수녀원은 두 가지 사실에서 매우 인상적이다. 하나는 이 수녀원이 고딕, 바로크, 마누엘, 이슬람 양식 등이 종합적으로 구현되어 꽃을 피운, 그야말로 하이브리드혼혈 건축의 한 정점이라는 사실이다.

또 하나는 수녀원 곳곳을 장식하고 있는 아줄레주다. 포르투갈이 번영했던 15세기에 세워진 건축물답게 스페인 발렌시아에서 수입해온 이슬람 장식 타일로 정말 원 없이 치장을 했는데, 그 조화가 가히 일품이다.

이 수녀원을 보고 있노라면 문화의 전파력 혹은 흡수력 같은 것에 일종의 경이를 느낀다. 여러 차례 얘기했지만 가장 모범적인 가톨릭 국가인 포르투갈은 레콩키스타 완성 이후 무어인들이 남겨놓은 흔적 지우기에 모든 힘을 쏟았다. 그래서 남아 있는 이슬람 문화유산이 거의 없다. 그런데 레콩키스타 직후에 이렇듯 수녀원 건물에 떡하니 이슬람 양식을 가장 대표하는 오브제를 장식으로 붙여놓은 것이다.

물론 장식 타일이 일반화되지 않고 일부 왕궁이나 성당 등 특권층에서만 부

세비야산 타일로 모양을 낸
십자가와 예배실

분적으로 장식재로 삼은 당시 상황에서는 이를 '이슬람 것'으로 생각하기보단 '소중한 것', '귀한 것'으로 여겼을 가능성이 높다. 그렇기에 귀한 장소를 다른 건축물과 구별하기 위해 많은 돈을 들여 타일을 수입해와 장식했을 것이다.

그렇다고 해도 수백 년 동안 자신들의 땅을 점령했고, 이를 회복하기 위해 또 100년 이상 전쟁을 벌인 그들이 무어인의 유산을 마치 자신들이 오랫동안 입었던 옷처럼 받아들인 것은 역사의 아이러니가 아닐 수 없다.

위의 사진을 보면 한술 더 떠서 아예 이슬람 건축 특성을 적극 차용했음을 알 수 있다. 이슬람 사원의 예배실 미흐라브◆는 항상 오목하게 들어가 있는데,

◆ mihrab, 모스크의 예배실은 메카의 방향으로 설계되는데 그 안쪽 벽에 설치된 작은 아치 모양의 오목한 곳을 뜻한다.

수녀원이라지만 스페인의 영향을 받아 이슬람 왕궁과 닮아 있다.

메카의 방향을 나타내기 때문에 중요하게 여겨져서 가장 정성들여 치장을 하는 것이 특징이다. 타일로 십자가를 형상화해서 장식한 것이나 움푹 들어간 공간 등은 전형적인 미흐라브 양식을 흉내낸 것이다.

게다가 이 수녀원은 스페인 수입 타일로 장식을 한 탓에 꼭 그라나다의 알람브라나 세비야 알카사르 궁전에 와 있는 듯한 착각을 일으키게 한다. 가톨릭 수녀원인데도 이슬람 사원의 냄새를 물씬 풍기는 것이다.

수녀원 내부 예배실은 더욱 화려하다. 회랑처럼 파랑과 검정색 타일로 중단부와 하단부를 장식하고 그 위에는 프레스코 벽화 그리고 천장 부근은 유채색 장식으로 화려함의 극치를 이룬다. 이 역시 세비야 스타일을 그대로 따른 것이다. 십자가와 예수 형상만 아니라면 영락없는 이슬람 왕궁이다.

무어인들의 이베리아 반도 진출 이후 타일을 처음 만들기 시작한 곳은 스페인 말라가Malaga였지만, 세비야가 북아프리카에 기반을 둔 이슬람 왕조들의 중심도시가 되면서 타일 산업 역시 세비야와 발렌시아의 마니세스Manises로 옮겨갔다. 세비야와 마니세스는 16세기 중반까지 줄곧 고전적인 '쿠에르다 세카cuerda seca'나 '쿠엔카cuenca' 방식으로 타일을 제조했다.

베자 수녀원의 아줄레주는 포르투갈이 독자적으로 장식 타일을 생산하기 이전의 것이라는 점에서 가치가 더 있다. 이 타일은 리스본 인근 신트라 궁전의 것과 함께 포르투갈에 남아 있는 15세기 마니세스 타일로, 정작 스페인에서는 찾아보기 힘든 귀중한 문화유산이다. 포르투갈이 '수입산'이 아니라 독자적으로 만든 타일로 아줄레주 작품을 만들기 시작한 것은 1503년께 한 기념비가 시초라고 한다.

한편 이 수녀원에는 유명한 사랑 이야기 하나가 전해 내려온다. 1665년 당시 포르투갈은 스페인과 한창 독립전쟁을 치르고 있었는데, 그런 포르투갈을 지

예수상과 성모 제단화를 감싸고 있는 것은 15세기 세비야 타일이다.

원하기 위해 프랑스가 군대를 보냈다. 그러던 와중 마리아나 Soror Mariana Alcoforado, 1640~1723 라는 이름의 한 수녀가 발코니에서 우연히 기병대 대장으로 온 생 레제르Saint-Léger의 백작, 노엘 부통 드 슈밀리Noël Bouton de Chamilly, 1636~1715를 보고 그만 첫눈에 사랑에 빠져버렸다. 마리아나의 아버지는 이 지역 왕 재산을 관리하는 공무원으로 그녀는 고귀한 가정에서 자랐지만, 아버지가 재혼하면서

편지를 쓰는 마리아나 수녀를 묘사한 책 속 삽화. 뒤 배경에 그림으로 표현된, 노엘 백작과의 달콤했던 시간을 회상하는 듯하다

계모에 의해 수녀원으로 보내진 상태였다.

그렇게 외로운 상태에서 미남 백작을 보자 마리아나는 몸이 달아올랐다. 매혹적인 팜므 파탈과 옴므 파탈은 반드시 죄를 잉태하는 법이다. 그녀는 노엘 백작이 자신을 의식해 의도적으로 수녀원 앞에서 자신의 시선을 끌기 위해 행진을 했다고 확신했다. 급기야 그녀는 자신의 신분을 망각한 채 오빠를 통해 그 장교에게 연락을 취했고, 두 사람은 연애를 시작했다.

이 금단의 사랑은 1667년 노엘 백작이 프랑스로 돌아가면서 홀연히 끝이 났다. 이러한 사랑 이야기의 전개 과정과 결말을 우리는 잘 알고 있다. 마리아나는 기약 없는 편지를 프랑스로 보내기 시작했다. 기록에 의하면 1667년 12월부터 1668년 6월까지 모두 5통의 긴 편지를 보냈다고 한다. 편지에는 노엘 백작에 대

한 마리아나의 절절한 감정이 그대로 나타나 있다.

> '나는 당신을 처음 보았을 때 내 삶을 봉헌했고, 당신에게 희생하는 것
> 이 나를 기쁘게 합니다.'

당연히 노엘 백작에게서는 아무런 연락이 없었다. 편지에서 포르투갈로 돌아와 자신을 프랑스로 데려가 달라고 간청했으니 더욱 그러했을 것이다. 그런데 1669년 그녀의 편지 묶음이 프랑스에서 돌연 책으로 출판돼 나왔다. 『포르투갈의 편지Lettres portugaises』라는 제목으로. 이 책은 프랑스에서 큰 반향을 일으켰다. 작가 스탕달Stendahl이 다음 같은 말을 남길 정도였다.

> '모름지기 사랑을 하려면 포르투갈 수녀처럼 해야 한다. 불꽃처럼 타
> 오르는 영혼으로.'

이 이야기는 추억의 영화 한 편을 떠올리게 만든다. 정말 오래된 1959년 영화로 우리나라에서는 1961년에 첫 상영을 한 「기적The Miracle」이다. 이 영화의 초반부 스토리는 마리아나 수녀의 이야기와 거의 흡사하다.

영국의 침공으로부터 스페인을 지키기 위해 마드리드에 도착한 프랑스 나폴레옹 군대가 수녀원 정문 앞 광장에서 잠시 휴식을 취하고 있는데 장교 마이클 스튜어트당시로선 정말 풋풋했던 로저 무어와 수녀 테레사캐롤 베이커의 시선이 쇠창살 정문을 통해 서로 마주친다. 으레 그렇듯 두 사람은 불꽃 튀는 시선을 통해 가슴의 떨림을 느낀다. 사랑 이야기가 진행되려면 뭔가 사건이 벌어지는 것이 필수다. 그 장교는 부상을 입어 수녀원에 호송돼오고 둘의 사랑이 거기서부터 불붙

기 시작한다.

남성들의 오랜 로망을 건드리는 정말 고전적인상투적인 스토리다. 어쨌든 정식 서원을 받지 않은 수련수녀였던 테레사는 장교로부터 같이 떠나자는 권유를 받고 갈등하다가 결국 수녀원을 쫓기듯 나오고 마는데, 그 순간 하늘에서 먹구름이 몰려오고 수녀원의 마리아상이 홀연 사라진다.

이야기는 길지만 간략히 줄이자면, 두 사람은 서로 엇갈려 만나지 못하고

마리아나 수녀의 사랑 이야기를 연상케 하는 삽화. 지금은 박물관이 된 성모수태 수녀원에 걸려 있다.

테레사는 뜻하지 않게 가수로 성공한다. 그런데 테레사가 수녀원을 떠났을 때부터 마을에는 기근이 들어 사람이 살 수 없을 정도로 황폐해졌다. 그러나 우여곡절 끝에 테레사가 다시 수녀원에 돌아와 수녀복을 입고 기도를 하자 마리아상도 돌아오고 비가 내리기 시작한다.

아마 이 영화는『포르투갈의 편지』에서 모티브를 얻었을 듯하다. 그렇든 아니든 이 수녀원은 수녀의 사랑 이야기 그리고 지금도 여전히 아름답게 빛나는 아줄레주와 함께 포르투갈에서 손꼽히는 명소가 되어 있다.

성모수태 수녀원은 꽤 오랜 세월 방치되었다가 현재 베자 지역박물관혹은 레오노르 여왕 박물관, Museu Regional da Rainha Dona Leonor으로 사용되고 있다. 세라믹, 유리, 청동, 철, 동전, 모자이크, 조각 등을 통해 이 지역을 거쳐간 다양한 문명의 흔적들을 볼 수 있다.

이 수녀원 건축양식에서 특히 눈여겨볼 것은 마누엘린Manueline 양식이다. 이

마누엘 양식의 성모수태 수녀원 지붕 모습

가우디 지붕 장식들

에 대해서는 풍부하고 화려한 장식물이 특징으로 16세기에 전성기를 맞은 포르투갈 건축양식이라고 설명한 바 있다. 따라서 15세기에 건립된 이 수녀원은 마누엘 양식의 초기에 속한다.

마누엘 양식은 마누엘 1세에서 나왔다. 마누엘 1세 통치 기간은 바스코 다 가마에 의한 동방과의 교역, 동양 향신료의 유럽 판매 독점, 인도와 브라질 개척 등으로 왕과 나라 모두 막대한 부를 축적하던 시기였다. 마누엘 1세는 과시욕이 있고 사치를 즐겼기 때문에 자연스럽게 건축에도 화려한 장식적 요소가 많이 가미되었다. 바로 이런 취향에서 마누엘 양식이 태동한 것이다.

옆 페이지의 사진처럼 다양한 장식이 붙어 있는 성모수태 수녀원 지붕이 바로 마누엘 양식이다. 그런데 이를 보면서 뭔가 연상되는 곳이 있지 않은가? 어디선가 본 것 같은 느낌. 그렇다. 우린 이와 비슷한 지붕들을 스페인 바르셀로나에서 볼 수 있다. 가우디Gaudi의 작품들에서 말이다. 비록 가우디의 것이 더 화려하고 다채롭지만 그것의 원형이 어디인지는 바로 알 수 있다.

베자의 아줄레주 축제
포스터

아줄레주로 벽면을 장식한 베자 역

이렇듯 하늘에서 갑자기 뚝 떨어지는 예술이란 없다. 과거의 것의 모방과 재창조 그리고 뒤섞음혼혈에서 새로운 작품과 영감이 생겨나는 것이다. 가우디는 흔히 천재로 일컬어지지만 그의 작품들의 뿌리 상당수가 아줄레주에 있다. 구엘 공원 등 그가 만든 작품들에 공통적으로 붙여져 있는 도기 조각들, 그것이야말로 타일이 아니고 무엇이겠는가.

베자에서는 매년 5월 아줄레주 축제를 개최하는데, 그 기원은 성모수태 수녀원을 세운 베아트리스 공작부인이 1467년 이 수녀원의 장식을 위해 스페인 발렌시아 마니세스로부터 타일을 주문한 것으로 시작한다. 지난 2017년은 베자가 스페인으로부터 타일을 수입한 지 꼭 550주년이 되는 해다. 이 당시의 타일은 앞서 말한 것처럼 이 수녀원 이외에도 신트라 궁전, 세투발의 예수 수도원과 아제이탕의 퀸타 다 바칼로아에 남아 있다.

베자 역의 아줄레주는 역시 농부들의 일상을 목가적으로 묘사하고 있다. 또한 이곳이 레콩키스타 당시 치열했던 격전지임을 나타내는 무어인과의 전투 장면을 묘사한 것도 있다.

베자에는 '팡 지 할라Pão de Rala'라고 하는 향토 음식이 있다. 호박으로 만든 케이크로, 마치 호박죽을 빵으로 만든 듯 호박 특유의 향기와 식감이 어우러져 고소한 단맛이 일품이다. 타향을 돌아다니는 나그네의 지친 몸과 마음도 '팡 지 할라' 한 조각이면 거뜬히 회복되고 새로운 길을 나설 수 있을 것이다. 어머니의 정성이 듬뿍 담긴 따끈한 호박죽처럼.

Portugal story 10

알가르브, 무어인의 땅에서
세계 정복의 전초거지로

Portugal story 10

알가르브, 무어인의 땅에서
세계 정복의 전초기지로

과거의 번영을
뒤로 하고…

이제 포르투갈의 최남단 알가르브Algarve 지방으로 가보자. 알가르브는 그 이름에서부터 이슬람 무어인들이 지배했던 땅임을 알 수 있다. 바로 '서쪽'을 뜻하는 아랍어 '엘 가르브el-gharb'에서 유래한 지명이기 때문이다.

711년부터 이곳을 점령한 북아프리카 무어인들은 스페인 세비야를 중심으로 서쪽을 '알 가르브 알 안달루스al-Gharb al-Andalaus' 즉, '서부 안달루시아'로 불렀는데, 이 호칭이 오늘날의 지역명이 되었다.

12세기 초에 시작된 레콩키스타도 궁극적인 목표는 풍요롭고 기후 좋으며 부유한 알가르브 지역 탈환이었다. 알가르브는 북아프리카와 마주보고 있어 교역이 빈번한 무역의 중심이었고, 여느 지중해가 그러하듯 일 년 중 320일이

알가르브 해안

실브스 무어인들의 옛 성채 입구에 세워진 산 슈 1세(1154-1211)의 흉상. 그가 들고 있는 왼손의 종이에는 실브스와 알가르브 지역을 1189년에 되찾았다는 내용이 쓰여 있다. 그러 나 1191년에 다시 빼앗겼다.

넘는 쾌청일수를 자랑하는 곳이어 서 살기 좋은 곳으로 꼽혔다.

과거 번성기를 누렸던 무역항들 은 오늘날 그 명맥만 겨우 유지하는 정도로 오그라들었지만 대신 알가 르브 해변들은 스페인 '코스타 델 솔Costa del Sol, 태양의 해변'에 버금가는 휴양지와 대단위 리조트 단지로 변 신해 유럽인들이 선호하는 휴가지 우선순위를 차지하고 있다. 아슬아 슬한 절벽, 황금빛 모래, 부채꼴 모양 의 해변과 섬들이 매력적인 풍광을 만들어내고 있기에 가능한 일이다.

포르투갈의 레콩키스타는 1242 년 알가르브의 타비라Tavira 전투로 마지막 남은 무어인들이 축출되면서 종료 되었다. 타비라는 모로코에서 가장 가까운 항구이기 때문에 자연스레 무어인 들의 포르투갈 진출의 교두보 역할을 했다. 그러나 무어인들이 쫓겨나자 이번 에는 북아프리카로 향하는 원정대의 전초기지가 되었다. 대항해시대에 이 도시 는 탐험대의 식료품와인, 건어물, 소금 등을 보급하는 병참기지 역할을 담당했다.

엔히크 왕자의 바닷길 개척은 후추 같은 향신료와 황금을 찾겠다는 물질적 이유 말고도, 동방 어딘가에 있다는 '기독교 왕국'을 찾고 이교도들에게 기독 교를 전파하겠다는 매우 열렬한 종교적 신념에 따른 것이었다. 엔히크 왕자는 로마 교황청의 총애와 후원을 직접 받는 '크리스트 기사단'의 단장이었다.

프랑스 세속 권력에 의해 주도된 1312년 템플기사단의 비극적인 해체와 더불어 14세기 중부 유럽에서는 십자군 이념이 급격히 사라졌다. 그럼에도 불구하고 포르투갈에서는 디니스 왕이 1319년 크리스트 기사단을 창건했고, 그들에게 템플기사단의 재산이 양도되어 십자군 이념을 계승, 발전시켜 나가게 되었다.

1452년 6월 18일 교황 니콜라오 5세^{Nicholas V, 1397~1455}는 포르투갈 아폰수 5세에게 칙령 '둠 디베르사스^{Dum Diversas}'를 내린다. 이는 '사라센, 이교도 그리고 그리스도의 적들이 발견되는 곳이면 어디든 공격하고 정복할 것'을 허가하는 칙서를 반포한 것이다. 콘스탄티노플이 함락되기 일 년 전에 발행된 이 칙서는 오스만제국에 대항하는 또 다른 십자군 원정을 시작하려는 의도였을 수도 있다.

니콜라오 5세는 포르투갈과 스페인의 영토 분쟁에서도 포르투갈 편을 들어주었다. 카나리아 제도의 소유권을 놓고 스페인과 포르투갈이 분쟁을 벌이자, 교황은 서아프리카 해안을 따라 발견된 땅섬포함에서 포르투갈의 우선권을 인정했다.

1454년 스페인 세비야와 카디스^{Cádiz}로부터 온 캐러벨 함대가 아프리카 해안을 따라 교역하다가 포르투갈 함대에 의해 격침되었다. 이에 카스티야의 엔리케 4세가 전쟁을 벌이려 하자, 아폰수 5세는 교황에게

템플기사단이 권력 다툼의 희생양으로 사라지자, 포르투갈은 '크리스트 기사단'을 만들어 이들의 재산을 귀속시키고 십자군 정신을 계승했다.

포르투갈의 토지 독점권을 적극적으로 지지해줄 것을 다시 호소했다.

이에 따라 1455년 1월 8일 교황 칙서 '로마누스 폰티펙스Romanus Pontifex'는 포르투갈의 쿠에타 소유권 및 발견된 영토에서 무역, 항해, 어업 등의 독점권을 승인하고 이전의 '둠 디베르사스'를 재확인했다. 이 칙서는 아폰수와 그의 후계자들에게 '철제 도구와 건설을 위한 나무, 밧줄, 선박, 갑옷 등 어떠한 물건과 물품, 식량 등 필요한 것이 무엇이든, 그 지역에 있어 사라센과 이교도들과 함께 구입하고 판매할 수 있는 권한'을 부여했다.

칙서는 또 포르투갈인들에게 모로코와 인도 제도 사이의 독점적인 무역권을 주었고, 주민들을 정복하고 개종시킬 수 있는 권리를 주었다. 니콜라오 5세가 아폰수 왕에게 내린 이 칙서는 현존하는 영토에 부여된 권리를 미래에 얻을 수 있는 모든 영토에게도 확대 적용되는 것이었다. 이에 따라 포르투갈은 '모든 사라센과 이교도, 그리스도의 적들 그리고 왕국, 공작령, 영지, 소유물들, 이동 가능한 것은 물론이고 움직일 수 없는 재화들도 침략하고, 찾고, 사로잡고, 정복할 수 있고, 정복지 사람들을 영구적인 노예로 삼을 수 있는' 권리를 갖게 되었다.

교황은 물론 흑인 노예에 대해 기독교의 성령으로 개조될 수 있는 하느님의 자비를 강조했다.

'무력으로 빼앗거나 금지되지 않은 물물교환에 의해서, 혹은 합법적 계약에 의한 구매로 얻은 기니아 사람들과 다른 흑인들은 신의 자비에 의해 가톨릭의 믿음으로 개종되기를 희망하며, 그들 중 많은 사람의 영혼만이라도 그리스도를 위해 얻기를 바란다.'

이렇게 니콜라오 5세가 내린 두 번의 칙서로 인해 포르투갈은 아프리카 연안의 노예를 획득하고, 이를 매매할 수 있는 '흑인 노예무역'의 권리를 인정받았다. 포르투갈은 아프리카 족장들과 무슬림 노예 무역상들을 상대하여 수익성이 좋은 노예무역에서 유럽의 핵심이 되고자 했다.

1455년 니콜라오 5세가 사망하자 1456년 갈리스토 3세Callixtus III, 1378~1458의 칙서Inter Caetera quae, 1481년 식스토 4세Sixtus IV, 1414~1484의 칙서Aeterni regis에 의해 앞의 권리들이 재확인되었다. 이 칙서들은 스페인에게 아메리카에 대해 포르투갈과 비슷한 권리를 주는 1493년 알렉산데르 6세Alexander VI, 1431~1503의 3개의 칙서5월 3일과 4일, 9월 23일의 모델이 되었다.

아프리카에서 납치한 흑인들을 배에 가두고 있는 포르투갈 노예상인들.
그들의 노예무역은 교황의 지지와 인정을 바탕으로 한 것이다.

라구스 시 광장의 엔히크 왕자 동상. 그의 사망 500주년을 기념해 세운 것이라고 쓰여 있다.

특히 교황 나콜라오 5세가 1455년 칙서에서 엔히크 왕자를 '직계 아들'이자 '용맹스러운 크리스트의 군인'으로 부른 것은 십자군 정신의 부활에 대한 교황의 적극적인 지원을 입증해주는 예다.

이렇게 교황의 신임을 얻은 엔히크는 크리스트 기사단의 총수로서 이 단체의 재산으로 배를 건조하여 원정대를 조직했다. 엔히크와 포르투갈의 도전이 현실적으로 매우 수익성 높은 무슬림 노예무역에서 확고한 기반을 챙기고, 서아프리카의 금과 상아를 독점하는 무슬림 사하라 카라반과 경쟁하기 위한 것이었다고 해도, 엔히크 원정대의 성격이 이교도와의 전쟁으로 확고하게 규정된 것은 너무나 당연한 일이었다. 엔히크 왕자가 출범시킨 모든 포르투갈 범선의 돛에는 항상 십자가가 크게 그려져 있었던 것도 그 때문이다.

엔히크 왕자는 이처럼 십자군의 정신을 계승받아 교황청의 지원과 완벽한 승인하에 과업의 실천에 전념했다. 그의 아프리카 원정은 이교도 무어인에 대한 종교의 수호와 기독교 교리 전파를 위한 투쟁의 연속이었다.

노예무역의 중심 항구도시, 라구스

라구스Lagos는 '호수'를 뜻하는 평화로운 이름의 도시로, 벤사프림Bensafrim 강 제방을 따라 16세기 성벽이 놓여 있고, 멋진 해안선과 백사장을 갖고 있는 정말 아름다운 항구 도시다. 사시사철 관광객이 많이 찾는다.

페니키아인들과 그리스인들은 벤사프림 강어귀 항구에 배를 만들기 위한 작업장을 만들었고, 로마 점령기에도 이 기능은 계속 유지되었다. 이런 터전이 있었기에 엔히크 왕자가 이곳에 조선소를 세워 북아프리카 침공과 항로 개척을 위한 배를 만들 수 있었다. 그리하여 라구스는 1415년 모로코 세우타를 점령한 배들이 출범한 장소가 되었다. 그야말로 대항해시대가 시작한 항구인 것이다.

'호수'라는 이름과 전혀 어울리지 않게 라구스는 이른바 '발견의 시대'와 대항해시대를 거치며 수탈의 전초기지가 되었다. 1444년 처음으로 아프리카 흑인 노예들을 수입하여 판매하는 노예시장Mercado de Escravos이 생겼고, 이후 노예무역의 중심지로 성장했다. 모리타니 북부에서 포르투갈로 첫 노예가 들어온 것은 1441년의 일이었다.

로마 교황청의 적극적인 비호로 성장을 거듭한 흑인 노예무역으로 인해 1552년 당시 리스본 인구 중 10%가 아프리카 흑인이었다. 16세기 후반, 왕실은 독점적 노예무역을 포기하고, 아프리카 노예를 유럽에서 거래하는 대신 남아메리카 열대 식민지에 직접 운송하는 방식으로 정책을 바꾸었다. 포르투갈은 당연히 브라질로 노예를 많이 보냈다.

아프리카 입장에서 보자면 이후 수세기 동안 지금까지도 고난으로 점철된 그들의 수난사에서 가장 잊어서는 안 될 도시가 바로 라구스다.

아름다운 해안선과 백사장이 일품으로 유럽 전역에서 많은 관광객이 몰리는 라구스

이 도시의 바닷가에는 아프리카에서 데려온 노예들을 매매하기 전에 감금해두었던 요새가 아직 남아 있다. 어디나 그렇듯 이 요새에도 아주 작은 예배실이 하나 있는데, 이 예배실에서는 라구스에서 이색적인 아줄레주를 만날 수 있다. 어디선가는 여전히 고문과 채찍질에 의한 신음소리가 날 것 같은 음산한 요새 안에 이렇게 화려하게 아줄레주로 치장한 예배실이 있다는 사실이 참 아이러니하다.

라구스는 포르투갈에게도 잊지 못할 치욕의 역사를 각인시켜주었다. 아바스 왕조의 세바스티앙 왕은 아버지와 8명의 삼촌들이 모두 일찍 죽었기 때문에 할아버지인 주앙 3세로부터 세 살 때 왕위를 물려받았다. 주앙 3세는 9명의 자식을 두었지만 1557년 그가 죽었을 당시에는 한 명도 살아남지 않았다. 오직 유일하게 생존한 사람은 손자인 세 살이었던 세바스티앙뿐이었다. 그러한 이유로, 포르투갈인들은 그를 "염원했던 자"라고 불렀다.

오랜 기간 섭정을 끝내고 성인이 된 그는 24세가 된 1578년 포르투갈 귀족들과 스페인, 네덜란드, 독일 등으로부터 끌어들인 해적으로 구성한 용병 연합군 1만 7,000명 가운데 5,000명이 용병을 이끌고 북아프리카의 기독교화를 위한 성전聖戰에 나서는데, 원정의 출발 장소도 바로 라구스였다.

아직 경험도 부족하고 세상물정에도 어두웠던 이 젊은 왕은 의욕만 넘쳤다. 어렸을 때부터 군사적 영웅주의와 왕권 신성주의를 숭상하는 교육을 받고 자라난 이 젊은이는 일종의 영웅 의식에 사로잡혀 있었다. 그리하여 아프리카 전쟁에 경험이 많은 선장들의 충고를 받아들이지 않고 직접 알카세르 키비르 Alcácer Quibir 근처에 포진하고 있던 모로코 군사와 충돌했다. 이 전투에서 포르투갈은 참패를 당했다. 군사의 반이 죽고 반은 포로가 되었으며, 왕 자신도 죽음을 당했다.

리스본 '차파리스 델 레이(Chafariz d'El-Rey)', 지금의 알파마 지역을 그린 1570~1580년의 그림으로 작가 미상이다. 그림을 보면 곳곳에 물항아리를 지고 있는 흑인 노예와 아이들의 모습이 보인다. 중앙에는 얼굴이 금속 가리개로 가려진 채 피를 흘리고 있는 흑인 노예의 모습도 보인다. 이 그림은 7장에서 나온 바칼로아 와이너리 '베르라르두 컬렉션'의 하나다.

이제 겨우 스물네 살, 꽃다운 청춘이었던 왕의 죽음은 포르투갈 국민에게 엄청난 충격을 안겨주었다. 그의 죽음에 대한 시와 문학작품이 끊이지 않고 발표되었다.

그러나 사람들은 비극적이고 슬픈 운명의 세바스티앙 얼굴을 거부한다. 그래서 그의 죽음 400여 년이 지난 뒤 1973년 라구스 시내에 세워진 그의 동상 얼굴은 천진난만하기만 하다. 이 동상은 포르투갈 유명 조각가 주앙 쿠틸레이루 João Cutilero, 1937~2021의 작품이다. 전설에 따르면 세바스티앙은 라구스 시내에 눈이 내리는 날 돌아온다고 한다.

라구스 바닷가에 여전히 남아 있는 노예무역의 흔적. 아프리카에서 강제 납치한 흑인들을 노예로 팔기 전에 감금해두었던 성채다.

라구스 시내의 동 세바스티앙 동상

알카세르 키비르 전투 패배의 후 유증은 엄청났다. 세바스티앙은 아직 미혼이었기 때문에 대를 이을 직계 자손도 없었고, 왕위는 64살의 노령인 추기경 동 엔히크세바스티앙의 작은할아버지에게 돌아갔다. 이는 결국 스페인과 경쟁적으로 전 세계에서 식민지를 운영하고 있던 포르투갈 해상 제패권의 쇠락 그리고 1580년 스페인과의 합병과 독립 상실이라는 비극으로 이어졌다.

이렇게 포르투갈 흥망성쇠의 역사를 모두 지켜본 라구스에서 과거 영광의 흔적을 찾기는 어렵지 않다. 조선업이 발달했고 아프리카로 향한 함대의 전초기지로 꽤 번창하고 흥청거렸을 이 도시에는 소박하지만, 그 옛날에는 꽤 화려했을 '화양연화' 분위기가 곳곳에 남아 있다.

시내에서 만날 수 있는 한 건물은 놀랍게도 초록색 타일의 외벽을 갖고 있고, 상단에도 꽃무늬 아줄레주로 화려하게 치장하고 있다. 아무리 장식 타일이 일반화된 이베리아 반도이지만, 이렇게 진한 초록색으로 외벽을 감싼 건물은 좀처럼 보기 힘들다. 아마 포르투갈 전체를 통틀어서 가장 유니크한 색깔의 타일 건물이지 않을까 싶다.

파란색 아줄레주가 대다수인 포르투갈과 달리, 스페인의 경우는 매우 화려한 유채색 타일이 일반적인데 그런 스페인에서도 이렇게 화려한 색깔의 타일로

라구스의 '화양연화'를 상징하는 초록색 타일 외벽의 건물

옛 라구스 기차역의 독특한 초록색 장식 타일들

외벽을 장식한 건물을 보기란 쉽지 않다. 이 초록색 건물은 라구스의 한 상징으로 주변과 조화를 이루면서 자태를 뽐내며 서 있다.

옛날 기차역에서도 라구스만의 초록색 아줄레주를 볼 수 있다. 지금은 문을 닫아 잡초만 무성한 이 역 역시 플랫폼 외벽에 독특하고 아름다운 초록색 타일로 장식하고 있다. 앤티크 냄새가 물씬 풍기는 고풍의 시계와 아줄레주는 참으로 맛깔스런 조화를 이룬다.

라구스는 유독 초록색 계열의 타일이 발달한 듯하다. 시내의 몇몇 주택에서도 아주 예쁜 초록색 타일의 집들을 볼 수 있다. 그 정교한 아름다움에 그저 감탄만 할 뿐이다.

이제 발걸음을 이곳으로부터 35km 동쪽으로 떨어져 있는 또 하나의 항구

도시 사그레스로 옮겨보자. 사그레스로 가기 전에 라구스에 대한 역사적 사실 하나만 더 얘기하고 싶다. 이 지역이 무어인들의 통치를 받던 1174년 이 지역의 왈리통치권자는 성벽 바깥에 침례교 성 요한 교회Capela de São João Batista의 건립을 허락했다. 이 교회는 알가르브 지방에서 가장 오래된 교회가 되었다. 1755년 대지진 때 파괴되어, 19세기에 다시 건립됐다.

이처럼 이베리아 반도를 지배했던 무슬림들은 포트투갈에서도 스페인에서도 신앙의 자유를 허락했다. 이러한 무어인들의 콘비벤시아Convivencia, 즉 관용과 상호의존 정책에 의해 무슬림과 기독교도 그리고 유대인들은 서로 공존하며 잘 살았다. 그러나 레콩키스타 이후는 모든 것이 변하고 말았다.

엔히크 왕자의 희망과 절망, 사그레스

사그레스로 가는 까닭은 역시 엔히크 왕자 때문이다. 엔히크는 라구스에 조선소를, 사그레스에 항해학교, 즉 오늘날 해군사관학교 비슷한 교육기관을 만들어 항해사들을 양성했다.

사그레스는 인도양으로 툭 튀어나온 곳이다. 사그레스란 말부터가 '신성한 곳'이란 뜻이다. 그 돌출된 곳이 상 비센트 곶이다. 이 이름은 로마인들에 의해 순교를 당한 스페인 신부로부터 왔다. 높은 절벽 지형이기 때문에 바다를 살피고 침략을 방어하는 요새로는 최적이다.

지금은 등대와 박물관으로 사용되고 있지만, 15세기에는 이곳이 포르투갈 해양 진출 전략본부였다. 엔히크 왕자는 이 요새에서 평생 북아프리카 정벌을

사그레스 상 비센트 곶의 요새에서 보이는 해안선의 절벽과 등대가 어울린 모습이 절경이다.

도모하고 뱃길 원정대의 후원에 힘쓰다가 사그레스 요새 안의 자택에서 숨을 거두었다.

그는 형 혹은 조카와 경쟁을 해서 왕이 될 기회는 몇 번 있었지만 그는 정말 중앙정치에 대해서는 별 관심이 없었다. 일부 학자들은 그가 몸소 탐험대의 일원으로 참여하지 않고 단순히 후원만 했다 해서 '항해왕'으로 부르는 것은 지나치다고 주장하는 사람들도 있지만, 지나친 폄하다.

중앙정치의 유혹, 더구나 손만 내밀면 얼마든지 세력을 규합할 수 있는 기회가 충분히 있는 상황에서 권력의지와 담을 쌓고 오로지 자신의 신념을 좇은 것은 그리 쉬운 일이 아니다.

만약 그가 자신의 일이 정말로 좋아서 그렇게 했다면 엔히크 왕자는 정말 행복한 사람이었다고 평가할 수 있다. 자신이 좋아하는 일을 하면서 생애를 마칠 수 있다는 것, 그것은 오늘날이나 옛날이나 정말 행복하고 축하할 일이다.

사그레스의 상 비센트 곶은 단순히 대륙의 서쪽 끝인 호카 곶과 그 의미가 다르다. 호카 곶보다 서쪽으로 조금 덜 돌출됐을 뿐이지, 이 곳이 가지는 의미는 정말 각별하다. 인도나 미지의 땅을 발견하기 위해 떠나는 탐험대가 마지막으로 보는 포르투갈 땅이 바로 상 빈센트 곶이다. 포르투갈의 최남단에서 가장 서쪽이기 때문에 언제 돌아올지 기약도 하지 못한 채 떠나는 선원들이 마지막으로 볼 수 있는 조국의 땅이다. 그래서 고대 페니키아인들에게도 이곳이 숭배의 장소였다. 호카 곶의 의미와는 비교도 되지 않는다.

그런 장소에 엔히크 왕자는 요새와 자신의 거처 그리고 예배당을 마련했다. 과연 그가 매일 빌었을 기도의 내용은 무엇이었을까.

'하느님 아버지, 오늘 미지의 땅을 향해 떠나는 이 배와 선원들에게 축

무심히 바다를 바라보는 상 비센트 요새의 녹슨 대포. 마주 보이는 곳은 벨리스(Beliche) 요새다.

엔히크가 매일 기도했을 요새 안의 성당

복을 내려주옵소서. 주여, 우리의 목적이 달성되는 그날까지 이들이 독수리보다 더 날카로운 눈과 상어보다 더 튼튼한 이와 고래보다 더 튼튼한 신체를 유지할 수 있도록 살펴주시옵소서. 이들에게 새로운 항로와 땅을 발견하는 영예를 부여하셔서 이 나라가 보다 많은 황금과 보다 많은 향신료를 갖게 해주옵소서. 그리하여 이 나라가 부강해지고 하느님 아버지의 말씀을 더 멀리 더 많이 전할 수 있도록 허락하여주시옵소서. 하느님의 뜻이 하늘에서 이루어진 것 같이 땅에서도 이루어지나이다.

아멘….'

아마 이러한 내용이 아니었을까.

엔히크는 청교도적 삶을 산 인물은 아니었다. 사생아도 있었다. 그러나 그에게는 열정이 있었다. 권력에의 유혹을 뿌리치고 오로지 부국富國에의 열망과 종교적 신념에 의한 자신의 목표가 분명히 있었다.

연대기 작가인 고메스 이아네스 드 주라라Gomes Eanes de Zurara, 1410~1474는『기니 발견과 정복 연대기The Chronicle of the Discovery and Conquest of Guinea』에서 엔히크의 생각을 다음처럼 정리하고 있다. 다음의 다섯 가지가 원정대 추진의 이유라는 것이다.

① 당시까지 아무도 가보지 못했고, 알지 못했던 카나리아 제도와 보자도르 곶Cabo Bojador 너머에 있을 미지의 세계에 관해 알고 싶은 욕망

② 그 미지의 세계에서 포르투갈에 가져올 수 있는 것이 무엇인가 알아보고, 또 그곳에 포르투갈의 산물을 수출하여 이익을 추구하고

자 하는 생각

③ 무어인의 세력이 어디까지 끼치는지 알고 싶은 생각

④ 그들의 신앙의 적인 무어인들에 대항하여 돕기를 원하는 기독교

　왕국이 존재하는지 알고 싶은 욕망

⑤ 예수 그리스도의 복음 전파로 미지의 세계에 믿음을 심고자 하는

　욕망

1422년 항해가 안탕 곤살베스Antão Gonçalves가 아프리카 서해안의 리오 도 우로Rio do Ouro를 향해 떠날 때, 엔히크는 그에게 그곳에 관한 모든 것을 보고하도록 지시하면서 아프리카와 인도에 있다는 전설의 기독교 왕국 '프레스트 주앙Preste João의 나라'도 찾아 알려줄 것을 요청했다.

엔히크는 마르코 폴로Marco Polo, 1254~1324가 그의 책에서 소, 중, 대 3개의 인도가 있으며, 프레스트 주앙 왕국이 아프리카에 존재한다고 기술한 사실을 알고 있었다. 따라서 그의 최종 목표가 인도에 도달하는 것이라는 사실을 의심할 필요는 없다. 바스코 다 가마의 인도 항로 개척은 포르투갈 왕실의 열망의 실현이기도 했지만, 그 전에 엔히크 왕자의 염원이 드디어 이루어진 것이라 할 수 있다.

이처럼 과학적, 상업적, 군사적, 종교적 관점의 관심사와 목표가 그의 전 일생을 지배했고 평생 그것을 추구한 것이니, 개인사적 관점에서만 보자면 참 그보다 행복한 인물이 없을 듯하다. 물론 그의 모험심으로 인해 세계사의 질서가 바뀌었고, 아프리카 수탈의 가장 큰 단초를 제공했지만 말이다.

사그레스 요새 위에 올라서면 뭍과 이어진 부분만 제외하고 온통 바다다. 그래서 바람이 거칠다. 그 거친 바람을 온몸으로 느끼며 대서양을 바라보고 있노라면 세계사의 줄기를 바꾸어놓은 이 바다가 새롭게 보인다.

지금은 황량한 폐허로
등대만이 외로이 자리를 지키고 있는
사그레스 요새

사그레스의 벨리스 요새는 화사한 관광지로 변모해 있다.

포르투갈에겐 매우 중요한 의미가 있는 장소이건만 요새는 폐허와 진배없다. 텅 빈 감옥 같다. 사그레스에서 가장 오래된 건물인 16세기 '노사 세뇨르 다 그라사Nossa Senhora da Graça 성당'이 방치돼 있어 더욱 을씨년스럽다. 벨리스 요새와 달리 이렇게 관리를 제대로 하지 않는 것은 한때 국운 상승의 상징이었지만, 국운 쇠락을 실감한 슬픈 장소이기 때문인지도 모르겠다.

리스본 중심부의 에두아르두 7세Eduardo VII, 영국의 에드워드 7세 공원에는 '카를로스 로페스Carlos Lopes 전당'이 있다. 이 건물은 원래 1923년 국제박람회가 열렸던 브라질 리우데자네이루에 처음 만들었는데, 1932년 리스본에서 국제박람회가 열리게 되어 이를 기념해 똑같은 건물을 다시 지었다. 그러다가 1984년 LA 올림픽 마라톤 경기에서 포르투갈의 카를루스 로페스Carlos Lopes, 1947~가 무려

398

38세의 나이로 우승하자 그의 이름을 붙여 기념한 것이다.

이 전당의 벽에 '사그레스'를 묘사한 커다란 아줄레주가 있다. 이 아줄레주에는 바다의 신 넵튠이 말을 끄는 마차 위에서 거친 파도를 헤치고 있는 모습이 아주 멋지게 묘사돼 있는데, 왼쪽 상단의 한편에는 한 사나이가 바다로 튀어나온 곳에서 바다를 응시하고 있다. 아마도 엔히크 왕자를 묘사한 것이리라. 바다로 진출하기를 그렇게 염원했던 한 사나이의 집념을 이 아줄레주는 아주 잘 나타내고 있다.

그러나 현실 속 사그레스는 이 아줄레주만큼 그렇게 우아하지 못했다. 포르투갈이 스페인 통치를 받을 때 라구스나 사그레스 등의 해안은 영국 함대나 사략선私掠船 혹은 해적들이 자주 공격을 하는 타깃이 되었다. 스페인 함대 기지인 카디스에서 가깝기 때문이었다. 라구스는 방어 시스템이 잘 구축돼 있었으므로 번번이 사그레스가 희생양이 되었다.

16세기부터 18세기까지 해양 제패권과 식민지 쟁탈전을 놓고 열강이 각축을 벌인 대항해시대 바다 전쟁의 가장 큰 특징은 민간에게도 전투를 벌일 권리를 위임하고 이를 적극 장려한 것이었다. 당시 스페인이나 영국, 네덜란드 등 유럽의 해상 강국들은 민간의 상선도 무장시키고, 이 배로 하여금 적의 배를 나포해 물자를 강탈할 수 있는 권한을 부여했다. 이런 배를 사략선이라고 한다.

정부가 감당해야 할 전쟁을 민간에 위탁함으로써, 정권은 패전에 따른 위험도 회피하고 적국에 타격을 입힐 수 있는 동시에 막대한 수익금도 챙길 수 있었기 때문에 각 나라들은 대대적으로 이를 부추겼다.

당시 전쟁이 해적질 수준에서 크게 벗어나지 않은 이유다. 사략선의 활용이야말로 해적을 전쟁과 부국富國에 이용하던 행태가 그대로 이어진 것이었다. 사략선 업주나 선원들 역시 전시에는 자신의 이익을 챙기는 것과 동시에 조국을

리스본 '카를루스 로페스 전당' 벽의 사그레스를 묘사한 아줄레주. 오른쪽에 바다의 신 넵튠, 왼쪽에 엔히크 왕자를 나타냈다.

위해 일한다는 자부심을 가지기도 했다.

이 때문에 16세기에는 해적이 칭송을 받고, 국민적 영웅으로 추앙받는 사례가 적지 않았다. 대표적인 예가 영국 '골든 하인드Golden Hinde 호'의 선장 프랜시스 드레이크Francis Drake, 1540~1596다.

1577년 엘리자베스 1세Elizabeth I, 1533~1603는 남미 마젤란 해협을 통과해서 그 일원 해안을 탐험하는 함대 선장으로 프랜시스 드레이크를 임명했다. 그러나 명목상으로만 그랬을 뿐이고, 실제로는 스페인에 타격을 가하고 경제적 이득을 얻는 것이 목적이었다.

5척의 조그만 배에 164명을 데리고 1577년 12월에 출항에 나선 드레이크는 이듬해 봄인 3월 1일 마침내 스페인 갤리온15~18세기 초 대항해시대를 대표하는 범선 '누에스트라 세뇨라 드 라 콘셉시온Nuestra senora de la Concepcion'을 나포하는 데 성공한다. 이 배는 36만 페소에 달하는, 당시로써는 가장 규모가 큰 보물선이었다. 6t의 보물을 골든 하인드 호로 옮기는 데만 6일이 걸렸다고 한다.

골드 하인드 호는 1580년 11월 영국 플리머스Plymouth 항구로 돌아왔는데, 여왕이 직접 이 일행을 맞이하기 위해 외출을 했고, 드레이크에게 남작 작위를 수여했다. 해적이 귀족이 되어 이름 뒤에 '경Sir'이 붙었다.

골드 하인드 호의 '노략질'로 얻은 엘리자베스 1세의 수익은 약 16만 파운드에 달했다. 이 돈으로 그녀는 자신의 외국 차관을 모두 갚고, 레번트Levant라고 하는 신흥 무역회사에 4만 파운드를 투자했다. 이 회사에 투자한 엘리자베스 1세와 다른 투자자의 수익률은 무려 4,700%가 되었다.

그러하니 엘리자베스 1세와 당시 귀족들이 드레이크를 비롯한 사략선 업자들을 얼마나 총애했을 것인지 짐작이 가고도 남는다. 드레이크는 그 뒤로도 카리브해 원정이나 파나마 침공에 나서는 등 스페인 식민지를 공격하여 조국에

사그레스의 아줄레주 가게

충성하는 한편, 자신의 뒷주머니를 채우는 데 열중했다.

그는 영국의 영웅이었지만, 스페인에서는 악명 높은 해적 '엘 드라크El Draque'에 지나지 않았다. 당시 스페인 국왕 펠리페 2세가 그의 목에 2만 두카트ducat, 금화의 현상금을 걸었을 정도였다. 이는 400만 파운드, 650만 달러에 달하는 거금이었다. 그런 해적 '엘 드라크'가 사그레스를 침공해 요새를 초토화시킨 것이 1587년이다.

엘리자베스 1세를 비롯해 영국에 막대한 부를 안겨준 골든 하인드 호는 지금도 런던 템스 강 사우스와크 뱅크사이드에 정박해서 관광은 물론 학생들의 산교육 학습장으로 활용되고 있다. 튜더 시대의 선원 복장을 한 학생들은 엘리자베스 시대 해군의 역사를 공부하기 위해 이 배를 찾는다.

사그레스는 한 사나이의 야망이 분출되었다가 스러지고만 비운의 땅이다. 벽을 온통 접시로 장식한 아줄레주 기념품 가게만이 쓸쓸하게 외지인들을 맞을 따름이다.

핑크 도시
실브스

이제 포르투갈을 무어인들이 통치했던 시절 알가르브 지역의 중심지로 삼았던 실브스Silves로 간다. 놀랍게도, 실브스는 핑크의 마을이다. 아라드Arade 강 제방 위로는 핑크에 가까운 오렌지색 지붕이 매우 예쁘게 두둥실 떠올라 있다. 마을의 복판에는 핑크에 가까운 붉은 암석의 견고한 성벽과 무어인 성채가 자리잡고 있다.

알모하드 왕조 시대에 건축된 성채는 이곳이 한동안 무어인들의 본거지 역할을 했음을 여실히 알려준다. 그러나 실브스가 이슬람 영토가 된 것은 이보다 훨씬 전인 713년 우마이야 왕조의 무어인들이 이베리아 반도에 완전히 자리를 잡아 코르도바Cordoba를 수도로 삼은 때다.

아라드 강에서 곧바로 바다로 운송이 가능했던 실브스는 10세기가 되자 알가르브 지역에서 가장 중요한 중심도시로 부상했다. 1027년이 되자 실브스는 독자적인 자치권의 도시국가로 영주가 모든 통치권을 가지는 타이파 왕국이 되었다. 11세기 중반부터 13세기 중반까지 약 200년 동안 실브스는 부와 영향력 차원에서 리스본과 경쟁 구도를 이룰 정도로 부유한 왕국이었다. 무역항과

핑크에 가까운 붉은빛 성채와 주택의 오렌지색 지붕이 조화를 이루고 있는 실브스

조선소, 시장, 매력적인 건축물을 가진 이 도시는 한때 인구 3만 명이 될 정도로 번영을 누렸다. "서쪽의 바그다드"라 불릴 정도였다.

이 도시가 쇠락하기 시작한 것은 십자군 원정 때문이었다. 1189년 포르투갈 왕 산슈 1세는 잉글랜드에서 출발해 예루살렘으로 향하는 십자군으로 하여금 중간 행로를 실브스로 돌리게 만들었다. 바로 3차 십자군 원정대였다.

산슈 1세가 내건 조건은 무조건적인 약탈과 전리품의 보장이었다. 이에 따라 잉글랜드 십자군 원정대는 바로 예루살렘으로 향하는 곧바른 길을 마다하고 이베리아 반도 남단을 빙 돌아 실브스를 포위했다.

무어인들은 3개월 넘도록 성안에서 저항했지만 무더운 여름 날씨에 샘이 말라버리자 더 이상 버틸 수 없었다. 무어인들이 항복하자 약속대로 십자군에 의한 무자비한 살육과 약탈이 이어졌다.

그러나 이 기간은 오래 가지 못했다. 코르도바에 중심지를 두고 이베리아 반도 상당수를 다시 차지한 이슬람 알모하드 왕조가 1191년 실브스를 다시 점령하고 3,000여 명의 기독교인들을 노예로 삼았다. 레콩키스타에 의해 기독교인들이 실브스를 온전히 되찾은 것은 그로부터 50여 년이 지난 1249년의 일이다.

성채를 제외하면 실브스에서도 무어인들의 흔적을 찾을 수 없다. 약탈과 파괴의 결과다. 성채 입구에 산슈 1세 동상을 세워놓고, 성채 안에 무데하르 양식의 아름다운 구조물을 만들어놓았지만 이는 관광객을 겨냥해 최근에 만들어놓은 것이라서 흥미를 느끼기 어렵다.

무데하르 양식은 무어인들이 이베리아 반도의 대부분을 통치하던 시절 스페인 북부에서 명맥을 유지하던 기독교 카스티야나 레온 왕국 등에서 나타나기 시작해 나중에 매우 일반화된 건축양식이다. 기독교 왕국임에도 불구하고 고딕이나 로마네스크 양식의 성당 등 건축물에 이슬람 양식이 매우 강하게 혼합된 특성을 보인다.

실브스 주택에 남아 있는 아줄레주. 실브스 영토 탈환 전쟁을 묘사하고 있다

무어인 성채에 뚱딴지처럼 새로 만들어놓은 이슬람 무데하르 양식의 아치

라구스에서는 초록색 타일의 집이 돋보였는데 이곳 실브스에는 놀랍게도 핑크빛 타일의 집이 있다. 그래서 그런지 가장 유명한 케이크 가게도 이름이 '장미 케이크 가게Pasteraria Rosa'다.

이곳에서는 이렇듯 핑크빛 타일의 집이 너무나 자연스럽다. 핑크빛 타일로 외벽을 장식한 것은 핑크빛 페인트로 외벽을 칠한 것과 너무나 다르다. 가볍지 않고 품위가 있으면서도 화사하다고나 할까. 마치 그네를 탄 여인네의 연분홍 치마가 흩날리는 듯하다. 눈길을 쉽게 돌리지 못할 매력이다.

포르투갈 어디에서도 이처럼 화사한 분홍으로 빛나는 집은 보기 힘들다. 한때 리스본과 맞먹을 정도의 부를 자랑했던 실브스라는 말이 이 집을 보면 실감난다. 실브스의 장미 케이크 가게는 성채를 쌓아올린 암석이 핑크빛이 돌기 때문인데 주변에 핑크 암석이 많았거나 토양이 분홍색에 가까웠기에 가능하지 않았나 싶다.

실브스 시청 광장에 있는 '장미 케이크 가게'는 역시 성채를 비롯해 실브스 특징을 잘 나타내는 아줄레주를 실내 장식으로 활용하고 있다. 이 가게는 구석구석 아주 훌륭한 아줄레주와 접시로 장식하고 있어 인테리어를 좋아하는 사람들에게 즐거움을 선사한다.

마지막으로 실브스에서 소개하고 싶은 곳은 한 아줄레주 공방이다. 단순히 현대적인 아줄레주를 만드는 작업실이 아니라 아줄레주 예술품을 제작하는 아틀리에다. 이 공방은 실브스 대성당 근처에 있어 쉽게 찾을 수 있다.

고딕 양식의 현관이 돋보이는 이 대성당은 1189년 십자군 원정대가 실브스를 점령하자 회교 사원을 파괴하고 그 위에 새로 세운 건물이다. 물론 이슬람 알모하드 왕조가 실브스를 재차 점령한 다음에 훼손되었지만, 1249년 레콩키스타 이후 재건되었다.

실브스의 핑크 타일 집. 이 집은 항상 봄이겠다.

실브스의 특징들을 묘사한 아줄레주로 장식한 케이크 가게

부겐빌레아 꽃이 만발한
실브스 대성당

이 아줄레주 아틀리에는 그 자체로 너무 아름다워서 작업실에 들어서는 순간 할 말을 잃게 만든다. 실내 바닥의 고전적인 타일과 벽의 현대적 아줄레주 작품이 절묘한 대비와 조화를 이루면서 전통의 계승이 무엇인지, 왜 문화적 전통이 중요한지 새삼 깨닫게 해준다. 이제껏 포르투갈 각지에서 많은 아줄레주 공방을 보았지만, 이보다 예술성이 높은 작품을 보지 못했다.

한때 최고의 작품을 만들어냈던 스페인 세비야에도 아줄레주 공방이 밀집된 지역이 있지만, 실브스의 이곳 수준에는 미치지 못한다. 지방의 한적한 도시에 있어도 이 아틀리에는 놀랍게도 유럽에서 손꼽히는 유명한 장인의 작업실이다.

이 갤러리 이름은 '이스튜디오 데스트라Estudio Destra'. 직역하자면 '오른쪽 화실'이란 좀 이색적인 이름이다. 캐서린 스위프트Katherine Swift, 1956~2004라는 아일랜드 출신 화가와 영국 출신의 로저 멧칼프Roger Metcalfe라는 도예가가 서로 힘

아줄레주 공방 벽에 걸린 아름다운 현대적 아줄레주 작품. 한 폭의 정물화 같다.

을 합쳐 1993년에 만들었다.

　어려서부터 그림에 재능이 있었고 타일에 그림 그려 넣기를 좋아했던 캐서린은 아버지의 적극적인 후원으로 더블린을 떠나 런던과 리스본의 예술학교에서 공부했다. 그녀는 포르투갈의 레스토랑을 소개하는 몇 권의 책자에 일러스트 작업을 하고 가끔 초상화도 그렸으나, 평생을 걸쳐 그린 것은 바로 알가르브 지방의 전원적 풍경이었다. 그녀는 알가르브의 풍광에 매혹되어 더블린과 런던, 리스본을 뒤로 하고 이곳 실브스에 정착했다.

　로저 멧칼프 역시 캔터베리 예술대학에서 건축을 공부하고 런던에서 그래픽디자이너로 일하다가 1979년 홀연 포르투갈로 떠난다. 그는 이후 마요르카Mallorca에서 채색도기 기법을 공부해 도예가로 변신했다. 마요르카에서 만들어진 도기는 마욜리카Maiolica라고 하는데 르네상스 이후, 주로 이탈리아에서 만들어진 색회도기色繪陶器를 총칭한다. 중세 말부터 근세 초기에 이베리아 반도

실브스 헌집을 개조해 사용하는 '이스튜디오 데스트라'

의 도기가 마요르카 섬을 거쳐서 이탈리아로 많이 수출되었는데, 이것들이 "마욜리카"라고 불리면서 대중성을 획득했다.

캐서린은 로저와의 공동 작업을 통해 그들만의 독창적이고 걸출한 아줄레주를 만들어냈다. 그들은 알가르브 지방에 남아 있는 옛 켈트족과 이슬람 무어인들의 이미지를 현대적으로 매우 광범위하게 재해석해냈다.

캐서린과 로저는 곧 '세라믹 화가'로서 유럽과 남미에서 명성을 얻었고, 그들의 작품은 애호가들의 수집 품목이 되었다. 포르투갈 국영TV가 캐서린의 삶과 작품을 다룬 다큐멘터리 프로그램을 제작할 정도로 대중적 인기를 획득한 그녀였지만, 2004년 암으로 세상을 떠났다. 캐서린이 떠난 지금도 '이스튜디오 데스트라' 공방은 로저 멧칼프가 여전히 자리를 지키면서 작업 활동을 계속하고 있다.

캐서린과 로저의 채색 아줄레주 작품은 분명 회화예술의 명작으로 평가받지는 못한다. 타일이라는 소재 자체가 장식성이나 인테리어 요소가 강하기 때문이고, 반드시 벽에 붙어 있어야 하는 한계도 있다. 한번 벽에 붙으면 벽 전체를 뜯어내기 전에는 이동할 수도 없는 것이다.

찬란한 도자문화의 전통이 있음에도 불구하고 타일을 건축 내구재의 하나쯤으로 생각하는 경향이 강한 우리나라에서는 이러한 아줄레주 예술이 잘 알려지지도 않았으려니와 별 관심이 없는 것도 사실이다.

그러나 이베리아 반도가 가지는 기층문화의 특성 그리고 스페인과 포르투갈의 도예 문화가 어떻게 유럽 전역으로 확산되었는지 관심이 있다면 반드시 아줄레주를 알아야 한다.

캐서린과 로저 작품의 화려한 색감은 사실 포르투갈의 아줄레주 주류와는 좀 거리가 있다. 앞에서 보여주었다시피 포르투갈 아줄레주의 핵심은 코발트

'이스튜디오 데스트라'의 또 다른 벽면

집에 붙여두고 싶은
'이스튜디오 데스트라'의 작품들

블루다. '이스튜디오 데스트라'의 작품들은 스페인 세비야 계통에 가깝다. 세비야에서 가까운 관계로 알가르브 지방의 세라믹은 자연스럽게 세비야 채색도기의 영향이 강한 것으로 볼 수 있다.

실브스는 정말 예쁜 곳이다. 왜 아일랜드 사람인 캐서린과 영국 사람인 로저가 이곳에 왔는지 충분히 공감이 간다. 날씨 화창하고 살기 좋은 곳이면 이렇듯 기후 조건이 열악한 섬나라 출신 사람들이 모여든다. 프랑스 코트다쥐르 해안의 니스Nice나 칸Canne도 이렇게 영국 사람들의 휴양지로 시작해 지금처럼 커진 도시다. 프로방스 시골에는 인구의 절반 이상이 영국인인 마을도 있다. 살기 좋다고 입소문이 나서 하나 둘 모여들다 보니까 그렇게 된 것이다.

이곳 실브스도 앞서 소개한 세투발처럼 그런 징조가 보인다. 햇살 풍부하고 물가 싸고, 공해 없고, 원주민들도 착하고… 무엇을 더 바라겠는가. 그래서 영국 출신의 세계적인 가수 클리프 리처드Cliff Richard, 1940~도 나이가 들어 이 지방에 와이너리를 연 것이리라.

50대 미만인 사람들은 아마 클리프 리처드를 거의 모를 것이다. 1950년대를 풍미한 가수니 모르는 것이 당연하다. 클리프 리처드를 말하자면 당시 미국을 대표하는 최고의 가수 엘비스 프레슬리에 대한 '영국의 대답'이었다. 믿기지 않겠지만 그는 비틀즈보다 더 많은 싱글 판매고를 올렸고, UK Top 40에 무려 117곡의 싱글을 올렸다. 이도 비틀즈를 능가하는 기록이다. 젊은 세대라고 해도 〈The Young Ones〉〈Early in the Morning〉〈Summer Holiday〉 등의 히트곡을 한번쯤은 들어봤을 터다.

클리프 리처드는 1969년 10월 서울 이화여대 강당에서 내한 공연을 했다. 한국에서 연예인 팬덤 현상이 생긴 것은 아마 그때가 처음이라고 할 수 있다. 당시 김포공항에는 수백 명의 단발머리 여학생이 집결해 아수라장이 되었고, 이

화여대 공연에서는 흥분한 여성 팬이 속옷을 벗어던진 사건이 전설처럼 내려온다. 동방예의지국에서, 그것도 60년대에 말이다.

당시 공연 실황을 보면 클리프 리처드는 무대 위로 날아온 그 속옷혹은 비슷한 그무엇으로 땀을 닦아 여성 팬들을 거의 실신 지경으로 몰고 갔다.

어쨌든 영국의 명예를 드높여주었다는 이유로 왕실에서 기사Sir 작위까지 받은 그가 말년에 포도밭을 가꾸고 와인을 만들며 살 줄 누가 알았으랴. 그것도 포르투갈의 알가르브 지방에서 말이다. 진정 삶의 즐거움이 무엇인지 아는 근사하고 행복한 인생이다.

클리프 리처드 농장의 이름은 '아제가 두 칸토르Adega Do Cantor', '가수의 와이너리'라는 뜻이다. 그는 1990년대 후반부터 농장에 직접 포도나무를 심어 길렀고 5년이 지난 2002년 처음으로 레드와인 2만 7,000병을 생산했다.

자신의 와인을 들고 있는 클리프 리처드(출처 '아제가 두 칸토르' 공식 페이스북)

그가 2004년 8월 실브스에서 가까운 구이아Guia라는 곳에 새로운 와이너리를 개장하던 날은 2만 5,000여 명 팬들과 함께 알가르브 해안에서 노래를 부르며 즐기는 축제가 되었다. 노래와 와인 그리고 적당한 때에 물러나 인생을 되돌아보며 자신이 좋아하는 즐거움을 찾는 현명함…. 진정 부러운 삶이다.

그의 농장에서 나오는 와인 이름은 비다 노바Vida Nova, '새로운 삶'이란 뜻이다. 진정 클리프 리처드와 어

손을 힘껏 쳐들고 있는
클리프 리처드의 최근 모습.
진정 승자인 듯 보인다
(출처 '아제가 두 칸토르' 공식 페이스북)

울리는 와인 이름이라 하겠다. 1940년생이니 2022년 현재 82살이지만 그의 얼굴은 너무 젊기만 하다.

그의 와인들은 2010년 알가르브 지방의 와인 콘테스트에서 화이트, 레드, 로제 와인 3종이 모두 금상을 받았다. 독일의 권위 있는 국제 와인 콘테스트 '문두스 비니MUNDUS vini 2010'에서도 로제 와인이 금상을 받았다.

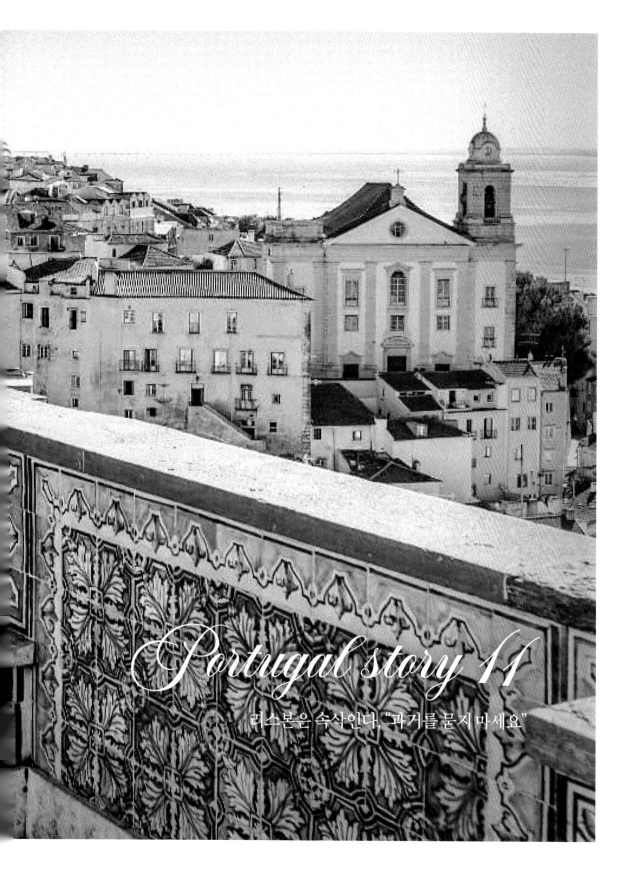

Portugal story 11

리스본은 속삭인다, "과거를 묻지 마세요"

Portugal story 11

리스본은 속삭인다. "과거를 묻지 마세요"

기쁨의 해안,
테주 강

3,000년 전 페니키아인들이 리스본 지방에 정착했을 때 그들은 이곳을 "기쁨의 해안Alis Ubbo"이라고 불렀다. 테주 강은 물론 바다로 나가 얼마든지 고기를 잡을 수 있었으므로 리스본은 정녕 기쁨을 주는 해안이 되기에 충분했다. 페니키아 이후 새로운 점령자였던 그리스나 카르타고 인들도 이 지역의 가치를 놓치지 않았다. 그것은 이곳에 205년에 들어와 무려 5세기까지 머물렀던 로마인들도 마찬가지였다.

714년 리스본을 장악한 무어인들은 이곳을 리사보나Lissabona라고 부르며 요새를 쌓고 400년 동안 기독교 군대의 공격을 막아냈다. 그러나 1147년 아폰수 1세가 이끄는 십자군은 4년 동안의 포위 공격 끝에 이 도시를 탈환했고,

테주 강을 가로지르는 17.2km 리스본 '바스코 다 가마 다리' 위의 일출

1255년 아폰수 3세가 코임브라에서 이곳으로 수도를 옮겼다.

앞서 말했듯 1415년 모로코의 세우타 점령 이후 리스본 바닷가는 해외 침략과 진출의 교두보였다. 포르투갈은 세계 팽창의 '뇌관'이 되었다. 리스본은 뇌관의 심지였던 셈이다.

가난하고 힘이 없어서 늘 스페인의 간섭에 마음 졸이며 살았고 한때는 치욕스런 합병을 겪기도 했던 이 자그마한 나라가 유럽의 강대국들을 다 젖히고 아프리카, 아시아, 남아메리카 3개 대륙에 광활한 식민지를 건설할 줄 누가 알았을까.

세계 각 지역 포르투갈의 진출 시기를 기록해놓은 '발견의 기념탑(Discovery of monument)' 앞 광장 바닥의 지도

16세기 포르투갈 제국은 아프리카 북부 모로코와 소팔라Sofala에서 몸바사Mombaçá에 이르는 동해안에 수많은 요새를 건설했고, 기니만과 서아프리카의 콩고 왕국에는 재외 상관商館을 운영했다. 스코트라Socotora에서 티모르Timor에 이르는 인도양과 태평양 지역, 드넓은 브라질도 모두 이 나라의 관할구역이었다.

불과 100만 정도의 소수 인구가 전 세계의 절반 이상을 차지하는 광대한 지역에서 인도인, 페르시아인, 투르크인, 말레이인, 브라질 인디언 등 수많은 적들과 맞서 싸우고 게다가 프랑스, 영국, 네덜란드의 견제와 전쟁을 돌파하면서 세운 이 업적이 과연 어떻게 가능했을까.

그것은 진정 세계사의 미스터리지만, 한 가지 분명한 사실은 리스본 앞에 '기쁨의 바다' 즉 대서양이 있다는 점을 잊지 않아야 한다. 바다와 접하면서 길게 직사각형을 이룬 포르투갈 영토는 무려 845km의 긴 해안선을 갖고 있다. 또한 강의 하구마다 잘 발달된 항구 등 해운 활동에 최적의 조건을 갖추고 있다.

그런 점에서 일본은 포르투갈과 닮았다. 바로 눈앞에 거칠 것 없이 펼쳐지는 태평양은 일본으로 하여금 저 너머로 나아가고 싶다는 욕망을 들쑤시기에 충분했다. 임진왜란 발발 반세기 전인 1543년 문을 굳게 걸어 잠근 일본 땅 규슈 남부의 섬 다네가시마種子島에 처음 배를 대고 총이라는 위협적 살상병기를 알려준 사람들이 포르투갈 상선 선원이었다는 사실은 그래서 참 아이러니하다.

포르투갈은 지중해와 대서양의 경계에 위치한다. 지중해로부터 자극을 받아온 그들이 대서양을 통해 세계 진출을 꿈꾸는 것은 너무나 당연한 일이다. 유럽의 중심 밖이지만, 대륙의 가장 남서쪽에서 지중해와 대서양의 교차 지점으로써, 아프리카와 아메리카 대륙에 가장 가까운 유럽 국가로 해외 영토 확장에 신의 혜택을 받은 최적의 곳이었던 셈이다. 사실 포르투갈 사람들의 해양성 기질은 기원전부터 이곳에 정착해온 페니키아, 그리스, 카르타고 사람들로부터

16세기 나가사키에 도착한 포르투갈 상인을 묘사한 일본 병풍도.
당시 그림에도 상인들 시중을 드는 흑인 노예들의 모습이 보인다.

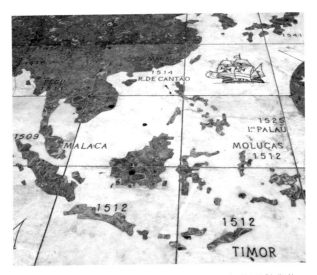

'발견의 기념탑' 앞 광장 지도 일부분. 일본 진출 시기가 일본 문헌에서는
1543년이나 포르투갈은 1541년으로 표기해놓았다

물려받은 것이다. 디니스와 아폰수 4세를 비롯한 많은 왕들이 해운업의 발전에 관심을 보였고 특히 페르난두 1세는 다음과 같은 특혜 정책을 실시하여 해운업 발전에 큰 노력을 기울였다.

① 100t 이상의 배를 건조할 때에는 제조자에게 왕실 소유 산림의 나무를 자유롭게 사용하게 한다.

② 배의 건조를 위한 용도로 수입된 원자재의 수입 관세 면제를 허용한다.

③ 외국에서 건조된 100t 이상의 배를 구매할 때에는 거래에 관계되는 세금을 면제한다.

④ 앞서 언급한 배의 제조자나 구매자들은 군사 임무나 세금 면제를 허용한다.

⑤ 첫 번째 항해에서 수출세 면제와 첫 번째 회항에서 수입세 반감半減을 허용한다.

내용 하나하나가 엄청난 특혜로 구성돼 있다. 이런 특별 보호정책으로 해양 진출을 장려했으니, 3대양 4개 대륙의 식민지 건설이 가능했을 것이다. 이리하여 동양과의 교역 중심은 지중해에서 대서양으로 옮겨왔고, 그 중심인 리스본은 이탈리아 베네치아와 같은 쟁쟁한 도시국가들을 제치고 15세기와 16세기를 거치며 세계 최고의 부자도시가 된다.

한 예로 1500년부터 1509년까지의 10년 동안 포르투갈 무역선들이 거의 독점으로 매년 3,000t의 향신료를 들여왔는데, 이는 전 세계 생산량의 3분의 1에 해당하는 어마어마한 양이었다. 당시 인도에서 후추를 포르투갈에 가져가 팔면 이윤이 최대 150%에 달했고, 이를 다른 유럽 도시에 파는 과정에서 또 이윤이 붙었으니 리스본이 쌓아올린 재화가 얼마나 엄청날지 짐작이 간다.

동양 각지로부터 다양한 상품이 리스본에 도착했다. 말라바르^{Malabar}의 후추, 실론^{Ceylon}, 스리랑카의 계피, 몰루카^{Moluccas}의 정향, 반다^{Banda}의 육두구, 페르시아의 양탄자, 아라비아의 말, 중국과 일본의 비단과 도자기 등등. 그 밖에도 희귀한 목재, 호박, 진주, 루비, 다이아몬드도 있었다.

그 결과 독일, 이탈리아, 프랑스, 영국 상인들이 유럽 시장에 동양의 물건들을 공급하기 위해 리스본에 몰려들었다. 항구에는 동양 물건들을 구입하고, 인도로 떠나는 함대에 자국의 물건들을 팔려는 유럽 각국 선박들이 즐비하게 정박해 있었다. 이렇게 해서 16세기 중엽의 리스본은 인구가 10만을 넘었으며, 그들 중에는 1만 명의 노예와 7,000명의 외국인이 포함되어 있었다.

에두아르두 7세 공원에서 품발 광장과 리스본 시내

그러나 포르투갈 제국의 영화는 채 200년을 넘기지 못했다. 16세기 중반부터 심각한 위기 증세가 나타나기 시작했다. 여러 이유가 있지만, 한마디로 요약하자면 '과잉 팽창'이 원인이었다. 산지사방에 사업을 벌여놓고 요새를 너무 많이 건설해놓은 탓에 제대로 관리하기가 힘들어진 것이다.

1570년 무렵이 되자 포르투갈의 글로벌 네트워크 경영은 이미 한계에 다다르고 있었다. 기존 아프리카와 인도, 브라질은 물론 이란, 중국, 일본, 인도네시아까지 포르투갈 해상 네트워크의 구성 요소로 편입되었지만, 본국으로부터의 통제와 안정성이 현저히 떨어지고 있었다.

이렇게 네트워크의 결속력과 긴밀함이 약화된 최대 원인은 아무래도 '개인의 무역'을 허용하지 않았기 때문일 것이다. 포르투갈 무역 방식은 모든 것이 국왕에게 귀속되는 국왕 직속의 사업체제였다. 국왕이 소유한 선박에 국왕의 상품을 싣고 거래를 하고 그 이익은 국왕에 돌아가는 구조다. 이를 카헤이라 Carreira, 국왕 선박 항로 체제라 한다. 상선의 선장은 물론 선원들도 공식적으로 국왕이 임명한 공무원이었다. 이들은 국왕의 명에 따라 무역을 하는 고용인에 불과했다.

물론 교역에 참여하는 사람들이 자기 몫 계정의 거래를 하는 것도 가능하기는 했지만, 그 규모는 매우 제한적이었다. 따라서 공식적으로 공무원인 교역 종사자들이 경쟁력을 키우기 위해 열심히 노력할 이유가 없었다. 체제를 유지할 당근이 없었던 것이다.

교역으로부터 얻는 수익이 개개인이 노력한 만큼 가져가는 구조였더라면 많은 것이 달라졌을 것이다. 상선의 성능을 높이기 위해, 함포와 무기의 개발을 위해, 식민지의 지배력과 외교 네트워크의 강화를 위해, 보다 효율적인 수송을 위해, 보다 이익이 많이 남을 상품 개발을 위해 힘써야 했을 사람들이 그저 현상

리스본은 수산인, "과거를 묻지 마세요."

벨렝의 탑. 대항해시대 포르투갈 전성기를 반영하는 마누엘 양식의 탑으로 유네스코 세계문화유산이다.

유지와 눈치 보기에 급급했다. 한 조직이나 시스템의 그런 만성적 태도가 어떤 결과를 초래하는지 우리는 너무 잘 안다.

당시 경제적 상황으로는 인도를 유지하는 것도 매우 벅찼다. 세바스티앙 왕의 스승이었던 디오고 드 테이브Diogo de Teive, 1514~1569의 라틴어 시詩에는 포르투갈이 신세계와 동양의 보화寶貨를 발견한 이후부터 오히려 슬픔에 억눌린 나라가 되었다고 표현하고 있고, 후추와 계피를 들여온 것은 이익보다 위험을 초래하는 짓이었다고 강조했다.

이보다 전에 시인 프란시스코 드 사 드 미란다Fransico de Sá de Miranda, 1481~1558 도 국가 쇠잔의 요인으로 인도와의 향료 교역을 지적했다. 막대한 이익을 가져다준 향료의 교역은 16세기 초반에 포르투갈의 전통적인 경제 균형에 급작스런 충격으로 작용했고, 지방 인구의 도시 집중 현상과 새로운 기생寄生 계급이

남부 인도의 후추 수확. 14세기 작자 미상 그림

모든 돛을 펼친 포르투갈 해군의 실습선 '사그레스 3세'. 1937년 처음 건조돼 이 배가 세 번째다.

형성되었다는 것이다.

소비 성향의 증가는 국가 소득 감소를 초래했고, 리스본으로 운송되는 동양 산물도 16세기 말엽에는 대폭 감소되었다. 향료의 판매 이득은 더욱더 줄어들었고, 수지 불균형의 폭은 더욱 커졌다.

16세기 말까지 희망봉을 우회하는 권한이 포르투갈 독점이었지만, 소아시아를 통해 지중해로 동양의 산물들을 실어 날랐던 옛 지중해 동부 연안 통로가 다시 활기를 띠기 시작하면서 경제 전반의 쇠퇴가 촉진됐다. 포르투갈은 매년 증가하는 운송비, 배의 난파율, 군사비 등이 큰 골칫거리였고, 배의 규모가 날로 커졌기 때문에 이에 따르는 비용도 매우 많았다. 아울러, 대서양을 출몰하는 해적들 때문에 향료를 실은 배들은 아조레스 제도에서 리스본에 이르는 동안 전투함 호위를 받아야만 했다. 인도에서도 식민지를 다스려야 할 관리직이 증가했고, 전쟁을 치르는 데 드는 비용도 날로 증가했다.

포르투갈 함대들은 해상 제패를 쉽게 이룩했지만 육지의 요새들을 유지하는 것은 매우 힘들었다. 수비병이 쥐도 새도 모르게 죽음을 당하거나 창고에 방화 사건이 일어나는 등 게릴라 전술은 훨씬 우월한 군사력을 가진 포르투갈군에게는 큰 골칫거리였다. 화려했던 인도의 꿈은 차차 사라져갔다. 6개월 항해 거리의 먼 곳에서 무력을 통해 유지되었던 부의 축적은 오래 지속되지 못했다.

위기에 봉착한 왕실은 결국 1570년에 교역 독점권인 카헤이라 체제를 포기하고 사업 계정 권리를 귀족을 비롯한 상인들에게 넘겨주기 시작했다. 가장 큰 이유는 매년 큰 함대를 조직, 운영할 비용이 힘에 겨웠기 때문이다.

그리하여 당시 군인이자 역사가였던 디오고 두 코투Diogo do Couto, 1542~1616는 동양을 포기하는 대신에 앙골라 해안부터 모잠비크 해안에 이르는 아프리카 남쪽 모두를 포함해 하나의 제국을 설립하자고 주장했다. 한편에선 중국을 정

화려했던 시절 포르투갈 왕실에서 춤추는 모습의 1680년 아줄레주. 리스본 아줄레주 박물관 소장

복하자는 계획까지 나왔다.

그러나 여러 제안 중 가장 쉽고 가능성 있는 계획은 북아프리카 정복 프로젝트였다. 급기야 이 제안은 국가 정책으로 수락되어 1562년 궁정회의에서 북아프리카 요새를 계속 강화하고, 여기에 필요한 군비 충당에는 귀족과 성직자의 의무적인 참여, 코임브라대학의 예산까지 포함하는 것이 검토됐다. 앞서 라구스 단원에서 이야기한 바대로 1578년 세바스티앙 왕이 북아프리카 원정을 무리하게 감행해 알카세르 키비르 전투에서 전사한 것은 바로 이러한 요인들이 작용한 결과였다.

카헤이라 체제를 포기했어도 이미 기운 배는 되돌리기 힘들었다. 그러던 중

1580년 세바스티앙 왕의 숙부인 스페인 왕 펠리페 2세가 왕위를 차지하면서 스페인과 합병이라는 몰락의 결정타를 맞았다.

17세기는 포르투갈에 있어 치욕과 상실의 시대다. 해외 거점 요새가 네덜란드 혹은 지역 토착 세력에게 잇따라 넘어가기 시작했다. 벵골의 후글리, 실론의 칸디, 인도의 고아, 일본의 나가사키, 말레이시아 말라카가 모두 네덜란드에 넘어갔다. 가장 결정적인 것은 말라카 함락1641년이다.

말라카마저 네덜란드에 넘어가자 상황을 지켜보던 콜롬보, 자프나, 코친 등 나머지 거점들의 토착 세력들은 모두 네덜란드 편으로 돌아섰다. 마카오와 브라질을 잃지 않은 것이 신기할 정도다.

'검은 돛배'의
숙명

리스본은 매우 유쾌한 도시다. 아줄레주로 장식한 세련되면서도 안락하고 비싸지 않은 호텔, 맛있으면서도 착한 가격의 음식과 술, 밤이 되면 어디서든 흥겨운 여흥이 벌어지는 골목길들, 선한 눈망울의 사람들까지….

그러나 좀 느린 걸음으로 리스본 거리를 거닐다 보면 차츰 이 제국의 흥망사가 저절로 떠오른다. 무어인과 전투를 하고, 동양에서 가져온 온갖 향신료와 비단, 도자기로 떼돈을 벌어 환호작약하거나 해외 주요 거점들이 스페인과 네덜란드, 영국에 잇달아 함락당하면서 비통해하는 모습들이 마치 환영처럼 스쳐지나간다. 순간순간의 이런 상념들이 걸음을 어지럽게 만든다. 거리에 그 모든 영광과 치욕의 흔적들이 남아 있기 때문이다.

산타 루지아 전망대(Miradouro de Santa Luzia)의 오래되어 낡고 때가 낀 타일 벽화

왜 파두처럼 슬픈 노래가 포르투갈 국민의 사랑을 받는 속칭 '국민가요'
가 됐을까? '포르투갈의 이미지'라고 할 수 있는 아말리아 로드리게스Amália da
Piedade Rebordão Rodrigues, 1920~1999의 〈검은 돛배Barco Negro〉. 그 구슬픈 기타하 선
율과 목소리를 듣다 보면 포르투갈은 왜 슬플까, 라는 생각이 든다. 그런데 리
스본에 와보면 그 모든 게 다 저절로 이해된다.

한때는 영롱한 빛깔로 반짝반짝 빛났을 다채롭고 때깔 좋은 아줄레주로 장
식한 거리와 성당과 집들. 그러나 지금은 때가 끼고 금이 가고 이빨이 빠져서 광
택을 잃은 처연한 모습으로 벽을 덮고 있을 뿐이다.

아마도 이게 바로 파두의 원형原形이자 근본일 것이다. 파두는 아줄레주를 닮
아 있다. 쇠락을 슬퍼하며, 영광을 추억한다. 주조색이 블루이기에 더 처연하다.

이 나라가 가장 부유했을 때, 곳간에 재화가 넘쳐났을 때 왕궁과 별장 그리고 성당과 귀족들의 집과 거리가 온통 아줄레주로 도배되다시피 했다. 그랬던 리스본, 한때 베네치아를 우습게 알 정도로 정점에 올라섰던 이 도시가 지금은 거리의 곳곳에서 추레함을 드러내고 있다.

도시의 외관은 곧 그 나라 경쟁력과 곳간 사정을 드러내주는 징표다. 새 것만이 좋다는 얘기가 아니라 과거의 것을 잘 보존하고 복원하며 가꾸어 유지하는 노력의 정도에 따라 곧 그 도시의 품격이 드러난다.

그런데 이건 또 무슨 조화인가. 포르투갈에서 머무는 시간이 길어지면 길어질수록 풀뿌리 같은 민초의 강인한 정신 같은 것을 느끼게 된다. 마치 조선 반도의 사람들처럼 슬픔 속에 피어나는 해학과 풍자, 기쁨을 어렴풋이나마 잡아낼 수 있다.

파두의 어원은 라틴어의 '파툼^{fatum, 숙명}'이다. 따라서 어원대로 숙명, 고난, 좌절, 절망, 죽음 등을 주제로 노래를 한다. 그런데 포르투갈 사람들은 이런 파두를 들으면서 삶에 대한 용기와 희망을 얻는다.

그렇구나. 똑같다.

당신이 〈단장의 미아리 고개〉나 〈나그네 설움〉 같은 구슬픈 트로트를 들을 때 마냥 슬프고 처지기만 하던가. 아마 아닐 것이다. 한바탕 눈물 바가지를 쏟고 나면 가슴 저 밑바닥에서 삶에 대한 갈구와 희망이 스멀스멀 올라오지 않던가. 그렇게 처량하게 눈물의 카타르시스를 배설하고 나면 슬픔을 이겨내고 삶에 대한 도전 의지가 샘솟는 것이다.

아말리아 로드리게스의 노래 〈검은 돛대〉의 배경은 이렇다. 옛날 어느 바닷가 마을에 한 부부가 가난하지만 서로 사랑하며 살고 있었다. 어느 날 고기잡이를 떠난 남편이 돌아오지 않았다. 아내는 매일 바닷가에 나가 아득한 수평선을 바라보며 남편이 돌아오기만을 기다리고 또 기다렸다. 그러던 어느 날 아내의 눈에 수평선 너머로 무엇인가가 보였다. 그것은 분명 남편의 배였다. 오랜 기다림에 지칠 대로 지쳐버린 아내의 눈에 눈물이 돌았다. 점점 가까워지는 남편의 배. 그러나 그 배에는 검은 돛이 달려 있었다. 남편의 죽음을 알리는 검은 돛…. 〈검은 돛대〉의 가사는 이렇다.

…

당신이 탄 검은 돛배는 밝은 불빛 속에서 너울거리고

당신의 그 두 팔은 지쳐서 흩어지는 것 같았다

바로 당신이 그 뱃전에서

나에게 손짓하고 있는 것을 보았다

그러나 바닷가의 노파들은 말한다

당신이 영원히 돌아오지 않을 것이라고

…

난 나의 사랑을 알고 있다

당신이 떠나가버린 것이 아니란 것을

그래서 사람들은 당신이 언제나

나와 함께 있다고 말한다

…

내 가슴속에 당신은 언제나 나와 함께 있다

아아, 난 나의 사랑을 알고 있다

이렇게 〈검은 돛배〉는 희망을 노래한다. 결코 과거의 망령에 사로잡혀 있는

바다에 나간 남편, 아들을 기다리는 것은 포르투갈 여인들의 숙명이었다.

노래가 아니다. 다시 밝은 내일을 기약한다. 그러니 파두는 슬프기만 한 노래가 아니다. 미래를 다짐하는 밝은 노래다. 다만 선율이 구슬플 따름이다.

〈검은 돛배〉는 나애심羅愛心, 1930~2017의 노래 〈과거를 묻지 마세요〉를 떠올리게 만든다. 애간장이 미어지는 듯한 가락이지만 이 노래 역시 앞날에 대한 희망을 담고 있다. 〈검은 돛대〉에서 당신의 사랑을 알고 있기에 당신이 떠나버린 것이 아니라는 사실을 알고 있다고 말하는 것처럼, 〈과거를 묻지 마세요〉 또한 구름은 흘러가도 설움은 풀리며, 애달픈 가슴마다 햇빛이 솟아난다고 강조한다.

장벽은 무너지고 강물은 풀려

어둡고 괴로웠던 세월도 흘러

끝없는 대지 위에 꽃이 피었네

아아, 꿈에도 잊지 못할 그립던 내 사랑아

한 많고 설움 많은 과거를 묻지 마세요

구름은 흘러가도 설움은 풀려

애달픈 가슴마다 햇빛이 솟아

고요한 저 성당에 종이 울린다

아아, 흘러간 추억마다 그립던 내 사랑아

얄궂은 운명이여 과거를 묻지 마세요

리스본은 계속 속삭인다. 과거를 묻지 마세요,라고. 애달픈 가슴이지만 설움은 풀리고 햇빛이 솟아난다고….

알파마는
파두에 젖어

리스본 중심부에서 테주 강에 접해 있는 작은 마을인 알파마는 리스본에서 가장 오래된 지역이다. 무어인들이 이곳을 지배하던 시절에는 알파마가 도시의 전부였다. 711년에서 1147년 사이에 이슬람의 지배를 받는 동안 이 지역은 부유층에 의해 점령되었다. 그야말로 권력의 중심지였다. 알파마라는 지명도 샘물과 목욕탕, 혹은 분수대를 뜻하는 아랍어 '알 암마Al-hamma'에서 유래했다.

이후 도시가 서쪽으로 점점 발전해 나가면서 권력층과 부자들은 신시가지로 떠나고, 어부들이나 가난한 노동자, 흑인 노예의 후손들이 알파마에 모여들었다. 그래서 이 지역엔 '바다의 알파마Alfama do Mar'라는 별칭도 붙어 있다.

안토니우 드 올리베이라 살라자르 총리가 36년 동안 지배한 파시스트 독재정권인 '이스타두 노부Estado Novo, 신국가'가 끝날 무렵, 알파마는 버림받고 범죄가 일어나기 시작했다. 1974년 4월 25일 카네이션 혁명이 독재정권을 전복시킨 이후에도 알파마의 아름다움을 되찾기 위해 아무 조치도 취해지지 않았다. 1980년까지도 알파마는 리스본에서 가장 문제가 많고 위험한 지역 중 하나였다.

이 지역이 야기하는 문제들을 해결하기 위해, 시 당국은 알파마 전체를 철거하는 방안을 심각하게 고려했다. 그러나 천만다행으로 이런 일은 실행되지 않았고, 1990년대 중반 이후 알파마는 천천히 다시 일어서서 지금은 리스본 관광에서 빼놓을 수 없는 지역으로 시를 내려다보며 당당하게 서 있다.

이 지역을 걷다 보면 좁은 골목길, 작은 광장, 교회, 매력적인 화려한 건물 같은 사랑스러운 디테일을 만나게 된다. 창문에서 다른 창문으로 큰 소리로 떠드는 이웃들, 발코니에 걸리거나 혹은 좁은 골목을 가로질러 널려 있어 맑고 파란

리스본에서 가장 오래된 지역인 알파마

하늘을 배경으로 펄럭이는 새하얀 빨래들…. 고양이와 개는 집 앞에서 낮잠을 자는 동안 사람들은 저녁 장사 준비에 한창이다. 그저 한적하고 평화롭기만 한 동네다.

알파마는 1755년 대지진에서 살아남은 유일한 지역이기 때문에, 이곳을 걷는 당신은 사실 시간 여행을 하는 셈이다. 도시 거의 전체를 파괴한 대재앙 이전 리스본 모습을 볼 수 있는 기회를 얻은 것이다. 알파마 특유의 '가난한 자들끼리 살을 부비고 사는 동지적 연대 의식'은 대지진 이후에도 계속 유지되면서 현재 동네의 특성을 만들어냈다.

알파마 거주자들은 서로 너무 친근해서 마치 거대한 가족처럼 보인다. 모두가 서로 알고 있다. 서로 너무 잘 알고 편하기 때문에 때때로 잠옷 차림으로 동네 상점에 장을 보러 가기도 한다. 할머니들이 창문을 통해 큰 소리로 시끄럽게 수다를 떨기 때문에 골목은 때로 매우 기다란 연극 무대처럼 보이기도 한다. 몇 세대에 걸친 가족들이 그 안에서 살면서 좁은 골목길을 걸어왔다.

파두를 주제로 한
알파마의 그라피티

알파마 주택가의 좁은 골목길을 오가는 전차 자체가 리스본 관광의 주요 포인트다.

알파마의 흔한 저녁 풍경

그래서 그런지 알파마는 들어오긴 쉬어도 나가긴 어렵다. 복잡하게 이리저리 얽힌 무어풍의 자갈길 골목들 때문이 아니다. 떠나려고 하면 발에 끈끈한 그 무엇이 달라붙는다.

여행자 발목을 잡는 것은 식사 때면 여기저기 조그만 식당에서 풍기는 정어리 굽는 냄새, 조금씩 새어나오는 이름 모를 와인의 흐릿한 향기, 사람들이 섞여서 내는 왁자지껄한 웃음과 수다 그리고 서러운 듯 흐느끼듯 조금씩 흘러나오는 파두의 선율…. 이들을 뒤로 하고 선뜻 "안녕"이라고 이별을 말하기 어려워진다.

알파마를 얘기하면서 처음으로 손꼽아야 하는 것은 단연 파두다. 알파마야말로 파두의 자궁, 탄생지다. 파두의 출생지라서 아말리아 로드리게스의 〈알파마〉, 리카르도 히베이루Ricardo Ribeiro의 〈파마 드 알파마Fama de Alfama〉 등 이곳에 바쳐진 곡들이 많다. 파두는 알파마의 거리, 술집과 사창가에서 처음으로 불려졌다.

앞에서 잠깐 〈검은 돛대〉에 대해 얘기했지만, 파두의 진짜 이야기는 지금부터 시작이다. 우리는 아르헨티나의 탱고, 브라질의 삼바, 스페인의 플라멩코를 기억한다. 포르투갈은 단연코 파두다. 탱고, 삼바, 플라멩코에 비해 덜 알려져 있어도 한국인에게 매우 친숙한 정서가 짙게 배어 있어 그 멜로디는 금방 친근하게 다가온다.

알파마에서 파두가 일반에 널리 알려지기 시작한 것은 대략

리스본 거리에서 브라질 전통무술 카포에라 공연을 하는 브라질 사람들

파두의 상징인 검은 숄과 기타하

1840년 무렵이다. 그러나 당시 파두는 배를 타는 사람들의 노래로 인식되었고, 실제로 선원들이 주로 불렀다. 그래서 노래 주제도 바다 자체가 아니면 바다와 관련한 고단하고 가난한 삶의 여러 비애와 관련된 것이 대부분이었다. 이렇게 이 노래는 문자로 기록되지 않고 구전口傳으로 이어져 왔기 때문에 확실한 탄생 배경은 알 수 없고 대략 1820년대까지의 추적만 가능하다.

파두가 처음 등장했을 당시 리스본 이외의 지역에서는 이의 존재를 전혀 몰랐다. 심지어 이슬람 전통이 강하게 남아 있고, 엔히크 왕자 때문에 일찍부터 해양산업이 발달해 그 어디보다 바다사람들이 많았던 남부 알가르브 지방에서도 이에 대한 어떠한 자취도 없다.

18세기 브라질로 이주해간 포르투갈 사람들이 즐기던 춤에서부터 출발했다고 하는 일부 견해도 있긴 하다. 나폴레옹 군대의 세 차례에 걸친 포르투갈 침공으로 수도를 브라질 리우데자네이루로 옮긴 주앙 6세가 15년 동안의 브라질 생활을 청산하고, 1821년 포르투갈로 돌아오면서 이 춤을 리스본에 처음 소개했고 이후 서민층 사이에서 빠르게 인기를 얻었지만 1840년대부터 더 이상 춤이 아닌 노래로만 불리게 되었다는 얘기다. 그렇지만 이는 어떻게 해서 빠른 춤곡이 단조를 주음으로 하는 느린 박자의 애절한 가요로 급격히 바뀌었는지에 대한 설득력이 부족해 보인다.

알파마에서 독창적으로 출발한 것이든, 브라질에서 유행한 춤곡이 변형된 것이든 파두가 적어도 세 대륙의 혼혈인 것만은 분명해 보인다. 이베리아 반도 특유의 세레나데 전통에 알파마에 모여든 흑인 노예의 후손과 브라질 원주민들 그리고 아랍의 감성이 더해져 걸출한 융합을 이룬 대항해시대의 산물인 것이다.

1830년대가 되면 마리아 세베라Maria Severa, 1820~1846라는 비운의 파디스타로 인해 파두는 일약 포르투갈을 대표하는 대중가요로의 지위를 굳히게 된다. 역사적 기록으로 처음 등장하는 파디스타이기도 한 마리아 세베라는 경국지색의 외모를 가진 '거리의 여인'이었다. 그녀는 선창가 술집에서 검은 옷에 맨발로 술잔을 든 채 술에 취한 듯 노래를 불렀다고 한다.

1836년에는 그녀의 노래를 담은 악보가 출간되었고, 이후 그녀의 매혹적인 노래와 외모에 반한 마리알바Marialva 백작과의 로맨스로 포르투갈에서 가장 유명한 스캔들의 주인공이 되었다.

그러나 19세기에 '거리의 여인'과 귀족의 사랑이 해피엔딩이 될 수 있었겠는가. 로맨스는 처참하게 깨지고 마리아 세베라는 스물여섯의 꽃다운 나이에 그만 세상을 등진다. 그녀의 삶이 파두의 주제 그 자체였다.

요즘 세상에서 보자면 참 흔한 통속적인 이야기지만 당시에는 그야말로 쇼킹 그 자체였을 이 염문 덕택에 파두는 하층민만의 노래에서 벗어나 주류 귀족층으로 널리 퍼졌다. 파두의 지평이 넓어진 것이다.

여성 파디스타들이 파두를 부를 때면 검은 드레스에 검은 숄을 걸치는 것이 불문율의 공식이다. 연주자들 역시 검은 정장을 입는다. 바로 마리아 세베라를 추모하는 마음에서 비롯된 격식이다. 마리아가 파두의 모태이자 정체성 그 자체인 셈이다.

1910년 호세 말호아의 그림 〈파두〉

파두는 1920년대부터 획기적인 변신을 한다. 당시 포르투갈의 영향력 있는 시인들이 파두의 노랫말을 만들기 시작했기 때문이다. 그리고 곧 저명한 음악가들도 파두의 작곡에 동참하기 시작한다.

이처럼 시인과 음악가들이 파두의 품격을 높이는 데 앞장선 것은 1910년에 나온 호세 말호아 José Vital Branco Malhoa, 1855~1933의 그림 〈파두〉의 영향도 크다. 19세기 말과 20세기 초 포르투갈 자연주의 화풍을 대표하는 이 화가는 주로 서민의 삶과 밀착된 주제를 그림으로 표현했는데, 〈파두〉는 그의 대표작 중 하나다.

워낙 유명한 그림이기 때문에 알파마 곳곳에서 이렇게 그의 그림을 그대로 묘사한 아줄레주를 발견할 수 있다.

그렇지만 파두를 오늘날의 파두, 유네스코 세계문화유산으로까지 등재되도록 만든 일등공신은 역시 아말리아 로드리게스다. 아말리아는 1920년 알파마에서 가난한 트럼펫 연주자이자 구두 수선공의 딸로 태어났다. 그러나 그의 부모는 생활고를 못 이겨 아말리아가 1살 때 고향인 푼다오로 돌아가고, 그녀는 14살 때까지 외할머니 손에서 키워졌다. 그녀가 노래를 부르기 시작한 것은

〈파두〉그림의 재해석들

네다섯 살 무렵부터였다. 그녀가 거리에서 과일행상을 하면서 파두를 들을 수 있었기 때문이다.

노래에 대한 재능은 결국 그녀를 무대 위에 올려 세웠다. 그녀는 15살이 되던 1935년 아마추어 가수로서의 길을 걷기 시작했다. 마리아 세베라의 파두 노래들이 악보로 출간된 지 꼭 100년 만이다.

1939년이 되자 아말리아는 파두 공연장과 출연 계약을 맺어 곧 고정 게스트가 될 정도의 인기를 끌었다. 이 당시 프레데리쿠 발레리우Frederico Valério, 1913~1982라는 작곡가가 그녀의 가능성을 알아보고, 그녀의 목소리에 가장 적합한 곡들을 작곡해줬다. 이는 하나 혹은 두 대의 기타하나 클래식 기타로 연주하는 파두의 규칙을 깨고 대규모 오케스트라를 동원한 노래들이었다.

이 덕택에 아말리아는 겨우 나이 20살에 포르투갈을 대표하는 파디스타로 일약 발돋움해서 왕실, 귀족, 정치인, 은행가, 예술가들의 사랑을 한몸에 받는 인기를 누리기 시작했다. 그녀 인기는 스페인과 브라질 공연으로 이어졌는데, 1945년 브라질의 콘티넨탈 레코드에서 처음으로 음반을 내게 된다. 1946년에는 그녀를 내세운 영화 「검은 망토Capas Negras」가 만들어졌고, 이 영화의 성공에 힘입어 같은 해 「파두」라는 영화에도 출연해 흥행보증수표로써의 위치를 확고하게 다졌다.

1949년 파리 공연, 1950년 베를린 공연에 이어 1954년에는 프랑스 영화 「과거를 가진 애정Les Amants Du Tage」에 출연, 검은 옷에 검은 숄을 걸치고 〈검은 돛대〉를 부르는데, 이 노래와 영화로 아말리아는 세계적인 명성을 얻기 시작했다. 전 세계적으로 '파두'라는 음악이 알려진 것도 이때부터다. '파두의 어머니' 마리아 세베라의 재현을 통해 아말리아는 드디어 '파두의 여왕'이자 '파두의 영혼'으로 올라선 것이다.

세투발 반도 '아말리아 로드리게스 전망대'의 기념 아줄레주. 그녀가 자주 찾던 곳이었다.

알파마 주택가 공터에 만들어져 있는 아말리아 모자이크

우리나라에서 음악 애호가가 아닌 일반 대중에게도 아말리아가 널리 알려진 것은 김수현 원작의 1986년 MBC 드라마 「사랑과 야망」이 계기가 되었다. 대중의 심금을 울리며 크게 인기를 얻은 이 드라마 속에서 그녀의 노래 〈어두운 숙명Maldicao〉이 자주 흘러나오면서 당시 한국에서는 때 아닌 아말리아 로드리게스와 파두 선풍이 불기도 했다.

아말리아는 1999년 이 세상을 떠났다. 향년 79세. 그녀의 사망 소식이 알려지자 당시 포르투갈 정부는 사흘 동안의 국가 애도 기간을 발표했다. 진정한 국민가수였던 셈이다.

아말리아 박물관은 알파마에 있지 않다. 이스트렐라Estrela라고 하는 고급 주택가에 있다. 그녀가 생전 살았던 곳이고, 세상을 떠난 곳이다. 박물관은 아말리아가 생전에 사용하던 집 그대로여서 이 방 저 방에 그녀가 생전에 입었던 공연 드레스며 구두, 장신구들이 잘 진열돼 있다. 드레스는 한눈에 딱 보아도 엄청 세련돼 보였고 검정색이 주조를 이루고 있었다. 영어를 무척 잘하는 할머니 안내원은 방문객이 들어서면 아예 입구 문을 잠그고 방문객 안내를 하면서 사진을 못 찍게 한다.

포르투갈 사회에서 아말리아의 파두가 지지만 받은 것은 아니다. 왜냐하면 독재정권 유지의 한 방편으로 파두가 이용되었기 때문이다.

아말리아 로드리게스 박물관 견학을 온 포르투갈 꼬마들

살라자르 정권 시절의 노동운동 탄압을 묘사한 아줄레주

앞에서 강조했듯 포르투갈은 1932년부터 1968년까지 36년 동안 살라자르 총리의 철권 독재체제에서 신음했다. 그는 국민적 저항을 무력화하고 관심을 정치로부터 다른 곳으로 돌리기 위해 이른바 3F정책을 펼쳤다. 3F는 축구Football, 파두Fado, 종교Fatima의 약자다. 여기서 파티마는 유명한 가톨릭 성지로 가톨릭을 의미한다.

이는 지난 1980년대 전두환 독재체제 3S 정책의 원조 격이라 할 수 있다. 당시 전두환 정권은 국민의 저항을 허물기 위해 스포츠프로야구 도입과 올림픽 개최 등, 스크린영화 등 영상산업 활성화 지원, 섹스환락산업 활성화와 통금 해제, 에로물에 대한 검열 완화 등로 우민화愚民化 정책을 꾀했다.

살라자르 독재정권은 국제 사회에서 체제의 존속과 미화를 꾀하고 비판 여

451

론을 피하기 위해 아말리아의 파두를 적극 지원했고, 아말리아는 외교 사절의 역할을 톡톡히 해냈다. 이 때문에 이 기간 동안의 파두는 포르투갈을 미화하면서 향수에 젖은 로맨틱한 성향이 더욱 강해졌다. 1930년대부터 리스본의 바이후 알투Bairro Alto 지역에 파두 클럽들이 우후죽순으로 생겨난 것도 이와 무관치 않다.

그러나 참 아이러니하게 1974년 4월 25일 무혈혁명의 도화선이 된 것도 파두였다. 그해 4월 25일 새벽 0시. 리스본에서 송출되는 가톨릭 라디오 방송 '르네상스 라디오'는 금지곡인 〈그란돌라, 검붉은 마을Grandola, villa morena〉을 내보내기 시작했다. 이 노래는 앞서 소개한 코임브라 출신의 파디스타 주제 아폰수가 작사해 나오자마자 금지곡 처분을 받은 일종의 '반정부 민중 파두'였다.

라디오에서 이 노래가 나오는 것을 시발로 청년장교들은 살라자르의 권력을 계승한 마르셀루 카에타누Marcello Caetano, 1906~1980 정부에 반대해 리스본 시내 거점을 동시다발적으로 점령했고, 독재정권이 몰락했다고 시민들에게 알렸다. 다음 날 아침 시민들은 청년장교들의 쿠데타에 동참해 노래를 부르며 농성에 들어갔다.

정부군은 유혈 진압을 지시했으나 하급 장교들이 이에 불복해 쿠데타 세력에 가담했고, 시민들은 시민군과 정부군 가리지 않고 총구에다 카네이션을 꽂기 시작했다. 그러자 군인들은 기꺼이 총구의 카네이션을 받아들였다. 이것이 그 유명한 포르투갈 4월 카네이션 혁명이다.

이 혁명은 세계적으로 매우 보기 힘든 좌파 군사 쿠데타의 성공 사례로 기록된다. 으레 그렇듯 약간의 갈등은 있었지만 과두 군사정부는 민주화 헌법을 도입해 권력을 기꺼이 민간에 이양하고 다시 군대로 돌아갔다.

그런데 새 민간정부가 들어서자 오히려 파두가 된서리를 맞았다. 파두에서 독재정권 시기가 연상된다는 이유에서 새 정부가 몇 년 동안 파두 공연을 금지한 것이다. 세상사란 이렇게 참 모를 일이다.

세월은 가고 기억은 남는다지만, 그래도 장강長江의 뒷물은 앞물을 밀어내는 법이다. 워낙 아말리아 로드리게스의 발자취가 뚜렷해서 한동안은 그녀에 버금가는 스타가 나오지 못했다. 그러나 이제 포르투갈의 파두계도 변혁이 일고 있고 새로운 스타도 나타났다.

이 '뉴 히로인'이 또 묘하다. 파두가 혼혈의 노래이듯, 새롭게 등장한 스타도 포르투갈 아버지에 모잠비크 어머니 사이에 태어난 혼혈이다. 남아프리카의 모잠비크가 과거 포르투갈 식민지였던 탓이다. 그녀의 이름은 마리자Mariza, 1973~. 그녀는 세 살 때 모잠비크에서 리스본으로 이주해 역시 알파마 지역에서 성장했다. 알파마는 이렇듯 포르투갈 사람들에게 '영혼의 고향'이다.

짧은 금발머리가 인상적인 그녀는 카리스마 넘치는 무대 매너와 탁월한 가

파두의 뉴 히로인,
마리자의 2015년 〈Mundo〉 앨범 자켓

창력을 인정받아 2001년 데뷔 앨범 〈Fado em Mim〉으로 단번에 스타덤에 올랐다. 보통 파두 앨범은 4,000장 이상이 팔리면 성공했다는 평가를 받는데, 그녀의 이 앨범은 10만 장 이상이 나갔다.

그녀는 우리나라 사람들에게도 친숙하다. 지난 2002년 월드컵 당시 한-포르투갈 경기에서 포르투갈 국가를 불렀고, 2006년에는 내한 공연도 가졌다. 지금은 뉴욕 카네기홀이나 센트럴 파크에서 공연을 할 만큼의 세계적 스타로, 지난 2010년에는 파두의 뿌리를 되돌아보는 앨범 〈Fado Tradicional〉을 내놓았다. 마리자는 잠시 뒤에서 소개할 파두 식당 '메자 드 프라드스Mesa de Frades'를 특히 좋아해서 이 조그만 장소에서 노래를 부르기도 한다.

파두는 '사우다지'를 바탕으로 하는 노래다. 바로 우리의 한恨이다. 옥스퍼드 사전에는 '사우다지'가 '그리움, 우울함 또는 향수의 느낌'이라고 해설돼 있다. 파두는 운명, 향수, 우울, 사랑, 열정 등 사우다지의 감정을 전달한다.

숙명적으로 바다로 나가지 않으면 안 되었던 포르투갈. 그 바다로 나가 돌아오지 않았던 수많은 남자들. 그리고 그 남자들을 사랑하고 미워했던 여자들의 눈물과 탄식….

거기에는 지배당하는 힘없는 나라에서 세계의 지배자로 올라섰다가 또 다시 피지배의 설움을 겪어야만 했던 아픔, 이젠 과거의 영화를 추억으로만 간직해야 하는 그들의 역사도 애환과 애잔함으로 깔려 있다.

파두에는 아프리카에서 유럽으로 끌려온 노예들의 설움, 식민지 지배를 당한 브라질 원주민들의 노여움, 머나먼 항해에 지치고 병든 뱃사람들의 비탄, 북아프리카 고향을 등지고 떠나온 무어인들의 향수가 모두 녹아 있다.

그래서 아말리아 로드리게스는 이렇게 말했다.

"파두란 우리들이 결코 마주하고 싸울 수 없는 숙명. 아무리 발버둥
치며 노력해도 바꿀 수 없는 것. '왜?'냐고 물어보아도 결코 그 이유를
알 수 없는 것. 그렇게 답이 없다는 사실을 알면서도 묻지 않을 수 없는
것…."

파두는 소통, 요즘 용어로 하자면 '인터랙티브'의 노래다. 어느 노래인들 소
통의 기능이 없겠냐만 파두는 특히 더 그렇다. 파디스타는 통상 대규모 공연장
에서 노래하지 않는다. 근대 클래식처럼 소규모 인원이 감상하는 '살롱 음악'의
형태다. 많은 청중을 상대하지 않고 소수의 관중과 일체감을 느끼기 좋은 '교
감의 무대'에서 노래한다.

파두는 대부분 조그만 장소에서 살롱음악의 형태로 공연한다.

파디스타가 마이크를 쓰지 않고 육성으로만 노래하는 것도 그 때문이다. 관객은 가수의 목청에서 나오는 소리 하나하나에 민감하게 반응하면서 그 선율을 자신의 감정과 동조화한다. 그러니까 파두를 제대로 즐기려면 넓은 객석의 현대식 공연장이 아니라 바로 앞에서 파디스타가 노래하는 그런 곳이라야 제격이다.

알파마에 있는 동안 당신은 어디서든지 파두를 들을 수 있다. 파두 연주를 하는 식당이나 바bar가 도처에 널려 있다. 파두박물관도 당연히 알파마에 있다. 그러나 박물관은 잠시 미루고 파두 공연을 하는 식당이나 바부터 먼저 찾아가 보자. 우선 파두가 무엇인지 충분히 느끼고, 즐기고 그 다음에 박물관을 찾는 것이 순서일 터다.

리스본에서 가장 근사한 파두 공연 레스토랑을 한 군데 소개하겠다. 아까 마리자가 공연도 한다는 그 '메자 드 프라드스'다. '프라드스의 식탁'이란 레스토랑이다. 알파마에 있는 이 식당은 매우 작다. 식탁 대여섯 개가 전부다. 그러나 파두와 함께하는 레스토랑으로는 리스본에서 최고다.

식당 '프라드스의 식탁'은 예전에 작은 성당이었다. 성당이 문을 닫으면서 식당으로 바뀌었다. 그런데 성당 벽면 전체가 아줄레주로 장식돼 있던 탓에 인테리어 비용을 전혀 들이지 않고도 정말 근사한 식당으로 변신했다. 화려한 아줄레주 앞에서 술을 마시고 음식을 먹으며 파두를 즐기는 그 감흥은 알파마만의 격조다.

파두 선율은 아줄레주와 함께할 때 더 절절하고 사무치며 마음속 깊이 들어온다. 특유의 색감과 공간이 만드는 분위기 탓이다. 그게 바로 포르투갈식, 리스본식 감흥이다.

그러나 이처럼 진짜배기 파두를 즐기려면 약간의 인내심이 필요하다. 뜨내기 관광객을 상대로 하는 어설픈 장소가 아니라서 파두 공연이 밤 11시가 되어서 시작하기 때문이다. 대략 밤 9시부터 식사를 시작해서 온갖 수다를 다 떨어가면서 천천히 두 시간을 때워야 대충 공연 시간에 맞출 수 있다.

그래서 이곳을 홀로 찾는 사람은 근처에서 술을 마시다가 이곳을 찾아 늦은 식사를 하든지, 아니면 내처 그곳에서 시간을 죽이며 술을 마시기 십상이다. 그러다 보면 얼큰하게 취기가 올라 파디스타의 절절한 목소리가 가슴을 더 후비고 들어온다.

술 한잔 걸친 다음에 듣는 대중가요들은 얼마나 눈물샘을 자극하고 가슴

식당 '메자 드 프라드스'에서 파두 공연에 귀 기울이는 사람들.
파두 선율은 아줄레주와 어울릴 때 더 사무치게 들린다.

오마 샤리프를 닮은 파두 가수

을 벅차게 만드는가. 슬픈 가사가 모두 자기 얘기인 것 같고, 세상에 가장 슬픈 비련의 주인공도 자신인 것만 같고, 당장 내일 땅이 폭삭 꺼질 것만 같은 상실감까지도….

게다가 파두는 애절함의 극한까지 끌어올리는 노래인 것을…. 거기에 기타하의 선율은 얼마나 사람의 심금을 흔들어놓는지….

그날의 파디스타가 백발이 성성한 늙은 가수라면 더 그렇다. 그런데 우연히도 그 파디스타가 영화 「닥터 지바고」의 주인공 오마 샤리프를 닮아 있다면, 그 깊은 눈망울에 남자의 마음도 흔들리지 않고 배겨날 도리가 없다. 게다가 노래도 절창絶唱! 그렇다면 그저 눈물을 훔치며 조성모 노래 〈가시나무새〉의 노랫말을 자꾸만 새길 수밖에….

내 속엔 내가 너무 많아 당신의 쉴 곳 없네
내 속엔 헛된 바람들로 당신의 편할 곳 없네
내 속엔 내가 어쩔 수 없는 어둠 당신의 쉴 자리를 뺏고
내 속엔 내가 이길 수 없는 슬픔 무성한 가시나무숲 같네

파두 공연이 끝나고 나면 밤 12시가 넘는다. 그래도 알파마 지구엔 술집이며 식당이며 가게는 문을 다 열고 있다. 가슴을 열어주는 노래를 들었으니 이제 헛

헛한 마음을 달래기 위해, 보고픈 이들을 기억하기 위해, 지나간 사랑을 추억하기 위해, 덧없는 세월을 위로하기 위해 한잔 더 해야 하는 것이다.

파두가 알파마에서 시작되었으므로 파두박물관은 당연히 알파마에 있다. 알파마 골목길로 올라서는 조그만 광장 앞이다. 규모는 그렇게 크지 않지만 파두의 모든 것이 그곳에 있다.

왜 우리에게는 이런 박물관이 드물까. 해방 후 지금까지 오랜 세월 굽이굽이마다 서민들을 울리고 웃기면서 마음을 달래준 대중가요의 유구한 역사가 있는데 '뽕짝트로트 박물관'이 드물다. 포르투갈보다 훨씬 잘 사는 우리인데⋯. 이런 박물관을 만들 생각을 못하는 건지, 아니면 생각은 하면서도 실천을 못하는 건지, 아니면 아예 이런 생각을 안 하는 건지⋯.

파두박물관을 들어서면 옛 파디스타들이 일제히 반겨준다.

파디스타들의 공연을 보여주는 영상실

원하는 파디스타들의 앨범을 들어볼 수 있다.

한류韓流와 K-팝이 지구촌을 휩쓰느니, 빌보드 차트 정상을 몇 주씩 차지하고 있다느니 하면서 전 세계의 주목을 받는다고 하는데 대중가요 박물관이 드문 우리 실정은 참 창피한 일이다.

이난영, 반야월, 금사향, 박일해, 고복수, 현인, 한명숙부터 배호, 차중락, 이미자, 남진, 나훈아, 태진아와 송대관까지 한 시대의 아픔과 즐거움을 담당했던 그들을 한꺼번에 만날 수 있는 그런 장소가 많이 있다면 참 좋지 않을까? 그렇다면 아마 우리의 대중문화의 층위 또한 확실히 더 두터워질 수 있을 텐데….

박물관에 들어서면 1층과 2층 전면 가득 파두의 스타들 사진을 모아서 전시해놓았다. 아는 사람은 거의 없다. 그래도 이들 사진을 보자 이런 생각이 더 강해진다. 대중문화도 문화다. 일반 대중들에게는 더 친밀한 문화다. 그래서 영국에서는 그들의 가수들을 기념하기 위한 다채로운 행사를 벌인다. 유명 록그룹이 처음 공연한 곳 등 기념할 만한 장소에는 모조리 기념판을 만들어 붙이는 것도 그런 행위의 하나다. 그건 포르투갈과 스페인도 마찬가지다.

그런데 우리 경우는 참 힘들게 자라난 소중한 문화 자산을 가꾸려는 의지나 노력 자체가 부족하다. 관官에서 신경 쓰지 않으면 민간들이라도 나서야 하지 않을까. 돈이 넘쳐 썩어 나가는 부자들이 숱하게 많은데 말이다. 아니면 가수들 스스로 나서야 하는데, 다들 먹고 살기 바쁘다는 건가?

천국으로 오르는 계단에
부겐빌레아 꽃잎은 날리고

리스본은 중심지가 7개의 언덕으로 둘러싸인 도시다. 로마와 똑같다. 로마

산타 루지아 전망대

역시 7개의 언덕을 중심으로 도심이 형성돼 있다. 로마와 다른 점은 리스본 언덕에서는 어디서나 마치 바다와 같은 테주 강 조망이 가능하다는 사실이다.

그래서 리스본에는 '천국으로 오르는 계단'으로 표현되는 근사한 전망대들이 여러 개 있다. 그중 가장 탁월한 경치를 선사하는 곳은 알파마와 그라사^{Graça}에 있는 것들이다. 이들 가운데 아줄레주로 장식된 조그만 산타 루지아 교회가 근처에 있어 정말 낭만적인 아름다움을 선사하는 곳이 산타 루지아 전망대 Miradouro de Santa Luzia다.

앞이 탁 트여 있는 산타 루지아 전망대에 오르면 속까지 다 시원해지는 느낌이다. 그러나 트램이나 버스 등을 타고 전망대에 내리면 일단 자그마한 광장이 나오고 제일 먼저 보게 되는 것은 탁 트인 풍경과 함께 카페의 커다란 파라솔이다. 리스본의 위치 좋은 전망대에는 이렇게 카페나 레스토랑이 있다. 이곳들이 제일 붐비는 시간은 일몰 때다. 대서양에 해가 저무는, 숨이 멎도록 아름다운 모습을 보면서 연인과 밀어를 속삭이거나 친구들과 맥주를 들이키는 것이다.

리스본의 여러 전망대 가운데 산타 루지아는 정말 최고다. 풍경도 풍경이지

산타 루지아 전망대는
예술가들의 단골 작업 장소다

만 산타 루지아 교회 벽면과 강을 내려보는 테라스의 아줄레주 그리고 분꽃과의 덩굴성 관목식물인 부겐빌레아Bougainvillea 꽃과 그 앞의 정원이 환상적인 조화를 이루고 있기 때문이다.

부겐빌레아는 지중해권의 어느 나라에서든 흔히 볼 수 있고, 꽃도 거의 연중으로 피기 때문에 지중해하면 저절로 연상되는 식물이다. 그런데 원산지는 뜻밖에도 남아메리카 브라질이다. 프랑스 식물학자 필리베르 코메르송Philibert Commerçon, 1727~1773이 사망하고 난 다음 그의 기록을 바탕으로 1789년에 출간된 책에서 그와 함께 남아메리카를 탐험한 해군 제독 루이 앙트안 드 부갱빌Louis Antoine de Bougainville, 1729~1811의 이름을 따서 이 식물을 처음으로 소개했기때문에 부겐빌레아라는 이름이 붙었다.

이 식물이 유럽으로 들어와 퍼지게 된 경로는 더 재미있다. 식물학자 코메르송은 부갱빌 제독과 함께 1766년 남아메리카 일대를 도는 탐험을 떠나면서 그의 동거녀였던 잔 바레Jeanne Baret, 1740~1807를 남장으로 꾸며서 그의 조수라고 속이고 같이 배를 탔다.

파리를 떠나기 전날 그는 유언장을 작성하면서 '보네프아Bonnefoi라고 알려진 잔 바레'에게 600리브르의 금화와 아파트의 가구를 남겼다. '보네프아'는 잔을 배에 태우기 위해 코메르송이 꾸며낸 가짜 이름이다.

당시에 여자가 긴 항해를 하는 원정대 배를 타는 일은 결코 있을 수 없는 일이었다. 그런데 몇 년에 걸친 긴 항해를 하는 동안 잔은 어떻게 여성임을 들키지 않을 수 있었을까. 코메르송이 조사를 위해 가지고 온 엄청난 양의 장비 때문에, 배의 선장은 자신의 큰 선실을 코메르송과 그의 '조수'에게 내주었다. 특히 선장 방은 전용 화장실이 있었으므로, 잔은 화장실과 목욕시설 이용에 거의 불편을 겪지 않을 수 있었다.

산타 루지아 성당의 부겐빌레아

부겐빌레아는 태생부터 낭만적이다.

이로써 잔 바레는 남아메리카 원정을 한 최초의 유럽 여성이 되었다. 그녀가 코메르송과 함께 1769년 귀국길의 원정대 배에 이 식물을 보냈기 때문에 부겐빌레아는 유럽에 퍼질 수 있었다. 부겐빌레아는 태생적으로 낭만적이다.

그런데 코메르송은 건강이 별로 좋지 않았다. 특히 다리에 궤양이 있어서 걷는 데 불편을 겪었다. 따라서 잔은 실질적으로 조수 이상의 역할을 했다고 전해진다. 험준한 지형도 거뜬하게 소화했기 때문에 다른 선원들로부터 힘과 용기를 인정받았다고 한다.

각종 식물과 광석물 채집, 분류 이외에도 코메르송의 이동에 대한 부축까지 그녀 역할은 매우 컸다. 코메르송이 '짐덩이 짐승beast of burden'이라는 불명예스러운 별명까지 얻을 정도였으니 잔의 도움이 얼마나 컸을지 능히 짐작이 간다. 거기에 빨래 등 온갖 잡일도 그녀의 몫이었음은 불문가지다.

물론 잔이 끝까지 여성임을 들키지 않은 것은 아니다. 그녀가 여성이라는 사실을 알아본 것은 뜻밖에도 타히티 원주민들이었다. 1768년 4월 원정대가 타히티에 도착해 잔과 코메르송이 해안에 상륙하자마자, 잔은 즉시 자신이 여자라고 외치는 타히티인들에게 둘러싸였다. 흥분한 타히티인들로부터 그녀를 보호하기 위해 원정대는 그녀를 배로 돌려보내야만 했다.

귀국길에 오른 원정대는 식량이 떨어지고 일행도 지쳐서 인도양 모리셔스Mauritius 섬에 오래 머물렀다. 당시 '아일 드 프랑스Isle de France'라고 불린 모리셔스는 프랑스 무역의 중요 거점이었다.

마침 모리셔스 총독이 코메르송과 잘 아는 동료 식물학자 피에르 포이브레Pierre Poivre, 1719~1786였다. 그는 여자를 배에 태운 동료의 스캔들 문제를 법적으로 해결해주었고, 자신의 집에 손님으로 남아 있게 해주었다.

조수로서 잔의 일은 그곳에서도 계속되었다. 잔은 1770년에서 1772년 사이

누군들 이곳에서 조용히 책 읽으며 사색하고 싶지 않으랴.

마다가스카르Madagascar와 부르봉Bourbon에 대한 식물 채집에도 동행했다. 코메르송은 건강이 악화되면서 1773년 2월 모리셔스에서 마흔다섯의 나이로 사망했다. 잔은 그 이전 1770년에 모리셔스의 수도 포트루이스Port Luis에 있는 코메르송의 부동산을 양도받으며 독자적인 입지를 만들 수 있었다.

코메르송 사망 이후 잔은 포트루이스에서 술집을 운영했고, 1774년 5월 프랑스 육군 부사관 장 뒤베르나Jean Dubernat와 결혼했다. 그녀는 이듬해 남편과 함께 프랑스로 돌아왔다. 귀국한 후 그는 코메르송의 유언에 따른 재산을 받아서 남편의 고향에 정착했다.

1785년 1월부터 잔은 프랑스 해양부로부터 연 200리브르의 연금을 받았다. 당시 국왕 루이 18세는 의사이자 식물학자인 코메르송을 돕는 데 헌신했으며,

큰 용기로 위험을 극복한 사실을 높이 평가하고 이 특별한 여성에게 병역 의무자를 위한 기금에서 연 200리브르를 제공하게 했다. 잔은 1807년 8월 5일 생올레Saint-Aulaye에서 67세의 나이로 사망했다.

코메르송이 이름을 붙인 식물들은 70종이 넘는데, 그중 '솔라눔 바레티아에Solanum baretiae'는 잔 바레를 위한 학명이다. 2018년 국제천문연맹은 잔을 기리며 명왕성Pluto의 한 산맥에 그녀 이름을 붙였다.

2010년 그녀에 대한 전기『잔 바레의 발견The Discovery of Jeanne Baret』이, 2020년에는 이를 학술적으로 대폭 보완한 전기『세계를 항해한 여성에 대한 연구In Search of the Woman who Sailed the World』가 출간되었다. 2020년 7월 27일 구글Google은 '구글 두들Google Doodle'로 잔의 280번째 생일을 축하했다.

오늘날 남유럽과 북아프리카 전역에 이 식물이 퍼지게 된 가장 직접적인 공로는 프랑스 몫이지만, 범위를 확대하자면 포르투갈 공헌도 인정하지 않을 수 없다. 포르투갈이야말로 브라질로 가는 항로를 개척하고 브라질에 유럽식 문명을 심어놓은 장본인이니 말이다.

보라색 부겐빌레아와 파란색 아줄레주가 이렇게 기막히게 앙상블을 이루는 곳은 찾아보기 힘들다. 비록 아줄레주가 그렇게 뛰어난 걸작은 아니고, 관광객들에게 널리 알려져 있는 유명한 곳도 아니지만 산타 루지아 전망대야말로 정말 낭만적인 장소다. 시원한 강바람이 갯내음을 실어다 주면서 솔솔 불어주니 금상첨화라고나 할까. 이곳에는 조용히 책을 읽으면서 여유를 즐기는 젊은 아가씨들이 눈에 많이 뜨인다. 꽃과 벤치와 테라스와 바다 그리고 아줄레주가 한자리에 있는 로맨스 내음 가득한 곳이기 때문이리라.

이곳 아줄레주에 묘사된 그림은 1147년 이곳에서 무어인들을 몰아낸 리스본 공방전과 코메르시우 광장에서 병사들이 제식훈련을 받는 모습의 두 가지

코메르시우 광장에서 제식훈련을 받는 병사를 묘사한 산타 루지아 성당 벽의 아줄레주

다. 그해 아폰수 1세 엔히크가 이끄는 십자군이 4년 동안의 포위 끝에 리스본을 탈환하는 데 성공했다.

코메르시우 광장에서 훈련받는 모습을 묘사한 아줄레주는 원래 코메르시우 광장에 있었던 것이다. 그런데 1755년 대지진 이후 산타 루지아 교회를 재건축하는 과정에서 광장에 있던 아줄레주를 이곳으로 옮겨왔다.

리스본 탈환을 묘사한 아줄레주는 서로 치열하게 전투를 벌이는 양쪽 병사들의 얼굴 표정까지 생생하게 살아 있을 만큼 아주 정밀하게 제작됐다. 바로크 양식의 산타 루지아 성당은 12세기 아폰수 1세의 재위 기간 동안에 처음 건축되었다. 바로 그래서 리스본 탈환을 다룬 그림의 아줄레주가 벽에 붙게 된 것이다.

산타 루지아 교회 바로 밑에는 또 아줄레주로 오밀조밀 장식을 한 조그만 공원이 있다. 공원의 커다란 벽면에는 전성기 때의 리스본 항구 모습이 거대한 아줄레주로 장식돼 있다. 한편의 샘물 역시 물고기로 형상화한 수도꼭지 주변의 17세기 타일이 이채롭다. 그 샘물은 신트라 왕궁의 그것과 똑같다. 그런데 둘 다 지금은 너무 낡고 때가 끼어서 참 볼품이 없다. 전성기 때의 화려함을 잃지 않고 잘 관리되었더라면 얼마나 근사했을까 생각하니 안타깝기만 하다.

이곳 산타 루지아 전망대에 오는 방법은 여러 가지가 있겠지만 28번 트램을 타고 오는 걸 제일 권장하고 싶다. 가장 번화가인 호시우^{Rossio}의 페드루 4세 광장 근처에서 트램을 타면 약 15분에서 20분밖에 걸리지 않는다.

리스본 관광 묘미의 하나는 트램을 타고 여기저기 정처 없이, 머릿속을 비우고 바깥을 물끄러미 쳐다보면서 다녀보는 것이다. 그렇게 짬을 내서 리스본의

1147년 리스본에서 무어인을 쫓아낸 리스본 공방전의 모습을 묘사한 아줄레주

속살을 들여다보는 것은 예기치 않은 즐거움을 선사해준다. 마음이 저절로 평안해지는 것은 덤이다.

리스본에서 단 하나의 트램만을 탈 수 있다면 28번 트램이 단연코 최고다. 이 트램은 알파마 지구의 좁은 골목길을 천천히 오르내리면서 "이게 바로 리스본이야!"라고 말해준다.

'앤티크'를 좋아하세요?

역사가 오래된 도시들이 으레 그렇듯 리스본도 박물관의 도시다. 다양한 주제를 자랑하는 박물관들이 도시 여기저기에 흩어져 있다. 그러나 리스본에서만 일주일 이상 머무르지 않는 이상 그 많은 박물관을 다 보기에는 무리다. 그래서 자신이 좋아하는 박물관만 선택해서 볼 수밖에. 딱 두 개의 박물관만 꼽으라면, 당연히 국립아줄레주박물관Museu Nacional do Azulejo과 장식예술박물관Museu de Artes Decorativas이다.

장식예술박물관은 17세기 대저택에, 아줄레주박물관은 16세기 수녀원에 자리잡고 있어서 그 화려함을 형언하기 힘들 정도다. 장식예술박물관은 특히 앤티크 가구를 좋아하는 사람들이라면 반드시 들러보라고 권하고 싶다. 우리나라에서 앤티크 가구라고 딱지를 붙이고 유통되는 가구들이 중국 모조품이 아니라면 주로 프랑스나 영국 것인데, 이 박물관의 전시품들을 보자면 포르투갈 가구도 이에 못지않은 미학적 완결성을 획득하고 있다.

물론 장식예술박물관은 파리와 런던 그리고 마드리드에도 있다. 또 같은 리

산타 루지아 성당 맞은편에 있는 장식예술박물관

스본 시내 코메르시우 광장으로 가는 아우구스타Augusta 거리에도 있다. 이곳 산타 루지아 근처의 장식예술박물관이 다른 곳과 차별되는 것, 그것은 바로 파란 아줄레주다. 파란 바탕으로 실내 가구들을 더욱 빛나게 해주기 때문이다. 황홀하기 그지없는 유려한 곡선의 목재 가구들과 타일의 아줄레주가 빚어내는 그 앙상블!

불행히도 이 박물관은 사진 촬영 금지다. 그러나 행운이 따랐다. 아침 일찍부터 산타 루지아 전망대를 들러보았기 때문에 전차들이 다니는 길 건너편에 있는 박물관 입구에서 5분 전부터 오전 10시에 문 여는 것을 기다리고 있었다. 당연히 그날의 첫 입장객이었고, 전시실에 들어서니 곳곳을 지키는 가이드들이 아직 자리를 잡기도 전이었다. 덕분에 한동안 아무런 제지 없이 사진을 찍었다.

이 박물관에서 가장 인상적인 아줄레주는 입구에 있다. 본격적인 전시실은 2층에 있는데, 2층으로 올라가기 전 1층 입구에는 화려하기 그지없는 커다란 마차가 있다.

우아함과 섬세한 나무 조각, 여성스러움, 겉면 그림에 신화적 모티브의 차용 등 로코코 양식을 대표하는 이 마차는 1753년에 만들어진 것이다. 4대 아세카 Asseca 자작이 사용하던 것으로, 이 자작 가문은 브라질에 정착해서 '식민지 경영'을 하면서 잘 살았다고 한다.

일일이 나무에 조각을 하거나 정성을 들여 금형으로 주조한 도금 프레임에, 마차 겉면 그림은 프랑스 화가가 그렸다고 하니 요즘으로 따지면 람보르기니 같은 최고급 맞춤형 수제차 제작하는 것만큼이나 공을 들인 셈이다.

마차 겉면의 그림은 바다의 신 넵튠과 곡물의 신 케레스Ceres를 강조하고 있는데, 그 이유는 대서양을 건너 브라질에 성공적으로 정착한 사실을 나타내기 위한 것이라고 하니, 이렇게 어디를 가든 '상징'의 세계는 들추고 들춰도 끝이 없는 양파처럼 나타난다.

마차 옆에는 작은 도끼와 창을 결합한 중세시대의 병기인 미늘창을 가진 두 사람의 병사가 입구를 지키고 서 있는데, 한 사람은 남자지만 한 사람은 여자다.

사실 우리나라 사람들에겐 작은 도끼와 창이 결합한 미늘창이라는 무기도 생소할 것이고, 미늘창을 사용하는 미늘창병halberdier은 더욱 그러할 것이다. 미늘창병

우아함과 화려함의 극치를 달리는 로코코 양식의 18세기 귀족 마차

미늘창 병사

은 스위스 용병과 연결돼 있다. 스위스 용병은 중세 후기부터 가깝게는 근대 초기까지 유럽 여러 나라들특히프랑스에 고용된 직업군인으로 상당한 전투력을 입증받았고 세계 최고의 용병이라는 명성을 얻었다.

특히 이들은 장창pike과 미늘창halberd을 이용한 집단 공격력으로 중세 후기에 그 가치를 인정받았다. 스위스 지방정부에 의뢰만 하면 언제든지 준비된 스위스 용병단을 고용할 수 있었기 때문에 이들은 특히 매력적인 요소였다. 스위스는 각각의 주canton 지방정부마다 병사들을 선발해 무장시키고 언제든지 전쟁을 수행할 수 있도록 훈련시키는 조직이 있었다.

스위스 용병은 긴 장창으로 종대를 구성해 머리를 밀치는 공격 전술과 포로를 사로잡지 않고 죽이는 '승리의 행진'으로 공포와 경외의 대상이 되었고, 일부

어딘지 모르게 동양적 분위기의 남성 미늘창병(좌)과 미소가 묘하게 매력적인 여성 미늘창병(우)

프랑스 왕들은 이들을 보병 전력 핵심으로 삼지 않고서는 전투에서 이길 수 없다고까지 생각했다. 그리고 이 장창 부대에 미늘창병 부대가 유닛으로 포함되어 본진의 공격에 선봉조로 나섰다.

그러면 포르투갈과 이들 스위스 용병의 미늘창병은 어떤 관계이기에 이렇게 아줄레주로까지 등장했을까. 16세기 이후 이들을 애용한 국가가 바로 스페인이었다. 종교개혁 이후 스위스는 개신교를 추종하는 주들과 가톨릭을 추종하는 주들로 나뉘었는데, 가톨릭을 추종하는 주 출신의 용병들이 스페인 군대에 많이 합류해서 17세기 중반에는 10개 이상의 연대들이 고용되었다.

그리하여 이들은 17세기 후반 스페인과 포르투갈이 벌인 전쟁에도 참여하게 된다. 아마 포르투갈 군대에도 이들 스위스 미늘창병들은 공포의 대상이었을 것이다. 그런데도 아줄레주 속의 미늘창병들은 험상궂지 않고 매우 예술적이다. 여성 미늘창병은 묘하면서 매력적인 미소까지 짓고 있다.

정작 스페인에서는 스위스 미늘창병이 이처럼 예술작품의 대상으로 묘사돼 있는 것을 아직 본 적이 없다. 그런데 이들을 고용했던 스페인이 아니라 싸움을 벌였던 포르투갈에서 오히려 아름다운 아줄레주로 만났다. 포르투갈이 한동안 스페인의 지배를 받았기에, 스위스 미늘창병도 포르투갈에 왔었을 것이다. 이들 스위스 용병을 이렇듯 아름다운 아줄레주로 남긴 정확한 배경이야 알 수 없지만, 전쟁이야말로 가장 강력한 문화 교배의 현장이다.

스위스 용병들은 카탈루냐 반란 진압, 스페인과 폴란드, 오스트리아 왕위계승전쟁 등 수많은 전투에 참여하면서 서서히 쓰러져 갔다. 이베리아 반도에서 마지막으로 완전히 자취를 감춘 것이 1823년이니 정말 수세기에 걸쳐 오랜 세월 동안 남의 나라 왕실을 위해 전쟁을 치러준 셈이다.

이 미늘창병은 주앙 5세 당시 포르투갈 최고의 아줄레주 화가인 바르톨로메우 안투네스Bartolomeu Antunes, 1688~1753 작품으로 1730년부터 1740년 사이에 만든 것으로 추정된다. 1725년에 작업소를 차린 이 사람은 평생 아줄레주 제작에 몰두해 포르투갈 전역 그리고 브라질에도 그의 작품이 있다. 이 미늘창병 아줄레주는 코발트블루 말고도 군데군데 금박 도금을 입혀서 작품에 생동감을 불어넣고 있는 아주 독특한 스타일이다.

이 박물관은 정말 소개할 장식품들이 참 많이 있다. 전등 장식도 매우 이채롭다. 벽에 붙어서 램프 하단을 지지하고 있는 너무 독특한 모양의 이 장식은 과연 어디에서 온 것일까. 놀랍게도 이 장식은 바나나 꽃을 묘사한 것이다. 바나나는 너무 흔하지만 바나나 꽃을 본 사람은 아마 드물 터다.

바나나는 누구나 즐겨 먹는 과일이지만 꽃은 보기 좋은 편이 아니다. 흉측스럽게 보일 확률이 크다. 꼭 남성의 성기나 공룡의 꼬리처럼 보이기도 한다. 어떻게 바나나 꽃에서 영감을 얻어 이런 램프 장식을 만들 생각을 했을지 추측하

독특한 형태의 램프 장식과 바나나 꽃

아줄레주 배경의 소품들

는 것은 그리 어렵지 않다.

이 저택의 주인이 바로 브라질에서 많은 돈을 번 사람이니, 이 램프 장식 또한 결국 포르투갈 식민지 경영 덕택이다. 인도나 인도네시아, 중남미 등에 식민지를 만들지 않았다면 이들이 어떻게 바나나 꽃을 보았을 것인가. 그러니 문화의 혼혈은 예술 행위에서 너무 소중한 자산이다. 소위 '영감의 지평'이 달라진다. 그가 동남아나 남미 여행지 어디에서 보았을 바나나 꽃은 이렇게 포르투갈 그의 저택에서 매우 색다른 장식으로 거듭났다. 비단 장식문화뿐만 아니라 리스본이 가지는 고유의 색깔은 이렇듯 다양한 혼혈에서 발현된다.

가톨릭 광신도 왕이 남긴
아줄레주 끝판왕 성당

박물관이란 묘해서 다 아는 것 같아도, 가면 갈수록 더 알 것 혹은 알아보아야 할 것, 새롭게 흥미를 느끼는 것이 나오기 마련이다. 입장료 때문에 박물관 입구에서 사진만 찍고 돌아서는 여행객들이 여전히 많은 것 같은데, 정말 어리석은 행위다.

알파마 지구까지 왔다면 꼭 가보아야 할 성당이 하나 있다. 로마네스크 양식으로 언덕 위에 빛나는 모습으로 서 있는 상 비센트 드 포라 성당Igreja de São Vicente de Fora이다. 알파마 지역의 사진을 보면 항상 위쪽에 둥그런 첨탑 두 개를 앞세운 건물이 나오는데, 바로 그 성당이다.

건축할 당시 성채 바깥에 지었기 때문에 '성 밖에 세운 성당'이라는 뜻을 가진 이 성당은 16세기 후반 개축되었지만 1147년에 세워졌다. 무려 1,000년도 넘

리스본을 대표하는 상 비센트 성당. 그 역사가 무려 1,000년도 넘는다.

은 역사를 가진 성당이라니!!

포르투갈 초대 왕 아폰수 1세는 로마시대의 초기 기독교 성인이자 탁월한 철학자였던 성 아우구스티누스St. Augustine, 354~430의 교리를 기념하기 위해 이 건물을 처음 지었다.

이 성당을 다시 개축한 사람은 좀 이상하지만 스페인 왕 펠리페 2세다. 앞 단원에서 보았던 세투발의 요새도 그의 명령에 의해 만들어진 것이었다. 이미 얘기했듯 1580년 포르투갈 왕위 계승자가 끊기는 바람에 왕위 계승의 피가 흐르고 있는 스페인 왕이 포르투갈 왕을 '겸임'한 탓이다. 펠리페 2세는 베르디 오페라로 유명한 카를로스 1세의 아들로, 모계 혈통을 거슬러 올라가면 포르투갈 왕 주앙 3세의 손자다.

관광객용 출입구가 따로 있다.

다시 강조하지만, 당시 스페인의 위세가 하늘을 찌를 때였으므로 펠리페 2세는 스페인 국왕1556년부터 세상 떠날 때까지이자 나폴리 국왕1554년부터 세상 떠날 때까지, 영국 섭정왕메리 여왕의 부군으로서 1554년부터 1558년까지, 포르투갈 국왕1580년부터 세상 떠날 때까지, 남미 칠레 국왕이라는 막강한 지위에 있었다.

무려 333년 동안 스페인 식민지로 있었던 필리핀의 이름도 펠리페 2세가 왕자일 때 그를

성당 입구에 가득 피어난 부겐빌레아

당대 최고의 조각가가 동원된 성당 제단의 조각들

화려한 성당은 성당이라기보다
왕궁의 느낌을 준다.

기념하여 붙인 이름이다.

펠리페 2세는 철권통치를 휘둘렀지만 거의 광적인 가톨릭 신봉자였다. 그래서 '가톨릭의 펠리페'라는 별명답게, 이 성당 개축에 여러모로 공을 들여 1582년부터 1629년까지 장장 47년이 걸렸다.

이 성당은 회랑 등의 건축양식에서 앞서 에보라에서 언급했던 에보라대학과 거의 유사하다. 이 성당 또한 16세기 이탈리아 마니에리슴을 대표하는 후기 르네상스 양식의 로마 예수회 제수 교회를 원형으로 삼았기 때문이다. 포르투갈에서 고딕 양식과 달리 끝부분이 둥근 첨탑 두 개가 성당 전면에서 높이 올라간 형식은 이 성당에서 처음 시작했고, 나중 포르투갈 전역에 퍼져 나갔다.

18세기 바로크 양식의 제단 뒤 조각과 장식은 당시 포르투갈에서 가장 유명한 장인이었던 조각가 호아킴 마카도 드 카스트루Joaquim Machado de Castro, 1731~1822 작품이다.

이렇게 공을 들인 성당이니만큼 중세 포르투갈의 역사에 있어 매우 중요한 위치를 차지하고 있고 여러모로 성당의 권위를 인정받고 있다. 포르투에 대성당이 있다면, 리스본에는 상 비센트가 있다. 12세기에 상 빈센트의 주검이 알가르브에서 이곳으로 옮겨졌고, 브라간사 가문의 가족 묘지가 모셔진 신전도 있다.

브라간사 가문은 1640년부터 1910년까지 포르투갈 왕위를 이었고, 1822년에는 주앙 6세의 맏아들 페드루 4세가 독립을 선언해 1889년까지 브라질을 통치했다.

성당의 본당은 무료로 그냥 들어갈 수 있지만, 별도 문을 통해 들어가는 뒤편의 부속실은 입장료를 내야만 한다. 본당보다는 부속실이 훨씬 화려하고 귀중한 보물들이 많아서다.

이 성당을 들어서면 성당이라기보다 마치 궁전 같은 느낌이 든다. 물론 왕궁

성당은 여러모로 펠리페 2세의 막강한 권력이 작용한 느낌을 준다.

브라간사 가문의 시신들을 안치한 성당 안의 묘실. 왕가의 묘실답게 왕관이 놓여 있다.

보다야 소박하지만 궁전 연회장 같은 대형 공간도 나오고, 아찔할 정도로 화려한 장소가 많다. 당시 세계 최고의 권력가였던 펠리페 2세의 입김이 작용한 흔적이 역력하다.

　성당을 장식하고 있는 18세기 아줄레주는 1147년 무어인들에게 리스본을 탈환할 때의 장면과 라 퐁텐Jean de La Fontaine 1621~1695 우화의 이야기를 묘사한 것도 포함하고 있다. 리스본 탈환 전쟁을 묘사한 아줄레주에는 적장의 목을 베어 왕에게 바치는 장면도 나온다. 이쯤 되면 이곳이 성당인지, 전쟁역사박물관인지, 왕가 부속실인지 구분이 모호해진다.

　하긴, 모든 종교의 역사 자체가 신성神聖의 역사가 아니라 성속聖俗의 역사다.

적장의 목을 베어 왕에게 바치는 병사를 묘사한 리스본 탈환전쟁 아줄레주. 왕은 아폰수 1세일 것이다.

'라 퐁텐 우화' 아줄레주가 있는 장소를
알려주는 표지판

'라퐁텐 우화'에 등장하는 동물들과
상징을 모아놓은 장식판

중세와 근대에 이르기까지, 가톨릭 또한 얼마나 많이 세속 권력의 정당화를 지
탱해주는 이데올로기로 작용해왔던가.

2,000년 전 그리스인 이솝이 창작해 구전으로 내려오다 17세기 프랑스 시인
라 퐁텐이 정리한 이 우화일명 이솝 우화들이 가톨릭 성당의 아줄레주 주제로 쓰이
고 있는 사실은 매우 이채롭다. 아마 우화가 인간의 어리석음과 약점을 강조하
는 이야기라는 점에서 권선징악의 하느님 말씀과 통하는 부분이 있지 않아서
일까?

라퐁텐 우화를 알려주는 아줄레주들

성당 안의 아줄레주에는 단골 주제인 사냥을 묘사한 것들도 많다.

과거의 영광은 스러져 갔네,
시아두

알파마 지역을 떠나기가 참 힘들었다. 그런데 알파마만큼이나 떠나기 싫은, 언제나 유쾌함이 가득찬 지역을 또 한 군데 소개해야겠다. 그 동네는 시아두 Chiado와 바이후 알투다. 부유한 동네인 시아두는 세련된 부티크, 커다란 극장, 우아한 예술 카페와 집들이 몰려 있어 '치치Chichi'라는 애칭으로도 불린다. 시아두와 바이후 알투는 충분히 관광의 즐거움을 찾을 수 있는 곳이다. 그만큼 볼 곳, 즐길 곳, 먹을 곳이 많은 리스본 관광의 핵심이다.

시아두는 리스본 중심 호시우 광장페드루 4세 광장의 바로 옆 동네다. 이곳에서

시아두 관광의 이정표 역할을 하는 카페 '브라질레이라'

'브라질레이라'의 유명세를 더해주는
페르난두 페소아의 동상.

브라질레이라 '비카' 한 잔과 애플파이 그리고
사그레스 맥주. 최고의 궁합이자 '소확행'이다.

강에 인접한 코메르시우 광장 쪽으로 조금 걷다가 오른쪽 언덕길로 올라가 오
른쪽으로 빠지면 바로 거기가 시아두 동네의 시작이다.

　언덕을 올라 시아두의 초입에서 처음 만날 확률이 높은 곳은 카페 '브라질
레이라Brasileira'다. 시아두의 사랑방 같은 곳으로, 1908년 문을 연 이래 포르투
갈을 대표하는 지식인과 예술가들이 모여 여론을 주도하는 유서 깊은 곳이 되
었다.

　포르투갈 사람들이 즐겨 마시는 커피는 '비카Bica'라는 것이다. 좀 독하고 쓴
커피 원액 즉 에스프레소를 마시는 것이다. 이 카페의 이름이 말해주듯 브라질
을 식민지로 둔 포르투갈에서는 언제나 질 좋은 원두커피를 마실 수 있었다. 이

바이샤 골목길에서 본 산타 후스타 엘리베이터

카페를 연 주인 역시 브라질에 거주하는 사람으로서 커피는 물론 브라질의 각종 향신료를 수입하는 데 전혀 무리가 없었다.

이러한 배경이 '비카'의 탄생으로 이어진 것인데, 사실 유럽은 대다수가 프림이나 우유를 넣은 커피가 아니라 에스프레소를 즐겨 마신다. 포르투갈도 마찬가지로 어디를 가든지 카페에 서서 비카 한 잔 홀짝 마시고 자리를 뜨는 사람들을 수없이 만날 수 있다. 그 비카가 시작한 곳,

고향이 바로 카페 '브라질레이라'다. 그러니 리스본 여행을 제대로 즐기려면 '브라질레이라'에서 비카 한 잔쯤은 마셔봐야 한다.

'브라질레이라' 야외 좌석에는 비가 오나 눈이 오나 바람이 부나 일 년 내내 똑같은 자리를 지키고 있는 사람이 한 명 있다. 바로 시인 페르난두 페소아 Fernando Pessoa, 1888~1935 동상이다. 우리에겐 생소하지만, 그는 20세기 포르투갈을 대표하는 시인이자 작가, 사상가, 번역가, 비평가다.

그를 포함해 많은 동료 문인들이 이 카페를 드나들면서 당대를 대표하는 문학저널 「오르퓨Orpheu」를 펴냈다. 이 카페에서 그리 멀지 않은 시아두에서 태어난 페르난두 역시 항상 이 카페에 앉아 비카나 압상트를 마시면서 책을 읽거나 글을 썼다.

아우구스타 거리에서 본 아우구스타 개선문(Arco da Rua Augusta).
1875년에 완공됐다.
개선문 건너편이 코메르시우 광장이다.

천장은 사라지고 뼈대만 남은 수도원에
묘한 매력이 있다.

박물관은 바이샤 일대를 조망할 수 있는
야외카페의 기능으로 더 제격이다.

'브라질레이라'에도 근사한 아줄레주가 있다면 정말 더 우아하고 좋은 분위기를 만들었을 텐데, 아쉽게도 여기는 그런 장식이 없다. 이곳에서 비카 한 잔을 여유롭게 마시고 약간 경사진 골목길을 따라 아래로 어슬렁어슬렁 내려가다 보면 산타 후스타 엘리베이터Elevador de Santa Justa와 고고학박물관이 나온다.

산타 후스타 엘리베이터는 말 그대로 고지대의 시아두와 저지대의 바이샤를 바로 연결해주는 사다리다. 바이샤 골목길에서 위로 올라가는 엘리베이터를 탈 수 있으나, 워낙 짧은 거리라서 특별한 의미는 없기 때문에 시아두 지역에서 걸어서 가는 편이 더 낫다. 엘리베이터를 타도 리스본 시내가 한눈에 내려다

흑단 나무 관과 파란색 아줄레주의 대비가
존재의 엄숙함을 잘 나타내준다.

고고학박물관에 전시했던
호제리오 테모티우의 작품

보이는 전망대를 가려면 어차피 또 계단을 올라가야 한다.

이 엘리베이터가 유명한 것은 신고딕 양식을 도입한 약간의 미학성 때문인데, 파리 에펠탑을 만든 건축가 에펠의 제자, 바로 포르투의 '동 루이스 1세 다리'를 설계한 테오필 세오릭이 또 만들었다. 그래서 그런지 어딘가 에펠탑의 느낌이 풍긴다. 산타 후스타 엘리베이터를 타고 내려오면 코메르시우 광장으로 나가는 아우구스타 거리다.

고고학박물관은 엘리베이터 상단부에서 내려 시아두와 연결되는 통로를 걸어가면 입구가 바로 나온다. 이 박물관은 1755년 대지진 때 허물어져서 뼈대만 앙상하게 남은 카르무Carmo 수도원을 박물관으로 개조한 곳이다. 마치 거대한 공룡의 뼈처럼 석재 받침대만 남아 있는 수도원 모습을 보면 그 자체가 고고학적 이미지로 손색없다.

그러나 전시품들은 딱히 특별한 게 없다. 이곳에서 전시하고 있는 아줄레주도 다른 곳의 걸작들과 비교할 때 실망스런 수준이다. 다만 흑단 나무를 정교하게 조각한 한 성인의 나무 관과 그 위의 벽에 장식된 코발트블루 아줄레주는 그 강렬한 색감의 대비로 형언하기 힘든 존재의 엄숙함을 매우 독특하게 나타내주고 있다. 다만 이 박물관은 그늘에서 바이샤 일대를 조망하며 차를 즐길 수 있는 야외 카페로써의 기능은 정말 제격이다.

이 박물관은 주목할 만한 전시로 취약한 소장품의 한계를 극복한다. 한 예로 현대 포르투갈 조각을 대표하는 로지리오 티모테우Rogerio Timoteo, 1967~ 개인전을 연 사실을 들 수 있다. 신트라에서 태어난 그는 1989년부터 매우 활발한 활동을 벌여 지금까지 40회의 개인전과 300회 이상의 단체전을 통해 국제적인 명성을 얻었다. 스페인과 브라질은 물론이고, 미국, 영국, 독일, 스위스 등의 주요 갤러리에서 그의 작품을 전시하고 있다.

그는 주로 사람의 신체에 주목, 육체가 갖는 한계를 비틀고 변형시키면서 주제를 흥미롭게 잘 표현하고 있다. 특히 하늘이 뻥 뚫려 있는 빈 공간에 우뚝 솟아 있는 석조기둥을 배경으로 전시된 그의 작품들은 매우 그로테스크하면서도 인간 존재 심연의 한 단면을 들여다보는 느낌을 주었다.

황량한 들판 위에 허물어진 성채를 구경한 듯한 느낌으로 박물관을 나와서 좀더 위쪽의 약간 경사진 언덕으로 걸음을 옮기면 반드시 들러야 할 두 장소가 나온다. '트린다드 맥줏집Cervejaria Trindade'과 '상 호케 성당'이다.

포르투갈 최초의 맥주 양조장,
트린다드 맥줏집

'트린다드 맥줏집'은 말이 맥줏집이지, 고품격의 레스토랑이면서 포르투갈에서 가장 오래된 첫 번째 맥주 양조장이다. 일단 이 맥줏집의 위치나 건물이 갖고 있는 역사부터 장난이 아니다. 1294년에 세 명의 수도승이 세운 '산티시마 트린다드Santissima Trindade, 성모 삼위일체 수도원'이 대지진 이후 한동안 버려졌다가 1836년 맥주 양조장으로 변했고, 최종적으로 레스토랑이 된 것이기 때문이다.

최초 수도승들의 식당으로 쓰인 넓은 홀이 맥주 제조장으로, 지금의 400석

지난 2011년 설립 175주년을 맞았던 트린다드 맥줏집

이 넘는 넓은 레스토랑 공간이 되었다.

'산티시마 트린다드 수도원'은 1147년 무어인으로부터 리스본을 탈환한 이후 만든 중요한 수도원 중 하나다. 이슬람 군대에 붙잡혀 있는 기독교 포로들을 탈출시키기 위해 조직한 '수도승 포로 구조대'의 성인들을 기리기 위해 지었다는 이채로운 배경이 있다.

중세 유럽은 물이 깨끗하지 못하여 바로 먹기가 어려웠고, 의학 기술이 그리 발전하지 못하였기에 약으로 사용할 만한 것도 변변치 않았다. 따라서 당시 지식인 계층이었던 수도사들이 여러 지방에서 맥주 제조법을 발전시켰다.

맥주는 깨끗하지 못한 물을 대신하거나 약 대신 흑맥주를 사용하기도 하였으며 액체 빵으로써 영양분 공급원 역할도 했다. 또한 당시 수도원은 여행을 다니는 사람들이 머무를 수 있는 여관 기능을 했는데, 이때 여행객에게 대접하는 음료로도 사용되었다. 중세 이후로 상당 기간 동안 맥주는 수도승과 수도원을 찾는 부유 계층만 마실 수 있는 '특별 음료'였다. 영국은 16세기가 되면 맥주가 대중적인 술로 일반화되기 시작하는데, 리스본의 경우 1836년에야 일반에게 맥주를 팔기 시작했으니 매우 늦었다는 사실을 알 수 있다.

어쨌든 이때부터 트린다드 맥줏집은 별 문제 없이 잘 운영되었고, 소유주의 사망으로 인해 1934년에는 포르투갈맥주협회에서 컨소시엄 형태로 운영하기 시작했다. 1986년에는 맥주 양조장 탄생 150주년을 기념하여 리스본 시가 이곳을 시 문화유산으로 결정했다.

2022년 기준으로 이 맥줏집은 생긴 지가 186년이 되었다. 그렇지만 500년 이상 된 펍Pub들이 수두룩한 영국에 비하면 이도 일천하기 짝이 없는 역사다. 그래도 이런 술집의 역사를 하나도 보전하지 못한 우리와 비교되는 대목이다.

트린다드 레스토랑은 걸작의 아줄레주로도 유명한데, 처음부터 있었던 것

레스토랑에는 이곳의 역사가
세 명의 수도승으로부터 출발했음을
알려주는 아줄레주도 있다.

은 아니고 1863년에 인테리어 개선을 하면서 아줄레주로 장식했다. 한창 맥줏
집으로 돈을 벌어 치장한 셈이다.

그런데 여기 아줄레주에는 독특한 대목이 있다. 바로 '프리메이슨Freemason'
상징이 나타나는 것이다. 흔히 세계를 지배하는 비밀결사로 알려진 프리메이슨
상징은 다양한데 그중 가장 대표적인 것이 '호루스Horus의 눈'이다. 미국 1달러
짜리 지폐를 보면 피라미드에 눈 하나가 들어가 있는 기이한 그림을 볼 수 있다.
그것이 바로 '호루스의 눈'이다.

호루스는 죽음과 부활의 신인 오시리스Osiris와 여신 이시스Isis의 아들인데,
오시리스가 그의 동생 세트Set에게 죽음을 당하자 형수인 이시스가 아들에게
복수를 하게 해서 호루스를 왕으로 만든다. 그러나 복수 과정에서 호루스는 세
트에게 왼쪽 눈을 잃었다. 그러자 지혜의 여신 토트Thoth가 호루스의 눈을 치료
해주면서 그의 눈은 '모든 것을 꿰뚫어보는' 행운의 힘을 지니게 된다.

이 같은 신화에 의해 '호루스의 눈'은 여신의 보호와 충성이 힘을 상징하는

희미하지만 아줄레주 태양의 얼굴에 '호루스의 눈'이 있다

대표적 문양으로, 사악한 힘으로부터 자신을 지키는 부적으로 사용되어왔다. 따라서 1달러 지폐의 피라미드 상단부에 위치한 '호루스의 눈'은 세계의 꼭대기에서 만물을 꿰뚫어보고 통제하는 프리메이슨을 의미하는 것으로 해석되고 있다.

'트린다드 맥줏집' 장식을 제작한 사람은 19세기 포르투갈 아줄레주 작가 가운데 가장 뛰어나다는 루이 페레이라Luis Ferrira, 1807~?다. 루이 페레이라가 왜 그의 작품에 프리메이슨의 상징을 집어넣었는지는 알 수 없다. 다만 이 작품이 만들어진 1863년은 미국에서 링컨 대통령이 노예 해방선언을 했고, 영국 런던에서는 최초의 지하철이 개통되었으며, 스웨덴의 노벨은 니트로글린세린과 흑색 화약을 혼합한 다이너마이트를 발명했다. 요동치는 세계 속에서 맥줏집의 소유주가 무엇인가 미래를 투시할 예지력을 얻기를 원해서 작가에게 요청했던 것은 아닐까?

이 레스토랑은 지금 포르투갈 맥주업계 양대 산맥의 하나인 사그레스에서 운영하고 있다.

포르투갈 사람들도 술을 많이 마신다. 술 소비량 통계를 보면 항상 우리나라보다 더 많이 마시는 것으로 나온다. 물론 포르투갈은 한국처럼 증류주는 거의 마시지 않고 맥주와 와인을 마신다. 이 나라의 맥주는 수퍼

포르투갈 시장 점유율 1위의 '수퍼 복' 광고. '포르투갈의 위엄'이라고 쓰여 있다.

복Super Bock과 사그레스가 시장 점유율 1, 2위를 차지한다. 사그레스는 약간 더 향긋한 풍미가 있는 듯하고, 반면에 수퍼 복은 쓴맛이 좀더 짙다. 사그레스는 트린다드 맥줏집 탄생 170주년을 기념하여 '보헤미아 1835'라는 한정판 맥주를 내놓기도 했다.

지금 세계 맥주시장은 벨기에, 독일, 체코 등이 강세다. 그러나 이들 국가들이 오늘날 같은 맥주를 만들 수 있었던 것도 대항해시대 포르투갈과 스페인 덕택이라는 사실을 알고 있는지.

오늘날 맥주 제조는 효모가 섭씨 10℃ 정도의 낮은 온도에서 발효하면서 아래로 가라앉는 특징을 보이는 하면발효 방식의 라거Lager 맥주들이 지배적이다. 그러나 중세시대에는 25℃ 정도에서 발효하면서 위로 떠오르는 상면발효 방식의 맥주였다. 효모가 통에 담긴 액체 겉면에서 부글부글 부풀어오르는 막걸리 제조 방식을 떠올리면 된다. 이 때문에 당시 맥주는 막걸리처럼 텁텁하고 색깔도 둔탁했다. 흔히 '아일ale'이라 불리는 영국 맥주 상당수와 아일랜드의 유명한 맥주 기네스Guiness는 이런 상면발효 방식이 진화한 것이다.

15세기 대항해시대가 열리면서 남미에 살던 고유의 효모도 덩달아 대서양과 인도양을 넘어 세계를 여행하게 되었다. 그중 남미에서 살고 있던 야생 효모가 우연히 독일 바이에른 주 수도원의 와인 저장고에 도착하면서 새로운 맥주가 탄생하게 되었다. 남미의 효모가 와인을 만드는 효모와 결합하여 새로운 혼혈 자손을 만든 것이다.

물론 남미 야생 효모와 독일 와인 효모가 만나서 바로 맥주 발효에 완벽한 하이브리드 효모를 만든 것은 아니다. 두 효모의 결합에 의해 불완전한 형태의 자손이 만들어지고 유전자 변이가 거듭되면서 점차 낮은 온도에서 발효하는 특성과 당 대사 기능이 향상되어 오늘날처럼 산뜻하고 맛있는 맥주를 만들 수

'트린다드 맥줏집'의 아줄레주는 무엇인가 상징으로 가득하다.

리스본 아줄레주 박물관 휴게실에서의 맥주 한 잔

있게 진화했다.

이 혼혈 효모는 와인 저장고 낮은 온도에서 발효하여 새롭고 감칠맛을 가진, 차고 신선한 새로운 맥주라거 맥주를 만들어냈다. 오랜 기간 동안의 상면발효 방식에 종지부를 찍게 된 것이다. 이렇게 해서 맥주라고 하면 그 유명한 '옥토버페스트'와 함께 가장 먼저 이름이 떠오르는 도시인 뮌헨이 있는 바이에른이야말로 하면발효 방식의 출발지가 되었다.

그러나 그 후 오랜 세월 동안 전문가들도 이 혼혈 효모의 정확한 정체를 파악하지 못했다. 그러다가 몇 해 전 포르투갈, 아르헨티나, 영국의 공동 조사반이 남아메리카 남단 파타고니아의 너도밤나무 숲에 살고 있는 야생 효모를 발견했다. 놀랍게도 이 효모는 라거 맥주를 만드는 효모와 유전자 서열이 99.5%나 일치했다. 수세기 동안의 노력 끝에 드디어 오늘날 라거 맥주의 조상을 찾아낸 것이다.

바로 이 때문에 맥주를 좋아하는 이 세상의 수많은 사람들은 남미로 가는 바닷길을 개척한 포르투갈에 정말 감사해야 한다. 그런데 이를 또 어쩌나. 남미 효소가 유럽으로 들어온 일등공신은 포르투갈이 세웠건만, 그로 인해 재미를 보는 곳은 엉뚱한 나라들이니 말이다.

그럼에도 포르투갈 맥줏집은 벨기에나 독일이 결코 따라올 수 없는 게 분명히 있다. 세상에 어디 가서 이렇게 아름답고 우아한 아줄레주로 장식된 방에서 맥주를 마실 수 있겠는가. '옥토버페스트'가 열리는 뮌헨 맥줏집들은 그저 황량하게 넓기만 하고 썰렁한 회벽뿐이다. 맥주 맛도 좋으려니와 장소마저 이렇게 기품이 넘치는 장소에서 사그레스 한잔 하는 기쁨을 놓친다면 결코 포르투갈을 가보았다고 말할 수 없으리라.

황금 인플레이션과
상 호케 성당

상 호케 성당은 아마 포르투갈 전체를 통틀어 가장 부자 성당일 듯하다. 그만큼 화려하다. 이 성당은 브라질에서의 수탈과 그로 인해 걷어들인 이익이 얼마나 대단했는지 웅변으로 입증하고 있다. 유럽 성당들이 상당수 그렇지만 특히 스페인과 포르투갈 성당들은 내부 제단의 장식물들이 온통 금으로 장식되어 그 호사스러움이 말도 못할 정도인데, 그중에서도 상 호케 성당은 정말 압도적이다.

1505년 리스본은 전염병이 돌아 심각한 위기에 처했다. 베니스로부터 페스트에 감염된 배가 들어온 탓이었다. 그리하여 마누엘 1세는 국민들이 계속 죽어 나가는 이 끔찍한 질병의 확산을 방지하기 위해 베니스에 성인 호케의 유해를 달라고 요청한다. 유해가 도착하자 이를 공경하면서 모실 장소가 필요했는데, 그것이 바로 상 호케 성당이 세워진 계기다.

성인 호케프랑스어로는 로슈, 1295~1327는 프랑스 몽펠리에 출생으로 로마로 순례를 떠날 때 마침 유럽에 페스트가 창궐했는데 가는 곳마다 기도를 통해 수많은 사람들의 병을 치유한 기적을 보여주었다. 이후 병자들, 특히 페스트의 수호성인으로 떠받들어졌다.

이 성당에 가면 성인 호케를 마치 미라 같은 인형으로 만들어 화려하게 치장한 아줄레주 관 속에 넣어 불까지 환하게 켜고 진열해놓은 모습을 볼 수 있다. 성인 호케의 유해를 봉헌하고 있는 성당이라는 자랑인 셈이다. 이슬람과 마찬가지로 분명 우상을 숭배하지 말라는 것이 기독교 교리이건만, 전 세계적으로 이렇게 수많은 우상들을 만들어 숭배하는 것이 부인할 수 없는 현실이다.

금으로 온통 도배된 압도적인 화려함으로 마음이 오히려 어지럽혀지는 상 호케 성당

1540년 이탈리아에서 예수회 수도승들이 주앙 3세의 초청으로 리스본에 도착했는데, 그들은 자신들만의 장소로 성인 호케를 모실 곳을 원했다. 그래서 옛 건물을 허물고 1553년 새로운 성당을 완성했지만, 성인 호케에 대한 공경심으로 이름은 그대로 유지했다. 1759년 당시 재상이었던 폼발 후작에 의해 포르투갈에서 예수회가 축출되고 난 다음 이 성당은 다른 가톨릭 재단으로 넘어갔다.

상 호케 성당에서 가장 화려함의 극치를 달리는 것은 요한 예배당이다. 이는 놀랍게도 1740년 주앙 5세재위 1705~1750가 로마에서 이탈리아 건축가들을 고용해 이탈리아에서 일단 만들어 리스본으로 옮겨온 것이다. 1742년에 작업이 시작돼 1750년에 완공되어 주앙 5세는 이 예배당의 완성과 함께 생애를 마감했다.

그 옛날에 수백 명의 장인들을 동원해 예배당을 조각조각 만들어 이를 무려 3척의 배에 실어 나른 다음 다시 맞추었으니 얼마나 많은 돈을 쏟아부었는지 짐작이 가고도 남는다. 당시 유럽에서 가장 많은 돈을 들인 예배당으로 전해지고 있다. 그러나 이렇게 다시 짜맞춘 탓에 성당의 구석구석을 자세히 보면 비례와 구도가 잘 맞지 않는 부분들이 많다.

로마에서 디자인이 된 것이므로 예배당 조각이나 천장 장식 등은 로코코 양식이고, 벽의 아줄레주는 피렌체풍이 도입되었다. 게다가 내부 장식물은 당시 매우 귀한 청금석을 비롯해 마노, 자수정, 설화석고, 카라라 대리석, 자주색 반암 등 초호화 자재들이 즐비하게 놓인 진열장과 같다.

이렇게 현란한 장식의 예배당에서 과연 올바른 신앙생활이 가능했을까? 보기만 해도 마음이 어지러워지는데 기도가 제대로 되기나 했을까? 왕과 성당의 권위는 세워졌을지 모르지만, 참 씁쓸한 기분이 된다.

주앙 5세는 평소에도 사치를 일삼았다고 하는데, 이런 낭비벽을 지탱해줄

황금보다 더 비싼 청금석(라피스 아줄리)과 황금으로 도배된 제단

수 있는 자금은 과연 어디서 나왔을까? 몇 차례 강조했지만 이 모든 게 브라질 때문에 가능한 일이었다. 브라질이야말로 재물이 끊이지 않는 화수분 같았다.

그러니 과연 브라질로부터 거둬들인 수탈의 규모가 얼마나 되는지 알아볼 필요성이 있겠다. 브라질로부터 얻는 주 수익원은 금은 물론이고 그 다음이 설탕과 담배였다.

브라질에서의 금 생산은 1680년대에 미나스 제라이스Minas Gerais라는 지역에서 매장량이 풍부한 금광맥이 발견되면서 시작되었다. 해안에서 400㎞ 들어간 내륙 지방인 이곳의 광맥은 원시적인 방법으로도 채굴이 가능할 정도로 지표만 걷어내면 금이 드러나는 구조였다. 이 소식이 전해지자, 브라질 국내에서뿐만 아니라 포르투갈을 비롯한 수많은 나라에서 많은 사람들이 일확천금을 꿈꾸고 몰려들었다. 그때까지만 해도 불모지였던 이곳은 이후 급성장하면서 역사적 도시들인 오루프레투Ouro Prêto, 사바라Sabará, 마리아나 Mariana, 상주앙델헤이São João del Rei 등을 탄생시킨다.

금을 좇는 탐사는 계속되었고, 고이아스Goias와 마투그로수Mato Grosso 등에서도 많은 금광맥이 발견되었다. 이에 따라 브라질 면적은 점차 확대되면서 경제의 중심지도 해안에서 내륙으로, 북부에서 남부로 이동해갔다.

예배당은 눈길이 닿는 곳마다 온통 금칠 장식이다.

황금에다 아줄레주마저 피렌체풍의 노란색이니
성당의 욕망은 어느 정도였던 걸까.

금실로 만든 예복들과 모자　　　　　　　　황금 말고 값비싼 암석들도 대거 동원됐다.

　　오늘날 브라질 제1의 도시 리우데자네이루는 이러한 금들이 모이는 집결지로써 당시 수도였던 바이아의 산살바도르San Salvador를 제치고 급부상한 것이다. 그리하여 리우데자네이루는 1763년부터 1960년까지 명실상부한 브라질 수도로 번영을 누렸고, 그 위상이 지금도 이어지고 있다. 2014년 월드컵과 2016년 올림픽이 연이어 브라질에서 열린 것은 '황금의 도시' 리우의 열정적 카니발과 밀접하게 닿아 있다.

　　이렇게 리우를 출발한 금이 리스본에 처음 도착한 것은 1699년의 일이었고, 그 양은 500kg이었다. 이후 포르투갈로 유입되는 브라질의 금은 점차 증가되어 1720년에는 2만 5,000kg에 달했다. 이를 현재 시세로 따지면 1조 7,600억 원에 달하는 어마어마한 양이다.

특히 상 호케 성당을 화려하게 꾸민 주인공인 주앙 5세 통치 기간1706~1750에는 브라질에서 산출된 금이 엄청나게 흘러들어왔다. 루시우 드 아제베두Lucio de Azevedo라는 학자에 의하면 주앙 5세 재임기 44년 동안 약 1억 700만 크루자두cruzado,브라질 화폐 단위의 금이 들어왔는데, 초반 20년 동안 3,600만 크루자두, 후반 24년 동안 7,100만 크루자두였다고 한다. 가운데는 450만 크루자두의 다이아몬드도 포함돼 있었다고 하는데, 이 금액이 얼마나 많은지는 가늠이 잘 안 된다.

정확한 통계 자료의 부족으로 역사가들이 대략 추정하는 금의 유입량은 17세기 말에서 18세기 동안 약 1,000~3,000t인데, 학자마다 달라서 정확하지 않다.

다만 남미의 금과 은이 유럽 경제에 얼마나 지배적이었는지 일부 학자들은 다음과 같은 견해를 내놓고 있다. 즉, 16세기 유럽에 귀금속이 대량 유입되었기 때문에 인플레이션이 일어났고, 17세기부터는 그 양이 감소했기 때문에 경기 침체에 빠졌다가 18세기에 브라질 금의 유입이 증가하면서 이 상태에서 벗어나게 되었다는 얘기다. 적어도 브라질의 금이 꺼져가던 유럽의 경기 침체를 살려놓을 정도로 그 양이 엄청났다는 사실은 분명한 듯하다.

이렇게 유럽에서 금이 갑자기 흔해지자 금값이 은값에 비해 낮아지고, 세공인들이 은을 더 비싸게 구입하는 경우도 발생했다. 여하튼 브라질의 금으로 주앙 5세는 리스본과 리우데자네이루 조폐국에서 에스쿠두escudo, 도브라스dobras, 도브랑dobrão 같은 금화를 주조해 유럽에 뿌려댔다.

그러면 포르투갈 왕실은 어떤 방법으로 '골드 러쉬'의 혜택을 입었을까. 예나 지금이나 나라가 돈을 걷어들이는 방법은 간단하다. 바로 세금이다. 민간업자들이 광산 개발을 하면 이들은 생산량의 무려 5분의 1을 세금으로 내야 했다.

상 호케 성당의 화려한 아줄레주의 원천은 브라질로부터의 금 유입이다.

이에 불만이 높은 광산업자들은 왕실의 감시를 피해 생산량을 속여 보고하여 세금을 줄이려 했다. 그러자 왕실도 이를 눈치채고 새로운 방법을 고안해냈다. 즉 제련공장은 나라에서만 운영하도록 하고, 각 광산업자들 생산량의 일정 비율을 제련공장에 저당하도록 해서 세금을 부과하는 방법이었다.

　이와 같은 탈취 수단은 왕실의 사치를 지탱해줄 수는 있었지만 결국 브라질 현지의 불만이 가중되어 독립을 부추기는 중요한 계기로 작용했다.

　1730년부터는 다이아몬드 광산이 발견되고, 18세기 말까지 200만 캐럿carat 이상이 생산되었다. 다이아몬드 역시 갑작스러운 생산량 증가로 유럽 시장에서 가격이 25%나 하락했다. 다이아몬드가 왕실에 주는 이익은 금보다 훨씬 적었다.

설탕은 비싼 값을 받는 진귀한 물품으로, 15세기까지는 약국에서만 판매하고, 부자들이나 병약자들에게 한정되어 팔렸던 고급 약재나 향미료로 취급되는 물품이었다. 그러나 포르투갈인들이 마데이라와 대서양의 많은 섬에 설탕 공장을 세우고 생산을 증가시키자, 15세기 말엽에는 가격이 낮아지고 수출이 증가하여 전 유럽에 걸쳐 모든 계층이 사용하는 일반 소비재가 되었다.

설탕은 생산의 3분의 1을 세금으로 징수했는데, 엔히크 왕자 시절부터 마르지 않는 샘물 역할을 했다. 마누엘 시대에는 마데이라의 설탕 생산과 수출량을 일정량 이하로 제한하는 정책을 폈다. 설탕 가격의 하락을 막기 위해서였다. 16세기에 들어와 아조레스, 카보베르데 제도 그리고 상투메는 설탕 생산의 중심지가 되었다.

16세기 중엽인 1530년부터는 사탕수수 경작이 브라질에 유입되었다. 열대 기후와 풍부한 노동력 등의 좋은 조건으로 인해 설탕 제분업은 브라질에서 급속히 성장했다. 17세기 초에 연산 200만 아로바^{1아로바는 11.502kg}라는 경이적인 생산량을 기록했던 설탕 산업 역시 포르투갈 부의 원천이 되었다. 브라질 설탕은 곧 유럽 시장을 석권했고, 포르투갈 항구는 이를 내다팔려는 상인들 배로 들어찼다.

담배 역시 1500년에 설탕과 함께 브라질에 유입되었다. '성스러운 풀'이라는 당시 담배의 표현으로도 알 수 있듯 유럽 전역에서 여러 병에 특효를 나타내는 약재로 각광을 받았다. 당시 기록을 보면, 리스본 주재 프랑스 대사로 있던 주앙 니코트^{João Nicot}라는 사람이 편두통으로 고생하고 있던 카타리나^{Catarina} 여왕에게 담배의 씨앗과 잎을 보내 여왕의 병을 낫게 함으로써 의약적 효과가 있다는 이야기가 퍼졌다.

브라질 인디언들은 담배를 가루로 만들어 환부에 바르거나, 코로 연기를 들이마시는 방법으로 병을 치료했다. 담배 역시 그 사용이 일반화되자 담배 소득원이 국가 재정에 큰 보탬이 되었다. 1716년이 되면 담배가 왕실 전체 소득의 20%를 차지할 정도로 비중이 커졌다.

이처럼 오늘날 설탕과 담배의 글로벌화 역시 출발점이 포르투갈이다. 지금은 두 물품 모두 건강을 해치는 주범으로 지탄을 받지만, 한때 설탕과 담배가 낭만주의의 발흥에 얼마나 이바지를 했던가. 설탕은 연인과의 달콤한 사랑에, 담배는 지식인의 사색과 낭만적 고뇌에 빠져서는 안 되는 기호 품목이었다.

브라질을 비롯한 식민지에서의 각종 무역과 세금으로 왕실은 막대한 소득을 얻었지만, 참으로 유감스럽게도 나라의 경제 개발과 사회 구조 발전에 끼친 영향은 매우 미약했다. 그 첫째 이유는 물론 왕인 주앙 5세에 있었다. 그는 엄청난 수입의 대부분을 화려한 왕실의 유지나 자신의 권위를 과시하는 겉치레에

와인과 담배를 파는 가게의
아줄레주 간판(리스본)

낭비했다. 그는 특히 프랑스의 루이 14세에게 콤플렉스를 가지고 있었고, 베르사유 궁전을 능가하는 수도원 건립에 심혈을 기울였다.

당시까지 포르투갈에 세워진 건물 중에서 가장 큰 마프라^{Mafra} 수도원 건립도 상 호케 성당의 예배당과 마찬가지로 외국 자재와 기술자, 디자이너 등 모든 것이 수입의 결정판이었다. 심지어 건축장 발판과 비계, 노동자들의 막사용 목재도 북부 유럽에서 수입했다. 대부분 조각상들은 이탈리아에서 제작되었고, 그 밖의 장식품들도 로마, 베네치아, 밀라노, 프랑스, 네덜란드, 제노바 등에서 주문해왔다.

이 수도원은 1717년에 착공하여 1750년 주앙 5세 생일에 준공되었으니 무려 33년 동안 소요된 재화가 상상을 초월할 액수였다. 그래서 당시 리스본에 와 있던 유럽 각국 대사들은 본국에 '포르투갈은 미개국'이라고 보고했다. 금과 향신료, 소금과 설탕, 담배가 넘쳐나는 가장 부자인 나라가 미개국이라는 치욕적 평가를 받았던 것이다.

그런 평가는 당연했다. 사회적 자본과 인프라 구축을 통해 부가가치를 창조했어야 할 재화들이 온통 수도원과 성당 건립, 내부의 치장에 들어가고, 그것마저도 온통 수입품으로 대체했으니 국내 문화예술의 발전은 물론이고 정치 경제 전 분야에서 낙후성을 면치 못했다.

리스본의 관문인 테주 강 항구는 생산은 도외시하고 오로지 소비에만 몰두했던 중간 기항지로 전락했다. 리스본 항구를 거쳐 나간 재화를 통해 영국을 비롯한 서유럽 각국이 세상을 지배할 기회를 창출하는 동안, 포르투갈은 그저 눈앞의 물질적 풍요에 눈멀어 있었다.

상 호케 성당과 관련해 또 하나 빼놓을 수 없는 것은 예수회와 얽힌 피의 역사 그리고 프란시스코 하비에르 신부에 관한 얘기다. 성당에는 나중 성인으로

온갖 사치의 대명사 마프라 수도원. 건립에만 33년이 걸렸다.

추앙한 그에게 공헌한 예배실도 있다. 그가 중요한 이유는, 바로 인도와 인도네시아 그리고 특히 일본에 가톨릭을 전파한 장본인이기 때문이다.

초기 예수회 창립회원의 7명 중 한 명이었던 그는 1541년 로마 교황 바울 3세와 포르투갈 왕 주앙 3세의 축원 속에 리스본을 떠나 인도로 향했다. 그리하여 그는 이전에 단 한 번도 가톨릭 신부가 발을 내디딘 적이 없는 인도 고아, 인도네시아 말루카 제도, 일본 등에서 현지 원주민의 냉대를 견디고 현지 언어를 익혀가면서 가톨릭 전파의 사명을 다했다.

하비에르 신부가 일본 사쓰마 지역지금의 가고시마 현에 도착한 것은 1549년 7월

하비에르 신부 흉상

27일, 일본을 떠난 것은 1551년 가을이었다. 2년여 동안 그는 일본 규슈 지역에 머무르면서 가톨릭 전파에 힘을 썼다. 그는 잠시 인도의 고아에 들렀다가 1552년 다시 길을 떠났다. 이번에는 중국이 목적지였다. 그는 그 해 8월 중국 본토에서 14km 떨어진 마카오 근처 산슈안 섬에서 입국 허락을 기다리고 있다가 그만 열병에 걸려 사망했다. 그때 그의 나이 46세였다.

그의 사망 이후 시신은 산슈안 섬에 잠시 가매장했다가 나중에 다시 마카오의 성 바울 성당에도 있었고, 1553년 최종적으로 인도 고아로 돌아갔다. 그래서 그의 유해는 고아의 봄 지저스Bom Jesus 성당에 있지만, 마카오에도 뼈 일부를 보존하고 있는 성 프란시스코 하비에르 성당이 있다.

35세 때부터 46세까지 11년 동안 꼬박 동양의 포교에 전념을 다했던 그가 동양으로 떠나기 전 그의 스승이자 예수회를 설립한 이냐시오 로욜라Ignatius Loyola, 1491~1556에게 쓴 편지에는 다음과 같은 내용이 있다.

'주여, 저는 여기 있나이다. 당신은 제가 무엇을 하기를 원하시나이까? 원하시는 곳이면 어디에나 저를 보내주십시오. 인도까지라도.'

정말로 그는 가톨릭 전파에 모든 것을 던진 사람이었다. 실제 기도와 식사와 휴식을 위한 시간조차 아꼈다고 하며, 그가 세례를 준 사람의 수는 무려 10만 여 명에 달할 것으로 추정한다. 실로 동양에서의 가톨릭은 그에게 진 빚이 매우 큰 것이다. 그런데 이토록 가톨릭 확산에 매달린 그의 마음은 어떤 것이었을까? 정말 주님에 대한 헌신이 모든 것이었을까? 아마도 그럴 것이다.

그러나 예수회는 이후 유럽 각 나라의 왕실과 심한 갈등을 겪는다. 현재 '예수회 회원의 최종적 선서The Extreme Oath of the Jesuits'에는 다음과 같은 구절이 있다.

> '나는 내가 파송되는 세계의 어느 곳, 북극의 빙하 지역, 아프리카 사막의 불타오르는 모래 지역, 혹은 인도의 정글, 유럽 문명 지역의 심장부, 혹은 아메리카 야만스런 미개인들의 야생 소굴이라도 갈 것이다. 불평하거나 투덜거림 없이 그리고 나에게 하달되는 모든 명령들에 복종할 것이다.'

여기 인용한 선서의 일부분은 사실 매우 온건한 대목이다. 선서의 다른 내용을 보면 이교도에 대해 어떻게 할 것인지, 가톨릭 전파를 위해 수단방법을 가리지 않고 어떻게 할 것인지에 대해 적개심과 정복욕으로 불타는 매우 '강렬한' 문구로 가득차 있다.

예수회 출발 목적은 16세기 각 나라에서 몰락해가는 로마 가톨릭의 권위를 다시 세우고, 교황청의 권력을 옹호하며, 개신교를 핍박하고 견제하기 위한 것이었다. 바로 그래서 예수회는 설립 초반에는 각 나라에서 환영도 받고 적극 지원도 받았지만, 종국에는 여러 추문 내지 갈등과 함께 세속 권력왕실에 의해 차례차례 쫓겨나고 만다.

상 페드루 드 알칸타라
전망대

상 호케 성당에서 조금만 위로 올라가면 바로 상 페드루 드 알칸타라 전망대Miradouro de São Pedro de Alcântara가 나온다. 이 전망대는 시내에서 가장 가깝고 가기 쉬운 위치에 있어 많은 사람들이 찾는다. 특히 영화 「리스본행 야간열차」의 촬영지이기도 해서 더 유명세를 탄다. 석양이 특히 아름답다고 하지만 리스본 전망대치고 황혼이 아름답지 않은 곳은 한 군데도 없다.

이 전망대는 시내 중심에 있는 페드루 4세 광장에서 걸어갈 수도 있다. 10여 분만 걸으면 되는데 안성맞춤으로 밑에는 '글로리아 엘리베이터Elevador Gloria'가 있다. 여기서 엘리베이터는 수직으로 오르내리는 그 엘리베이터가 아니라 전차로 오가는 푸니쿨라를 말한다.

리스본은 19세기 말부터 주요 언덕에 엘리베이터를 만들어 이동을 도왔다.

그라피티로 가득한 벽을 보면서
오르는 재미가 쏠쏠한
'글로리아 엘리베이터'

상 페드루 드 알칸타라 전망대에서 보이는 풍경. 왼쪽의 성은 상 조르즈 성(Castelo de São Jorge)으로,
1255년 리스본이 새로 태어난 포르투갈 왕국의 수도로 선포되자, 이 성에 왕궁이 들어섰다.
1371년 영국의 왕녀 랭커스터의 필리파와 결혼한 주앙 1세가 이 성을 영국의 성 조지에게 바치면서
'상 조르즈'라는 이름을 얻게 되었다. 이곳에도 역시 제일 높은 전망대가 있다.

엘리베이터에는 비카, 글로리아, 라브라 등 여성 이름이 붙은 것이 특징이다. 글로리아 엘리베이터는 언덕 아래 헤스타우라도레스 광장Praça dos Restauradores에서 상 페드루 전망대까지 265m를 운행하는데, 가장 긴 엘리베이터다. 전망대까지 올라가는 데는 5분도 채 걸리지 않는데, 한쪽 벽에 재치 가득한 그라피티로 유명하다. 이들 그라피티들은 일정한 기간이 지나면 그 위에 다시 새로운 그림으로 대체된다.

엘리베이터를 타지 않아도 전망대까지 오르는 언덕길은 걷는 데 그다지 힘들지 않다. 경사가 좀 있지만, 그라피티를 구경하면서 오르면 금방이다. 그러니 엘리베이터는 '타봤다'는 흥미용이다.

세상에서 가장 맛있는 모히토를 파는 거리, 바이후 알투

시아두 옆 동네 바이후 알투는 저녁 때 가야 한다. 바이후 알투는 밤에 빛나는 '밤의 거리'다. 좁은 골목마다 바와 비스트로가 즐비하고 흥겨운 파티가 끊이지 않는다.

바이후 알투 탐색은 산타 카타리나 전망대부터 시작해도 좋다. 저녁 무렵 산타 카타리나 전망대에 오르면 맥주병을 들고 석양을 즐기려는 술꾼들이 삼삼오오 가득하다. 이곳에는 맛있는 칵테일을 파는 카페가 있어 술 마시기에도 편리하다. 해질녘 풍경을 모히토 한잔과 함께 구경한 다음 어슬렁거리며 골목길을 누비는 것이 제격일 터다.

상쾌한 바람과 함께 해가 저물어가는 테주 강 풍경을 바라보는 일은, 게다

산타 카타리나 전망대에서는 4월 25일 다리의 장엄한 모습을 선물로 받을 수 있다.

가 앞에 술 한잔이 있다면, 소박하고 나약한 인간이 누릴 수 있는 최상의 호사다. 산타 카타리나 전망대에서는 저 멀리 4월 25일 다리와 그 끝부분의 거대 예수상이 한눈에 들어온다. 어느덧 해가 지고 소슬한 강바람이 불어오면 알싸한 취기와 함께 달콤 쌉싸름한 고독이 가슴을 치고 들어온다.

바이후 알투의 좁은 길은 골목골목마다 카페와 바, 비스트로 등 '밤의 제왕'들이 빼곡하게 들어서 있다. 그렇지 않아도 좁은 길을 이들이 저마다 내놓은 야외 테이블과 의자가 점령하고 있어서 지나다니기 불편할 정도다.

바이후 알투에서 즐기려면 어떻게 해야 하나.

수차례의 리스본 여행으로 나름대로 터득한 방법은 다음과 같다. 그러나 지극히 주관적인 취향이므로 이대로 할 필요는 절대 없다. 뭐든지 자신에게 익숙한 것이 최고니까.

1단계, 빈속에 무조건 칵테일을 마신다. 칵테일은 모히토가 최고이고, 바이후 알투 최고의 모히토는 '포르타스 라르가스Portas Largas'라는 바bar에서 파는 것이다. '포르타스 라르가스'는 영어로 'wide gate넓은 문'다. 선술집이었던 전통이 남아서 엄청나게 싸다.

모름지기 모히토에는 민트 잎이 풍성하게 들어가야 한다. 이곳 모히토는 어떤 럼주를 쓰는진 몰라도 민트 잎이 가득 들어 있어 모히토 특유의 풍미를 더해준다. 한 잔 다 마시면 배가 부를 정도로 엄청나게 큰 크기의 플라스틱 일회용 컵에 가득 담아서 빨대와 함께 준다. 4유로의

'포르타스 라르가스 모히토'

바이후 알투에서는 저마다 손에 모히토를 든 사람들을 곳곳에서 만날 수 있다.

착한 가격이다. 주소는 'Rua da Atalaia 105'인데, 문을 여는 시간이 오후　5시다. 저녁 시간이 아니면 허탕을 치니 유념하기 바란다.

　2단계, 이 모히토를 마시면서 바이후 알투 골목길의 이곳저곳을 어슬렁거리며 다닌다. 이곳에 몰려온 관광객들을 쳐다보는 재미도 쏠쏠할뿐더러 슬슬 취기가 올라오면서 기분은 흥겨워진다. 다니다 보면 나처럼 한 손에 '포르타스 라르가스' 모히토를 든 사람들을 심심찮게 볼 수 있다. 시선이 부딪쳤을 때 그들과 미소를 나누다 보면 동지적 연대감을 느낀다. 적어도 오늘 밤은 '모히토 동맹'으로써 프렌드십을 다질 수 있으니까. "이 모히토 정말 맛있지 않니?" 등 어쩌고저쩌고 하면서 그들과 수다라도 떨게 되면 기분이 정말 최고조로 붕 뜨기 시작한

527

다. 모든 것으로부터 해방된 여행의 일탈감을 제대로 느낄 수 있다. '모히토 가서 몰디브 한잔'이 아니라 '모히토 가서 리스본 한잔'이다.

3단계, 모히토 한 잔에 취기가 올라오면 근처의 파두 공연장을 찾는다. 모히토 한 잔만으로 부족하다면 바에서 사그레스 맥주 한 잔 정도를 더 마신다. 빈속에 이 정도면 어느 정도 취기가 올라오기 시작할 것이다.

4단계, 파두 공연장을 들어간다. 사실 바이후 알투 지역에는 알파마보다 더 많은 파두 공연 장소가 있다. 상당수 레스토랑이 파두를 공연한다. 이곳에 훨씬 더 많은 관광객이 몰리기 때문이다. 이는 다시 말해 바이후 알투의 파두는 좀 질이 떨어질 가능성이 높다는 뜻이기도 하다.

운 좋으면 이곳에서도 제대로 된 파두를 들을 수 있지만, 격이 떨어지는 파두 공연을 볼 확률이 훨씬 높다. 그래서 파두 공연장을 찾기 전에 적당한 알코올 섭취를 권장한다. 취기가 좀 오르면 감정에 취해 싸구려 파두도 싸구려로 들리지 않을 테니까.

바이후 알투에는 알파마보다
파두 공연장이 더 많다.
연주자는 대부분 연로하신 분들이다.

싸구려 파두면 또 어쩌랴. 듣는 사람의 기분에 따라 싸구려와 고품격이 결정나는 것이다. 듣는 사람이 고품격이면 그가 듣는 파두도 고품격이 된다. 그러니까 고품격의 마음을 가지고 적당한 알코올을 섭취한 다음 적당한 파두 공연장을 들어가면 된다.

5단계, 손수건을 꺼내 울 준비를 한다. 파두 공연장은 공연 관람과 알코올이 패키지인 곳이 많다. 다시 말해 입장료 얼마

식당들이 점령하는 바이후 알투 골목

를 내면 파두 공연을 보면서 맥주 두 병 혹은 칵테일 두 잔 혹은 맥주 한 병과 칵테일 한 잔을 마실 수 있는 시스템이다. 그러니 파두를 들으면서 기분은 점점 더 슬픈 쪽으로 배가된다.

노래 자체가 한恨과 사람의 힘으로 어쩔 수 없는 숙명으로 점철돼 있는데, 술을 마시고 있으니 어떻겠는가. 이제는 나와 같은 하늘을 이고 있지 못하고 돌아가신 부모님, 내게 많은 회한을 남겨주었던 첫사랑 그녀도 생각나고, 이십대는 물론이고 사회에 나와서 온몸으로 겪어야 했던 온갖 좌절과 상처가 떠오를 것이다.

이곳의 상당수 파디스타는 나이가 좀 드신 할머니, 할아버지들이 많다. 겉모습은 매력적이지 않을 수 있지만 목소리에서는 관록이 넘쳐난다. 여성 파디스

바이후 알투 최고의 아줄레주는 바 '포르타스 라르가스'에 있는 것이다.

타들은 마리아 세베라와 아말리아 로드리게스의 후예들답게 모두 검은 옷과 숄을 걸치고 있다.

이들이 한때는 저잣거리에서 정말 잘나가던 파디스타였지만 나이 들고 인생의 굴곡을 겪다 보니 이곳까지 온 것인지, 아니면 지금까지 계속 무명으로 밤무대에만 서는 가수인지는 알 수 없다. 그런 사실은 전혀 중요하지 않다. 내 마음이 지급과 고급을 결정한다. 듣는 이의 마음이 싸구려면 패티김과 조용필도 싸구려로 들린다.

6단계, 한바탕 감정의 배설을 실컷 했기 때문에 급격히 배가 고파질 것이다. 이도 염려할 것 없다. 근처가 모두 먹을 곳 천지인데 무슨 걱정인가. 외국 음식이라 꺼려진다고? 이도 전혀 문제가 안 된다. 적어도 포르투갈에서 우리 입맛에 맞지 않는 음식이란 없다. 너무 맛있어서 탈이다.

7단계, 여기부터는 자유시간이다. 맘대로 하시라. 여기저기 클럽에서 몸을 흔들던, 재즈카페에서 음악에 취하던, 아니면 거리에서 만나는 바마다 한 잔씩 칵테일 순례를 하던! 한 가지 감안해야 할 것은 이렇게 즐기는 사람들을 동이 틀 때까지 만날 수 있다는 사실이다.

바이후 알투 최고의 아줄레주는 '포르타스 라르가스'를 장식하고 있다. 역시 흰 바탕에 코발트블루로 색칠을 하고, 몇 군데 노란색으로 강조점을 준 이 작품은 정말 압권이다. 담배를 꼬나물고 기타하를 치는 사내와 그 옆에서 노래를 부르는 또 다른 사내의 표정은 사실적 생동감이 넘친다. 그들 밑에 앉아 있는 귀여운 강아지까지도. 이런 작품을 타일로 만들어내다니 정말로 놀랍지 않은가!

브라질과 식민지의 추억,
켈루스 궁전

리스본에서 마지막으로 소개할 곳은 켈루스 궁전Palácio Nacional de Queluz이다. 18세기에 지어진 이 궁전은 리스본 인근의 켈루스 지역에 위치하고 있다. 궁전 건설은 1747년 시작되었고, 마테우스 빈센트 드 올리베이라Mateus Vicente de Oliveira가 맡았다. 가장 후대의 로코코 양식 건물로 꼽히며, 아주다 국립왕궁이 1794년 화재로 유실되면서 켈루스 궁전이 공식 궁전으로 격상되었다. 1807년 프랑스가 포르투갈을 침략하기 이전까지 왕가는 이곳에 머물다 브라질로 망명했다.

크기는 비견할 바 아니지만, 이 궁전은 흔히 포르투갈의 베르사유로 불린다. 당시 군주의 욕망과 호사스러움을 반영해 지어졌기 때문이다. 그런 점에서 "호사스러운 생일 케이크"로 불리기도 한다. 1826년부터 국가유산으로 분류되었으나 1934년 화재가 일어나면서 내부 유적이 송두리째 유실되고 말았다. 지금 보이는 것들은 대대적인 복원 작업의 산물이다.

켈루스 궁전 건축은 1690년 브라질에서 대량의 황금을 발견한 이후 드높아진 포르투갈 문화의 마지막 황금기를 대표한다. 18세기가 시작된 뒤 많은 외국

'화려한 생일 케이크'란
별명이 붙은 켈루스 궁전

"거울의 방" 혹은
"왕좌의 방"으로 불리는 응접실

화가와 건축가가 초빙되고 풍요로운 귀족 사회가 꽃피운다. 르네상스 양식의 고전적인 가구를 사들이는 한편 이탈리아에서 영향을 받은 바로크-로코코 양식이 전 유럽에 퍼져 나갈 무렵이었다.

궁전은 원래 카스텔루 로드리구 후작Marquês de Castelo Rodrigo의 소유였다. 그러나 1640년 스페인이 포르투갈에서 쫓겨 나가자 스페인에 협력했다는 죄목으로 그의 소유권은 몰수당했고, 후에 주앙 4세 때까지 왕실에서 사냥을 위해 쓰던 공간으로 사용되어왔다.

궁전은 페드루 2세의 아들 주앙 5세재위 1706~1750 때 재건축이 시작되었지만 주제 1세재위 1750~1777 때 완공되었다. 1747년 재건축이 시작되어 빠른 속도로 1755년에 완공된 것이다. 사실 1755년도에 대지진으로 공사에 차질이 생겼고 대다수 기술자가 궁의 재공사를 권고했다. 이에 따른 재공사는 포르투갈 고유의 미술 양식을 한껏 고조하는 데 기여했다. 또 다른 지진을 대비한 기술이 반영될 조짐을 보였고, 당대에 꽃피웠던 다른 유럽 국가의 새로운 양식도 가미되었다.

내부 건축은 프랑스 예술가 다수가 고용되어 전체 구조는 작더라도 화려함을 가미할 수 있는 기하학적 장식을 장려했다. 윤을 낸 빨간 벽돌이 바닥재로 사용되었으며 기하학적 무늬를 하되 더운 여름 날씨를 대비해서 복잡한 양식은 피했다. 또한 지진을 고려한 결과, 궁전은 구조적으로 더 안정적이고 낮고 긴 건물의 형태를 취했다.

당시 포르투갈은 형식적으로 세바스티앙 조제 드 카드발류이 멜루Sebastião José de Carvalho e Melo 제1대 폼발 후작의 지배하에 있었다. 그는 왕가의 흔적을 지우고 자신의 영향을 과시하길 갈망했다. 그는 이 궁전을 자기 것처럼 사용했다.

그러나 1777년 주제 1세의 딸 마리아 1세Maria I, 1734~1816가 마흔두 살의 나이에 왕가의 새 주인이 되면서 폼발은 해임되었고, 궁전은 자연스레 마리아 1세와

"망고의 방"이라 불린 외국 대사들이 기다리던 방.
브라질과 식민지 수탈의 흔적이 배어 있는 곳이다.

갤러리로 사용되는 '망고의 방'에 전시되고 있는 17세기 마차

남편 페드루 3세가 차지하게 되었다. 페드루 3세는 주앙 5세의 아들이다.

마리아 1세는 1807년 나폴레옹이 침공해오자 브라질로 피신해 브라질에 망명정부를 세웠다. 영국 웰링턴 장군의 지원으로 나폴레옹 군대는 1815년 포르투갈에서 완전히 퇴각했으나, 마리아 1세는 브라질에 계속 남았다. 그녀는 81세의 나이로 리우데자네이루 카르무 수도원에서 사망했다. 유해는 나중에 다시 포르투갈로 되돌아왔다.

궁전에서 가장 눈여겨봐야 할 곳은 '망고의 방Sala de Mangas'이다. 그 이름에서도 드러나듯 이 방은 식민지의 추억이 가득 들어 있다. 브라질과 식민지에서 수탈한 재화로 화려한 이탈리아 바로크-로코코 스타일 아줄레주를 장식했다. 궁전의 가장 화려한 곳이 으레 외국 대사들을 접견하는 장소로 쓰였듯, 이곳 역시 대사들이 순서를 기다리던 방으로 사용됐고, 지금은 갤러리로 사용된다. 1934년 대화재 때 유일하게 보존된 공간이다.

응접실은 "거울의 방" 혹은 "왕좌의 방"으로 불리지만, 원래는 외국 사절을 접견하는 '대사의 방Sala dos Embaixadores'이다. 기다랗게 지어진 방 천장에는 포르투갈 왕족을 그린 그림이 있는데 마리아 1세 때로 보인다. 화려한 크리스털 샹들리에와 도금을 한 유리 기둥, 흑백 무늬의 바닥 타일이 당시의 호사스러움을 유감없이 드러낸다.

천상의 정원을
그대 품에!

이제 리스본을 떠날 채비를 한다. 리스본의 선물, 보너스로 소개할 곳은 비

이런 정원과 이런 소파. 이런 곳에서 편하게 졸고 싶다.

밀의 화원, 천상의 정원과도 같다. 이 장소는 우리나라에는 거의 알려지지 않았고, 어떠한 여행 가이드 책자나 어떤 여행기에도 등장하지 않은 장소다. 한마디로 말해 리스본의 결정판, 종결자 같은 곳이다.

이렇게 좋은 곳이 극성스럽기로 유명한 우리나라 관광객들에게 왜 여태까지 알려지지 않았을까. 그 장소에 가보고서야 알았다. 일단 가기가 매우 불편하다. 시내 중심에 있지 않고 지하철을 타고 한참 나가야 하며, 지하철역에서 나와서도 많이 걸어야 한다. 그렇다고 안내 표지판 한 장 친절하게 붙어 있지도 않다. 마을 사람들에게 물어물어 가야 한다.

이곳을 적극 홍보하는 것도 아니어서, 웬만큼 공부하지 않으면 이 장소의 존

프론테이라 궁전의 연못

재 자체를 알기 어렵다. 리스본 주민이 틀림없는, 호텔 직원들도 이곳을 전혀 모르고 있었다. 택시기사들도 주소를 안 알려주고, 이곳 이름만 대면 전혀 알지 못한다.

이곳을 관리하는 직원들도 매우 불친절하다. 보고 싶으면 보고 보기 싫으면 말라는 식이다. 이런 태도에는 이유가 있다. 이곳은 박물관 겸 주인이 실제 거주하는 공간이다. 그러니 사람이 자꾸 드나들어봐야 자신의 사적 주거 공간이 침해받는다. 귀찮은 것이다.

이곳에 대해서는 영문으로 된 변변한 자료도 없다. 그저 포르투갈어 자료뿐이다. 이곳에 대해 알려면 정말 열심히 사전 찾아가며 포르투갈 자료를 뒤져야 한다. 그렇게 공부를 하면서 이 장소에 대한 환상이 생겼고, 기대감의 두께가 두꺼워졌다. 이미지만 봐도 이리 좋은데 실제로 보면 얼마나 더 좋을까 하고.

어렵사리 이 궁전에 도착해서 정원으로 통하는 철제문을 열고 들어서는 순간 입을 다물 수 없었다. 상상보다 열 배, 아니 백 배는 좋았다. 그저 눈을 휘둥그레 뜨고 "와! 와!" 하는 탄성만 질렀다. 그런 순간, 곁에서 기쁨과 환희를 나눌 사람이 아무도 없다는 사실이 너무나 안타까웠다.

정원을 한눈에 조망할 수 있는 위치에 아주 안락한 소파를 갖다놓은 사실도 너무 마음에 들었다. 집주인이 평소 사는 모습 그대로인 것이다. 그곳에서 차 한잔 마시며 오후의 따뜻한 햇살을 받으며 편안하게 졸고 싶었다.

이곳의 이름은 프론테이라 궁전Palacio Fronteira이다. 이 궁전, 엄격하게 얘기해서 사냥을 위한 별장은 17세기 리스본 근교에 지은 궁전 가운데 당시의 모습으로 유일하게 남아 있는 건축물이다.

이 궁전을 세운 사람은 제2대 토레Torre 공작인 주앙 드 마스카레냐스João de Mascarenhas, 1633~1681다. 브라질 총독을 지낸 페르난두 드 마스카레냐스D.

비록 세월의 때는 벗지 못하지만 아직 얼마나 아름다운가.

이 궁전은 원래 사냥을 위한 별장이었다.

정원의 테라스에는 역대 왕들의 조각상이 있다.

Fernando de Mascarenhas, 1610~1651의 넷째 아들로 태어난 그는 아폰수 6세재위 1656~1683 때부터 페드루 2세재위 1683~1706 때까지 27년 동안 계속된 스페인에서의 독립전쟁 1641~1688에 연속으로 참여, 숱한 전투를 승리로 이끈 명장이었다. 그 공로로 페드루 2세로부터 초대 프론테이라Fronteira 후작 작위를 하사받았고, 왕실 고문으로 일했다.

궁전은 독립전쟁이 거의 막바지에 달한 1660년대 말에 완성이 되었다. 1671년 혹은 1672년확실치 않다에 미래의 왕이 될 페드루 2세가 사냥을 마치고 이 궁전에 들러 궁전 완공을 축하하는 연회를 가졌다. 당시 연회가 끝나고 모든 접시는 깨뜨려서 폐기 처분했는데, 그 이유는 미래의 왕이 될 사람이 사용한 접시를 왕실 바깥에서 다시 사용하지 못하도록 하기 위함이었다.

이 궁전의 주인이 왕실과 아주 가까운 관계라는 점은 연못 위 넓고 긴 테라스를 만들어 그곳에 역대 포르투갈 왕들 조각상을 죽 전시하고 있다는 사실로도 알 수 있다. '왕의 갤러리'에 있는 이 조각상들은 얼굴 표정이 너무도 정교해서 금방이라도 두터운 허물을 깨고 밖으로 나올 듯하다.

별장은 1775년 대지진 때도 별다른 피해를 입지 않았다. 그러자 대지진 때 리스본 시내의 저택이 파괴된 후작 가족은 이곳 별장으로 아예 이사를 했다. 이사하면서 본관 오른쪽에 건물 하나를 더 붙였다. 그 이후로 지금 5대 후작 주제

루이스José Luis까지 계속 이곳에서 거주한다.

이 궁전은 몇 가지 이유에서 아주 독특하고 중요한 의미를 지닌다. 17세기 양식이 그대로 보존되고 있다는 사실 말고도, 가장 장식이 뛰어난 포르투갈 최초의 로코코 양식 정원이다.

또한 아주 귀한 '아줄레주의 보고寶庫'라고 할 수 있을 만큼 곳곳에 다채롭고 풍자와 해학성이 뛰어난 아줄레주로 장식하고 있다. 그것은 아마도 이 궁전이 왕실의 것이 아니고 귀족의 것이기 때문에 가능했던 듯한데, 그래도 어떻게 이렇게 자유분방하고 활력이 넘치는 건강한 유머를 가진 타일 작품을 만들어 붙일 수 있었는지 놀랍기만 하다. 이들 아줄레주로 미루어볼 때 초대 후작은 매우 재미있는 사람이었을 듯하다.

멧돼지를 잡아 햄을 만드는 모습을 묘사한 11월의 아줄레주

정말 독특한 아줄레주가 프론테이라 궁전의 특색을 더해준다.

아마도 이 궁전의 주인이었을
후작 부부의 모습을 묘사한,
초상화 같은 아줄레주가
너무나 코믹하다.

디테일이 빛나는
프론테이라 정원

스페인으로부터의
독립전쟁을 묘사한
아줄레주가 있는 방

리스본은 축약어다, "과거를 뭉치지 마세요"

지상 최고의 테라스라 할 수 있는 프론테이라 2층 테라스. 이탈리아 르네상스 양식이 결합됐다.

정원의 아줄레주는 일 년 열두 달을 의미하는 각자의 그리스로마 신과 각 달에 해야 하는 농사 및 수렵, 채취 활동을 세밀하게 묘사하고 있다는 사실 때문에 더욱 눈길을 끈다.

예를 들어 7월에는 농부가 포도밭에서 포도를 채취하고 수도승이 좋은 빈티지를 선사한 신에게 감사하면서 와인 잔을 들고 있는 모습이 묘사돼 있다. 11월을 묘사한 아줄레주는 남편이 멧돼지를 잡아 나무에 걸어 고기를 잘라내고 있고, 부인은 그 옆에서 불을 피워 멧돼지 고기로 햄을 만들 준비를 하고 있다. 12월에는 새를 잡는 장면이 나온다.

우리나라에 대비하자면 농부의 열두 달 생활을 묘사한 일종의 농가월령가農家月令歌를 이렇게 타일로 장식한 것이므로 그 가치가 매우 높다. 특히 귀족이 이렇게 일반 서민들의 삶을 아줄레주로 묘사해 장식할 만큼 많은 관심을 쏟고 있었다는 점에서 높이 살 만하다.

무엇보다 백미는 17세기에 동물을 의인화해서 이렇게도 해학적인 동시에 예술적인 작품으로 남겨놓았다는 사실이다. 그림을 보면 고양이에게 음악을 가르치는 것은 사람이 아니라 쥐처럼 보인다. 쥐와 고양이의 위치가 역전된 것도 그렇고, 악보를 든 고양이가 어리둥절한 표정을 짓고 있는 모습이 미소를 머금게 한다. 어디서도 볼 수 없는 프론테이라 궁전만의 아줄레주 동물 세상이다.

궁전 본관 건물 정면에 장식돼 있는 아줄레주도 아주 독특하다. 이것 역시 다른 어느 곳에서도 볼 수 없는 매우 개성이 강한 그림으로 기사와 귀족 부인들의 모습을 아주 코믹스럽게 묘사하고 있다.

정원 아줄레주가 이렇게 훌륭하니, 본채 건물 내부의 장식은 더 말할 것도 없다. 특히 '전쟁의 방'이라 이름 붙여진 곳의 아줄레주는 스페인과 독립전쟁을 치를 당시 병사 배치도 등 전투 상황을 실제로 사용하고 있어서 관광객의 출입

오랜 세월에 비록 낡고 깨지고 때가 꼈지만, 아름다움의 진실은 가릴 수 없다.

은 매우 제한적이다. 이 방들과 2층 테라스는 궁전 직원의 가이드를 통해 사전 예약을 한 사람들에 한해 관람할 수 있다.

프론테이라 2층 테라스는 아마 이 지구상에서 가장 화려한 테라스라고 해도 지나치지 않다. 음악, 수사학, 기하학 같은 예술 형식이나 학문을 묘사한 아줄레주와 다이아나, 아폴로 신 등을 묘사한 조각상들로 벽면 전체가 장식돼 있어서 이탈리아 르네상스 양식과 이베리아 반도 특유의 아줄레주가 독특한 혼혈의 미학을 완성하고 있다. 건축양식은 이탈리아에서 빌려온 것인데, 프레스코 벽화로 마감했을 자리에 대신 아줄레주가 들어갔다.

정원은 디테일에 있어서도 손색이 없다. 어쩌면 구석구석 그렇게 세련된 장식을 해놓았는지 그저 감탄스럽기만 하다. 정말 밖으로 나가기가 아쉽다. 이런 곳에서 일 년 열두 달 거주하는 사람의 생활이란 정신적으로 얼마나 풍족할지 짐작이 잘 안 된다. 프론테이라 궁전의 문을 나서자마자 금방 또 정원이 보고 싶어졌다. 그래서 자꾸 뒤를 돌아보았다. 언제 다시 올 수 있으려나, 프론테이라.

포르투갈을 대표하는
5가지 상징

포르투갈을 처음 방문했던 것이 2011년이었다. 포르투갈을 처음 접해본 당시의 나는 완전히 '이상한 나라의 앨리스'였다. 어느 곳을 가든지 성당은 물론이고 식당과 비스트로, 기차역, 심지어 잠을 자는 호텔 침대머리에서도 나를 지켜보는 블루 아줄레주가 그렇게 좋을 수가 없었다.

비록 상당수가 오랜 세월의 무게를 감당하느라 때가 끼고, 군데군데 깨지고, 색깔 또한 흐릿해졌지만 그런 낡음이 오히려 더 정겨웠고 친근하게 느껴졌다. 우리의 신체 또한 저 블루 아줄레주처럼 쇠퇴한다.

첫 방문에서 포르투갈에 홀딱 빠진 나는 그동안 적지 않게 이 나라를 들락거렸다. 심지어 코로나 팬데믹 현상이 한창인 2021년에도 PCR 검사를 숱하게

리스본 알파마 주택가를 떼 지어 가는 정어리들

받아가며 포르투갈을 갔다 왔다.

그렇게 10여 년 동안 포르투갈 여행을 다녀본 경험으로 볼 때, 포르투갈은 다섯 가지 오브제로 정리된다. 파두, 정어리, 포트 와인, 블루 아줄레주 그리고 아프리카식민지와흑인다. 이 다섯 오브제가 포트투갈을 대표하는 상징이다. 이 다섯 가지를 알면 포르투갈을 어느 정도는 파악하고 있다고 할 수 있다.

이 다섯 가지 요소는 그냥 상징이 아니고, 포르투갈의 역사와 깊은 관련이 있다. 따라서 이들을 알면 포르투갈 역사를 저절로 알게 된다. 특히 아줄레주는 포르투갈 국가의 탄생부터 현대에 이르는 그 지난한 역사를 모두 담고 있는 아주 특이한 존재다. 아줄레주를 보다 보면 저절로 이 나라의 역사가 이해된다.

우리의 '한'을 모르면 우리를 이해할 수 없듯,
파두의 '사우다지'를 모르면 결코
포르투갈을 알 수 없다.

흔히 포르투갈 여행은 스페인 여행의 곁가지, 보너스, 시간이 나면 포함시키고 그렇지 않으면 배제하는 부수적 성격으로 치부돼왔다. 요즘은 조금씩 바뀌고 있지만 포르투갈만을 위해 여행 계획을 짜는 사람은 매우 드물었다.

그러나 포르투갈과 스페인은 너무 다르다. 바로 옆에 있는 나라이고, 한때는 스페인 신탁통치를 받았던 적도 있어서 문물이 서로 배어들고 공통점이 발견되는 것도 사실이지만, 포르투갈의 개성은 스페인을 배제하고 온전히 자기 스스로 빛을 낸다. 그러니 포르투갈을 스페인 여행의 부속물처럼 취급하는 태도는 이 나라에 대한 제대로 된 시점을 흐리는 바보 같은 짓이다.

포르투갈에 여행 왔다가 반해서 아예 눌러앉는 유럽인과 외국인들이 점점 많아지고 있다. 이주자들 출신은 영국, 러시아, 인도, 북아메리카캐나다와 미국가 많다고 한다. 심지어 전통적으로 이주자가 많았던 중국과 브라질을 제칠 정도

포르투 포트 와인 회사 '페레이라'의 와인 테스팅 룸 풍경

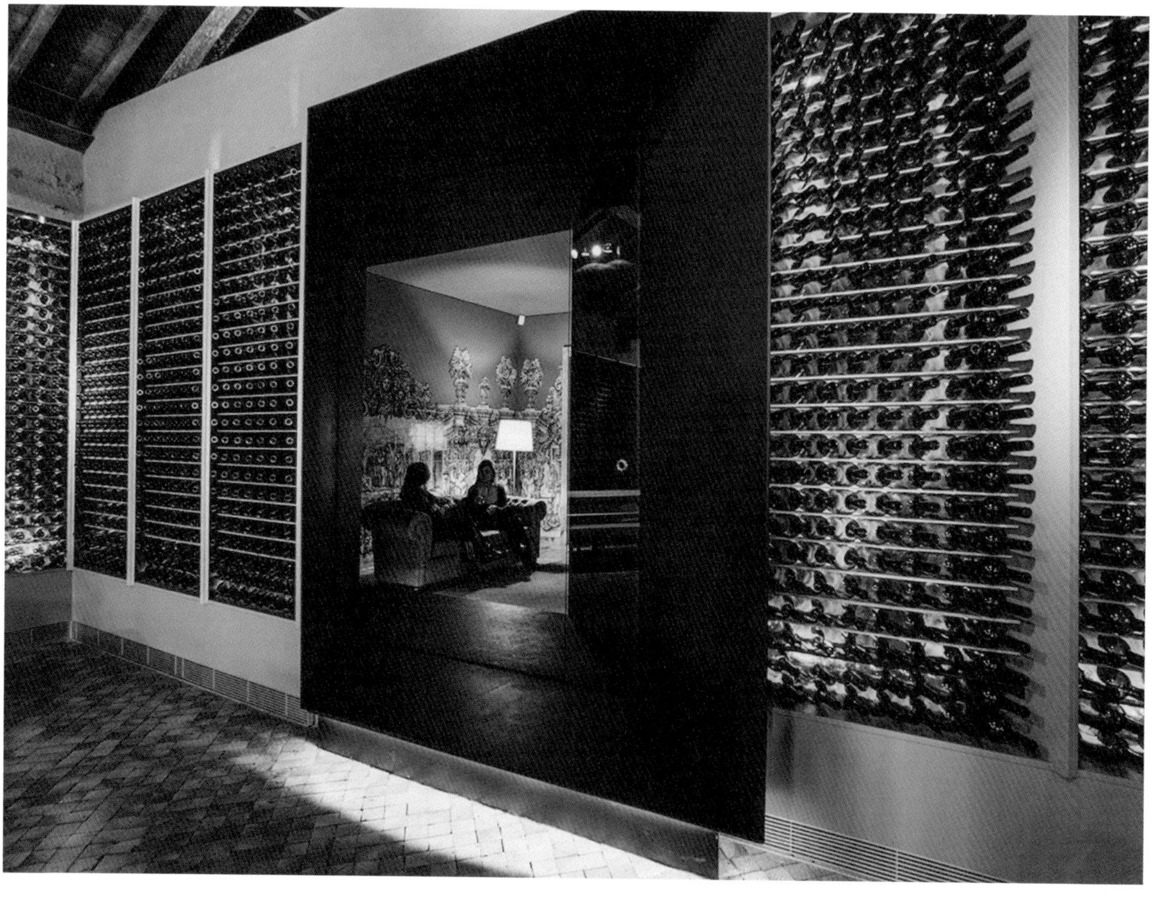

블루 아줄레주는 태어날 때부터 죽을 때까지 포르투갈 사람들의 모든 삶과 닿아 있다.
포르투갈의 명물 '에그 타르트' 또한 그러하다.

라고 한다. 프랑스 프로방스가 그랬던 것처럼 리스본 근처에도 유럽 이주자들의 집단 거주지가 늘어나고 있다. 왜 그럴까.

크게 두 가지 요인이 작용한다. 첫째, 기후가 너무 좋다. 하늘 또한 거의 매일 푸르르다. 포르투갈은 온난한 지중해성 기후라서 춥지 않고 일 년 내내 거의 쾌적한 온도를 유지한다. 가끔 여름의 더위가 심할 때도 있지만, 여름의 혹서는 기후변화에 따른 전 세계적인 현상이다. 나이 든 사람들에게는 춥지 않고 덥지 않은 기후가 정말 좋다.

둘째, 물가가 착하다. 많은 사람들이 은퇴 이후 노년에 동남아에 가서 사는

중심지 페드루 4세 광장 주변에는 진자를 파는 가게가 세 군데 있는데, '진지냐 루비(Ginjinha Rubi)'라는 이름의 이 가게에는 흑인이나 브라질리언들만 출입하고 백인들은 오지 않는다. 당한 사람이나 가해한 사람이나 '식민지 경험'은 정말 오래 지속된다.

것을 고려한다. 가장 큰 이유는 동남아 물가가 착하기 때문이다. 특히 거주지 임대에 들어가는 비용이 대한민국과 비교할 바가 아니다.

그런데 포르투갈은 동남아보다 더 싸다. 믿기지 않겠지만 리스본 도심만 아니라면 베트남 하노이보다 훨씬 싼 가격에 주택을 빌릴 수 있다. 새벽부터 밤까지 오토바이 소리로 늘 시끄럽고 무더우며 습한 베트남이 좋은가, 아니면 쾌적한 온도에 조용한 리스본이 좋은가.

착한 물가에는 저렴한 와인 가격도 당연 포함된다. 호텔 근처 허름한 마트에서 2유로 주고 산, 우리나라 돈으로 3,000원도 안 되는 그냥 테이블 와인도 맛이 그렇게 훌륭할 수가 없었다. 포르투갈에는 우리나라에 전혀 알려지지 않은 '가성비 갑'의 와인들이 수두룩하다.

돈 많은 부자들은 한 병에 몇 십만, 몇 백만 원씩 하는 프랑스 부르고뉴 비싼 와인들만 마시면 되고, 나처럼 통장 잔고를 늘 걱정해야 하는 '글로생활자'들은 이렇게 아직 사람들이 그 진가를 모르는 포르투갈 와인을 마시면 된다. 그저 빨리 소문이 나거나 유명해지지 않기만을 바랄 따름이다.

매일 와인을 마시는 유럽인들은 일반인들도 와인에 관한 한 매우 뛰어난 감식안을 가지고 있을 터인데, 그들의 포르투갈행에는 이처럼 가성비 좋은 와인이 많다는 점도 크게 작용할 것이다.

이 책은 물론 포르투갈 이주 가이드가 아니다. 그러나 은퇴 후 노년에 해외에서의 일 년 살기를 꿈꾸는 사람들에게는 아주 유용한 책이 될 수 있다. 아울러 코로나 팬데믹의 족쇄에서 풀려났을 때 해외여행을 계획하는 사람들에게도 정말 훌륭한 가이드북이 될 것이다. 여행 가이드북 성격은 거의 없어도, 어디에 가서 뭘 하고, 뭘 볼 것인지에 대해 이보다 더 좋은 지침이 없을 것이다.

포르투갈에 대해 책을 쓰겠다고 처음 생각한 지 11년이 지났다. 포르투갈은

리스본 시아두 지역의 와인바 '바이 와인(By Wine)'. 천장을 와인 병으로 장식해놓았다.

사람 냄새 물씬 풍기는 세투발 리브라멘투 어시장

내게 절차탁마切磋琢磨다. 『시경詩經』에 등장하는 이 말은 옥돌을 자르고 줄로 쓸고 끌로 쪼고 갈아 빛을 낸다는 뜻으로, 학문이나 인격을 갈고닦았을 때 사용한다. 포르투갈을 늘 염두에 두며 보낸 11년은 학문적으로도, 인격적으로도 절차탁마의 세월이었다. 그 11년 동안 원고를 수도 없이 고치고 또 고쳤다. 이 원고만 붙들고 있었던 것만은 아니지만, 그만큼 많은 정성을 들였다.

무려 11년 동안 포르투갈을 화두로 삼았던 것은 이 나라가 그만큼 매력적이기 때문이다. 70개국 이상을 여행하면서 정말 많은 것들을 봐왔던 나를 옭아맬 수 있는 매혹의 나라다.

포르투갈과는 전혀 상관이 없지만, 티베트의 높고 험한 산을 넘어가는 고갯마루에는 장엄한 하늘 풍경을 배경 삼아 어김없이 '타르초'가 휘날린다. 타르초는 돌무더기를 쌓은 라체돌서낭탑를 중심으로 걸려 있는데, 거센 바람이 불 때마다 "파르르 파르르" 말 우는 소리를 낸다. 이 타르초가 바람에 날리는 소리를 일러 티베트 사람들은 바람이 경전을 읽고 가는 소리라고 말한다. 그러므로 타르초가 날리는 곳에서는 누구나 바람이 읽어주는 경전 소리를 듣는다.

타르초의 색깔은 우주의 5원소, 우주의 모든 것을 상징하며, 모든 생명의 근원과 신성을 상징한다. 포르투갈에서는 아줄레주가 바로 타르초다. 포르투갈 사람들은 자신의 온 일생을 아줄레주와 함께 살아간다. 그 속에서 태어나 살다가 죽는다.

아마도, 그들은 아줄레주가 들려주는 노래를 매일 들을 것이다.

그 가사는 조용필의 노래일 수도 있으리라.

살면서 듣게 될까 언젠가는

바람의 노래를

리스본 테주 강의 일몰

세월 가면 그때는 알게 될까

꽃이 지는 이유를

나를 떠난 사람들과 만나게 될

또 다른 사람들

스쳐가는 인연과 그리움은

어느 곳으로 가는가

나의 작은 지혜로는 알 수가 없네

내가 아는 건 살아가는 방법뿐이야

보다 많은 실패와 고뇌의 시간이

비켜갈 수 없다는 걸 우린 깨달았네

이제 그 해답이 사랑이라면

나는 이 세상 모든 것들을 사랑하겠네

여행에서 제일 좋은 것은 사람과의 만남이다. 어느 날 뜻밖의 '미지와의 조우'다. 오늘도 리스본 테주 강에는 정처 없이 떠나는 배들이 있겠다.

조용준

포르투갈은 블루다

초판 1쇄 인쇄 2022년 6월 8일
초판 1쇄 발행 2022년 6월 30일

글 조용준

발행인 최명희
발행처 (주)퍼시픽 도도

회장 이웅현
기획편집 홍진희
디자인 김진희
홍보 · 마케팅 강보람
제작 퍼시픽 북스

출판등록 제 2004-000040호
주소 서울 중구 충무로 29 아시아미디어타워 503호
전자우편 dodo7788@hanmail.net
내용 및 판매문의 02-739-7656~7

ISBN 979-11-91455-66-3(03900)
정가 28,000원